JN086772

実践

データ活用システム 開発ガイド

10年使えるシステムへのスモールスタート

編集・執筆

徳永竻亮温べ
本田志ち
あん

執　筆

菅沼孝二
龍野翔一
田村真博
成田敦

東京化学同人

ま え が き

　本書は"誰でも簡単にデータ活用ができるようなシステムを，少人数チーム・低コストという制約のもと，将来的な拡張性をもった設計で開発・運用する"ための案内書です．

　データ活用に関する市場の声は年々大きくなってきています．高度な統計学や機械学習，また，AI や DX などの話題に事欠きません．データ活用を実現するためには，とにもかくにもデータが必要です．そして，データを用意するためには，データを収集・蓄積し，誰でも簡単にデータを集計し，可視化できるようなシステムである"データ活用基盤"を開発することが大変有効です．

　しかし，ここで大きな壁が立ちはだかります．実務のデータ活用では，AI の精度やデータ活用する人のスキルよりも，データ活用基盤を開発・運用する難しさこそがネックになります．なぜならば，データ活用基盤には"鶏が先か卵が先か"のような議論がついて回るからです．それは"どのようなデータ活用基盤があればいいのか，実際にデータ活用してみるまではわからない"と"データ活用するためには，まずデータ活用基盤がないと進められない"というループです．このループのせいで，ニーズを把握しないまま誰も使わないような重厚長大で扱いづらいデータ活用基盤を構築してしまったり，逆に，いつまでもデータ活用基盤がないまま現場のデータ活用者が非効率な作業に陥ってしまったりすることがよくあります．

　筆者らも例外ではなく，このループに長らく苦しんできました．それでも，議論を重ね，設計し，手探りで開発・運用を続け，ときには設計レベルからの大きな変更を乗り越え，一歩一歩改善を重ねることで，ようやく広く使われるようなデータ活用基盤へと成長させることに成功しました．これに対し，筆者らは"この成功まで長い道のりの知見が，もし 10 年前にあったならば…"という思いを胸に抱いていました．そんなある日，筆者の一人である徳永竣亮が"ぜひこの知見を共有するような本を書きたい"とほかの筆者らに呼びかけたことで，本書を執筆することになりました．

　データ活用基盤において，データそのものや利用者のニーズはさまざまなため，唯一無二の正解はなく，"どんなときも 100 点満点の万能策"もありません．そこで，筆者らは"大抵のケースで 80 点が取れるような汎用的な基礎を，さらには将来的に 95 点が目指せるような段階を追ったデータ活用基盤開発の道のりを，誰もが知り得ること"を目指して執筆しました．本書が暗中模索のデータ活用へ果敢に挑もうとされる皆さんへのコンパスになることを心から願っています．

　2022 年 8 月

筆 者 一 同

謝　　辞

　本書執筆についてさまざまなアドバイスを下さったレビュワーの皆様へ──本書が草稿段階より格段に読みやすくなったのは，レビュワーの皆様のご尽力あってのものでした．深く感謝いたします．

レビュワーの皆様

佐々木彬（@hikomimo）	坪坂正志
小倉輝（@guglilac）	夜風
丸山隆一	ぜろゆ
中山心太（@tokoroten）	佐藤敏紀（@overlast）
大谷純	株式会社ホクソエム 本橋智光
荒引健（@a_bicky）	（@tomomoto_LV3）
Nagai Shinya（@__hiza__）	山下澄枝
宇佐美健太（@tadsan）	（順不同・敬称略）

プログラムコードについて
本書収録のプログラムコードは東京化学同人のウェブサイト
（https://www.tkd-pbl.com）の本書ページから入手できます．

著 者 紹 介

[編集・執筆]

徳 永 竣 亮（担当：1章，5章）　大学院でコンピュータネットワークを研究したのち，ソフトウェアエンジニアとして AB テスト基盤の開発やデータを活用した新機能の開発を行う．現在は都内 IT 企業にて，ソフトウェアエンジニア兼テックリードとして AWS や OSS を用いたデータプラットフォーム・機械学習プラットフォームの開発・運用に従事している．好きな技術は Go，Rust，Kubernetes，BPF など．

本 田 志 温（担当：3章，7章）　株式会社リクルートの機械学習エンジニア．2020 年に東京大学大学院情報理工学系研究科システム情報学専攻を修了．同年より現職にて非構造化データを活用したデータ施策などの開発を担当．2022 年からは新規事業の立ち上げも担当．訳書に "ダイテル Python プログラミング"（東京化学同人，2021 年）がある．応用情報技術者．

あ ん ち べ（担当：1章，4章）　株式会社フィッシャーデータ代表取締役．大学院で統計学の研究を行ったのち，さまざまな企業でデータ分析やデータ基盤開発，分析組織立ち上げを行う．その後独立し，現在数社で技術顧問として，採用や育成，評価制度制定なども含めたデータ活用全般の支援を行う．著書に "データ解析の実務プロセス入門"（森北出版，2015 年）がある．好きな統計学の分野は検定論．

[執　　筆]

菅 沼 孝 二（担当：5章）　株式会社リクルートのソフトウェアエンジニア．2017 年に株式会社リクルートライフスタイル（現 株式会社リクルート）に入社し，機械学習・数理最適化を活用したデータ施策の開発や，事業横断データ基盤の開発・運用およびプロダクトマネージャー・エンジニアリングリードを担当．Splatoon3 に熱中している．

龍 野　　翔（担当：2章，4章，6章）　コロンビア大学ビジネススクール（MBA）に在籍．大学院で電気刺激を使ったスポーツ応用の研究を行った後，株式会社リクルートに入社．データを活用した新機能の提案や開発，新規プロダクト開発，事業横断データ基盤の開発運用，SRE の方針策定やリードまで幅広く関わる．2022 年に退社して渡米し現在に至る．愛猫家．

田 村 真 一（担当：3章，7章）　株式会社リクルートのデータエンジニア兼エンジニアリングマネージャー．2016 年に株式会社リクルートライフスタイル（現 株式会社リクルート）に入社し，ログ収集基盤やデータ活用・MLOps のための統合基盤の開発・運用を担当したほか，レコメンド・UX 最適化・対話型検索システム開発などのデータ活用施策にも従事．好きな GCP サービスは Cloud Logging．

成 田 敦 博（担当：2章，6章）　株式会社リクルートのソフトウェアエンジニア．大学院で機械学習を専攻した後，WEB 広告配信システムのリードエンジニアなどを経て，2019 年に株式会社リクルートライフスタイル（現 株式会社リクルート）に入社．機械学習を活用したレコメンド・UX 最適化などのデータ施策の開発や，事業横断データマート開発のプロジェクトマネジメント等を担当．好きな言語は Scala．

目　　次

第1部　データ活用システムの基礎

第 2 部　データ活用システムの発展

5. データパイプライン・ワークフローエンジン

6. データレイクとデータウェアハウス

7. API 基 盤 の 発 展

x

●コラム目次●

1

コンセプトサマリー

1・1 はじめに

　本書を一言で表現すると "**売上貢献を実現するデータ活用基盤スターターキット**" を提供する書籍です．ここでいう**データ活用**とは，データドリブンでさまざまな分析による意思決定やレコメンド[1]などを用いて売上改善などを実現することをさします．

表 1・1　本書のコンセプトサマリー

ゴール	1. データ活用基盤の開発 2. 開発ロードマップ[†1]の獲得 3. データ活用基盤を用いた売上改善施策の実施
背　景	1. AI・DX 時代の到来 2. 各社データ駆動を重点戦略に掲げている潮流 3. 機械学習・AI のコモディティ化による活用ハードル低下
ゴールへの 頻出する課題	1. データ活用基盤開発におけるロードマップがわからない 2. 実際に動く基盤がない 3. データ基盤を開発できるノウハウやスキルをもった開発チームがない
解決手段	1. 最小構成の構築済みデータ活用基盤（スターターキット）の提供 2. ハンズオン形式でスターターキットを徐々に構築することでチームのスキルを向上 3. ロードマップの提示と説明
おもな対象読者	1. データ活用基盤を構築するエンジニア 2. データ活用基盤を構築するチームリーダーやテックリード 3. データ活用基盤や DX 部署の新規創設・スキルアップを図る経営者

†1　ここでは開発計画のこと．"どのタイミングで，何を開発し，何を達成基準とおき，何を獲得するか" を明示したスケジュール．詳細は後述．

　本書は 2 部構成をとります．第 1 部（2 〜 4 章）ではデータを活用したレコメンドなどを実現するための最低限のデータ活用基盤を半年程度で構築し，施策活用を実現させることで利益貢献を目指します．第 2 部（5 〜 7 章）ではさらに半年程度かけてトラブルが発生しづらい堅牢なデータ活用基盤の開発・運用の実現を目指します．本書ではその実現のため，各章にハンズオン形式で実稼働可能なデータ活用基盤のサンプル（以降スターターキットとよびます）とそれをどのように用いるのかのロードマップを提示します．また，それらを小規模かつ経験の浅いメンバーが多いチームであっても実現できるように説明します．

　本書のコンセプトは "実際に利益貢献するシステムを作る"，"10 年間利用できる持続可能なシス

---

1) 個人の嗜好に合わせておすすめの商品を提示すること．

テムを作る”の2点です．前者は“利益貢献するために最低限どのような開発が必要で，それをどの
ように利用して利益貢献するか，また，継続して利益を生み続けられるようにシステムを運用しつづ
けるにはどうすればよいか”までをカバーし，実際に動くスターターキットを提供することで実現し
ます．後者は本文説明とスターターキットをできるだけ汎用的にする[2] ことで，今後さまざまなツー
ルが登場しても対応できる説明をすることで実現します．

　本書では具体的な実装のため，Google が提供するクラウドサービスである GCP（Google Cloud）
を利用します．ただし，汎用性を重視するため，“GCP にはあるが他のクラウドでは提供されていな
い”機能を使うのではなく，AWS[3] や Azure[4] など主要なクラウドでもほぼ同等な機能があるもののみ
利用します．これにより，将来別のクラウドが隆盛し，乗り換えが必要になったとしても，スムーズ
に移行できる汎用的な構成を目指します．

　本書のおもな対象読者はエンジニアです．対象読者であるエンジニアが所属する企業としては，あ
る程度の規模の事業・サービスをもち，“データ活用基盤を新規に開発しようとしている”，あるいは
“開発しているが今後どのように拡張していけばよいか”に悩む中小の企業を想定しています．おも
に小さなエンジニアチーム（5人以下，たいてい1～3人を想定），それも基盤開発経験の浅いエン
ジニアがいることを念頭にレベル設定をしています[5]．そのようなチーム構成において，エンジニア
はスターターキット開発を通じて実際に稼働するシステム作りを，チームリーダーやテックリードは
“どのような基盤を作るべきか”を，また，経営者は“どのようなロードマップで基盤が構築され，
開発スケジュールやメリット”について把握できる内容になっています．

　本書のデータ基盤開発の流れは，小さなチームで小さなシステムを構築するところから始め，徐々
に大規模かつ持続的なシステムを構築できるようになっています．データ活用基盤構築というと，最
初から大規模な開発かつ熟練のエンジニアを大勢雇用するという想定が多いと思われます．しかし現
実はそのような恵まれた環境ばかりではありません．むしろそのような環境を構築できている企業は
多くないでしょう．そのような環境を構築できないからといって，あきらめるのではなく，できる範
囲で徐々にデータ活用についてステップアップすることを本書ではサポートします．また，すでに大
規模チームが存在している場合，第2部がデータ活用基盤の運用に関して熟練したメンバーの知見を
盛り込んだ内容になっているため，有効活用できることと思います．

　データ活用に関連する内容でも本書で扱わないトピックスもあります．それは類書が充実していた
り，本書のコンセプトからずれていたりするからです．具体的には，GCP そのものの詳細な説明，
BI（Business Intelligence）ツールの使い方，機械学習の手法や理論の説明，MLOps[6]，検索システム
などです．また，本書で一部，統計学や機械学習についてふれる部分もありますが，あくまでデータ
活用基盤を主体としているので，紹介するに留めます．統計学や機械学習については，データ活用基
盤との結びつきをイメージできるような概要の伝達を趣旨としているため，内容に一部大ざっぱなと
ころがあることをご了承ください．

1・1・1　データ活用基盤とは何か

　昨今 AI や DX[7] などデータ活用の話を耳にすることがよくあると思います．あなたやあなたの会社

はデータ活用の潮流に乗り遅れぬため，データ活用系部署新設やデータ活用基盤構築を考えているかもしれません．**データ活用基盤**とは，データがいろいろなところから自動で収集され，使いやすいように加工されたうえで格納され，それを自由に分析でき，レコメンドなどの施策に活かせるようなシステムのことです（図1・1）．もし，データ活用基盤がない状況でデータ活用をしようとしても，社内に散在するデータをそのつどかき集め，使える状態に加工して，データ活用のプログラムを一から作成し，… となり，長いサイクルと多大なコストがかかってしまいます．データ活用基盤があれば，サイクルを速めることで，柔軟かつ迅速なデータ活用が実現できます．

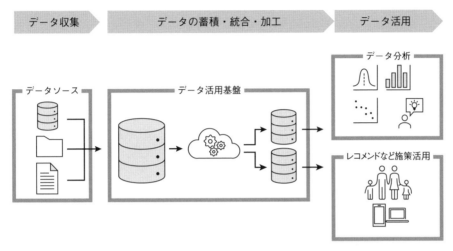

図1・1　デ ー タ 活 用 基 盤

1・1・2　データ活用の流れ

　データ活用は数十年前からマーケティングやデータマイニング，昨今ではデータサイエンスやPoC[8]，DX でも行われてきています．それらとデータ活用基盤はどう結びついているのでしょうか．それを理解するために，データ活用の流れと流れの各時点での課題を確認しておきましょう．これまでのデータ活用の流れを把握し，なぜ今，データ活用基盤が求められるのかの理解を深めることによって，今すべきことや落とし穴を把握できます．

　データ活用の歴史は古くまでさかのぼれますが，ここでは Web サービスでデータ活用が隆盛した2000 年代ごろからの日本でのデータ活用の流れを説明します．具体的には，2010 年前後のビッグデータブーム，2010 年中盤ごろのデータサイエンスブーム，2020 年ごろからの PoC ブームを取上げます．データ活用の各ブームでどのような課題があり，解決していったのかを見てみましょう．

　a. ビッグデータブーム　　2010 年ごろには日本でも Web の活用が広まっており，データが大量に行き交うようになりました．Web システムにより大量のログが生まれたり，またオフラインのデータもオンラインでやりとりできるようになったりしたため，たとえば，全国のスーパーの実店舗の販売データを本社が中央集権的に分析できるようになりました．これにより店舗内の売上データをもとに，売れ筋商品を知るだけではなく，他店舗の売上データと比較することも可能になりました．あるスーパーでは，一足早く寒さが訪れる北国の店舗から冬物商品の売行きをつかむことにより，主力商圏で冬物を展開する頃の売れ筋商品とその仕入れ量を予測することに成功しました．このエピソードは夏バージョンも容易に考えることができます．このように，データ活用で売上を改善することが試みられるようになってきました．

8）PoC: Proof of Concept（概念実証）．新しいアイデアやコンセプトの実現可能性やそれによって得られる効果などについて検証すること．

　データ活用が進むにつれ，より多くかつ詳細なデータを保有する動きが高まりました．データがより詳細化した一例として，スーパーのレジの販売データならば，以前は"ニンジンがある店舗で1日何本売れたか"だけをデータとして取得していたものが，"ニンジンが何時に売れたか．ニンジンと同時に購入された商品は何か"などといったデータを取得するようになりました．言い換えると，データの種類が増えたと表現してもいいでしょう．単純にデータの量が増えるだけではなく，種類が増えたことで分析の自由度が上がりました．ニンジンの例でいうと"ニンジンが何時ごろ売れやすいか→ニンジンのタイムセールをいつにするか"→"ニンジンと同時に売れる商品は何か→ニンジンとセットで販売する商品を何にするか"などの売上改善策につなげることができます．

　しかし，そのようなデータ活用が進むに伴い，増大し続ける大量のデータをどう保有・処理するかが課題になってきました．データを扱うためのシステムは当時からありましたが，大量のデータを1台のサーバーで扱うには，サーバーの性能向上よりもデータ規模の拡大の方が速く，処理に限界が訪れました．その課題を解決するために開発されたのが**分散処理**という"複数のサーバーを用いることで処理性能を上げる"アプローチ[9]です．有名な分散処理システムとして Hadoop があります．Hadoop は複数のサーバーをまるで1台のサーバーのごとく扱えるシステムで，これにより大量データの保有と処理が可能になりました．データの規模が大きすぎて処理しきれなくなったという課題を，分散処理というアプローチで解決し，さまざまな分析を可能にしたのがビッグデータブーム時代のデータ活用基盤でした．

　b. データサイエンスブーム　　ビッグデータブームの到来により，大量のデータが保有・処理できるようになり，分析の幅が広がり，高度化することが可能になりました．一方，データの量・種類の増加に伴い，もはや人手で分析しきるのは難しくなってきました．人手での分析処理がデータの増加に追いつかなくなってきたのです．先ほどスーパーの販売データ分析の例で"ニンジンとどの商品が同時に売れるかのデータがあれば，その知見を活かした野菜のセット販売ができる"と述べましたが，当然スーパーで扱う商品はニンジンだけではありません．膨大な商品に膨大なデータがあることで膨大な分析の切り口が存在します．その各切り口を人が一つ一つ集計していくには限界がありました．なんとか自動で関連性や法則を見つけられないか，たとえば"ニンジンと同時に売れるのはジャガイモが多い→おそらくニンジンを買う人はカレーやシチューを作るからであろう"という仮説から，"ニンジンとジャガイモをセット販売しよう"などの知見が得られます．このような知見が牛乳やマヨネーズなどの他の商品，さらには時間帯や複数商品との掛け合わせまで手を広げて得られないかというニーズが生まれてきました．そこに登場したのが**データサイエンス**，また，データサイエンスを実行する**データサイエンティスト**という人材です．データサイエンティストは先ほどのニーズに対し，大量のデータから自動的に関連性や法則を見つけられる**機械学習**など[10]を利用して対応します．機械学習は以前から存在していましたが，データの量や種類が少なかったり，高速に処理できるシステムがなかったのでうまく活用できなかった側面がありました．しかし，データの量・種類の拡大，クラウドなどを利用することで処理を高速化させる仕組みが広まることにより，一般的な企業でも機械学習が実用できるようになりました．

　データサイエンスの代表的な活用事例が**レコメンド**です．動画配信サービスを提供している Netflix では，膨大な作品の中から，ユーザーの好みに沿った作品をおすすめすることで，ユーザーに最適な動画を提供し，ユーザーの満足度を上げ，売上を改善しています．"各々のユーザーの好みに沿ったアイテムをおすすめする"ことをレコメンドとよびます．機械学習を用いることで，分析する

---

[9]　1台のサーバーのスペックを上げて処理能力を上げていくアプローチをスケールアップとよび，サーバーを複数台利用することで処理能力を上げていくアプローチをスケールアウトとよびます．スケールアップで訪れた限界をスケールアウトで対応できるようになったのがビッグデータブームといってもいいでしょう．

[10]　データサイエンスでは他にも自然言語処理や画像処理，音声認識などのいわゆる AI を用いることがあります．本書は基盤開発をターゲットとしているため，これらに関しては割愛します．

だけではなく，レコメンド施策などで直接的に売上貢献するようになってきました．

　このように，データの量・種類の増加が人の手に余るようになったという課題に対し，機械学習を用いて自動で大量データから有効な関連性や法則を見出だし，レコメンドなどで直接的に売上貢献するようになったのがデータサイエンスブームでした．

　c. PoC ブーム　データサイエンスブームによりデータ活用のコモディティ化[11]が進んだこととビジネスモデルの多様化が加速していく流れもあり，2020 年前後から"アイデアやコンセプトをいきなり大規模に開発・市場展開するのではなく，まずうまくいくか，価値があるかどうかを小規模で開発・検証する"という PoC のアプローチが流行しました．これにより"アイデアを磨き込むためにたくさんの検証回数が必要なのに，実際は 1 度も検証できないまま市場にサービスを投入してしまい，無惨な結果に終わる"ケースや"検証や企画に多大な時間をかけて後戻りできなくなってしまったり時節を逃したりする"ケースを軽減できるようになりました．ただし，PoC は検証・改善のサイクルを高速に繰返すため，後述する AB テスト[12]や MVP（§1・2・1）などを駆使した，より迅速かつ柔軟な検証の実施，開発・運用が求められるようになりました．そのためには，一部のエンジニアやデータサイエンティストだけではなく，誰でもすぐにデータを活用できるようにする必要があり，これまで属人的に解決してきたさまざまな問題をデータ活用基盤側で解決することが期待されるようになってきました．たとえばクラウドに詳しくない非エンジニアのユーザーでも，簡単にデータを取得できたり，どこにどんなデータが存在するかを確認できたりするなどです．

　これらの実現に向けた厳しい要求に対し，データ活用基盤は寄り添い，応えようとしてきました．

　d. 今後のデータ活用基盤の展望　各ブームにより，さまざまなデータ活用に関する課題が生じては解決されてきました．ただし，すべての課題が解決されたわけではありません．ここでは今なお残る課題とその解決への道のりについて説明します．

　ビッグデータブームにより大量のデータが保有されるようになりましたが，それが"使いやすいように管理できているか"，"データのありかやカラムの意味を把握できるか"など，実際のデータ活用に関しては壁がいくつも立ちはだかっていました．たとえば，顧客データに性別を表す値が [0,1] で表現されているため"0 と 1 のどちらが男性でどちらが女性なのかわからない"といった問題が発生します．

　データサイエンスブームで高度なデータサイエンスの活用を夢見た企業やチームが直面したのは，データの整備や定義確認に苦心する日々でした．たとえば"売れ筋商品は何か"を明らかにする分析をしようにも，どこに商品リストのデータがあり，どこに販売データがあるのかがわからない，などです．また，わかったとしても，"商品リストのデータは共有ドライブに Excel ファイルで置かれていて，販売データはデータベースにあって権限申請をしないと使えない"などもよく聞く話です．このようにデータのありかや取得方法が煩雑な状況では作業が遅々として進みません．

　さらに，PoC で成果を挙げたとしても，それが実際のサービスやシステムで活用できるかはまた話が別でした．PoC では実際のシステムで使うよりも少量のデータを用いたり，スナップショットのデータを使うことでその後の運用を考える必要がなかったりしたから成功しただけで，本番システムではまともに動かないという事例に直面しがちです．有名な事例として，Netflix が 2009 年にレコメンドの精度を競うコンペを開いて，最高の精度を誇ったモデルを本番システムに組込もうとしたとき，そのモデルがあまりにも巨大かつ複雑だったため，結局組込めずに終わりました．データ活用のためには，手動で一時的に稼働するだけではなく，自動で安定的に稼働することやデータ活用基盤利用者にとってフレンドリー[13]なデータ活用基盤が必要です．

---

11) 汎用的なシステムやフレームワーク，知見が整備されることで，参入障壁が下がり，活用しやすくなること．
12) 4 章で説明します．
13) ここではフレンドリーであるとは"データ活用者が簡単にデータにアクセスして分析や加工，後述するモデル作成などができること"，また，"データの定義やどこにどんなデータがあるかがわかりやすいこと"などをさします．

旧来のデータ活用であれば，たとえばマーケターやアナリストはデータベース（DB）エンジニアにデータ取得をお願いし，CSV ファイルなどで渡されたデータを自分の端末で分析すればよかったのかもしれません．しかし時代は変わりました．より高度かつ高速，高可用性[14]や扱いやすさが求められるようになってきたのです．それに伴い，データ活用基盤に求められる役割や性質も変わって（増えて）きました．年々高度化していくデータ活用に対し，データ活用基盤は単に“データを溜めておく箱”なだけではなく“データ活用やモデルの困難さを軽減できるシステム”であることが求められるようになりました．これに対し，本書では，2022 年執筆当時のモダンなデータ活用基盤を構築することで対応していきます．

● コラム 1・1　機械学習による“モデル”の困難[15] ●

　データサイエンス時代以降，**機械学習モデル**という概念が出てきて，これまでのシステム開発とは異なる困難さが生み出されました．その困難さは端的にいうと“（ブラックボックス）テスト[16]がしづらい”，“精度が変化（劣化）してしまう”というものです．

　“テストがしづらい”とはどういうことでしょうか．機械学習モデルとは学習データ（機械学習モデルを作るために用いるデータ）をもとに学習し，その学習に応じてインプットデータに対し適切なアウトプットを返す存在です．もう少し具体的に説明すると，たとえば EC サイトのとあるユーザーがよくコーヒーを購入する人であれば，モデルは過去の購入履歴をもとに“この人はコーヒーが好きな人である”というそのユーザーの嗜好の学習をすることで“インプットとしてそのユーザーの ID を与えられたときにレコメンドすべき商品としてコーヒーを返す”というようなふるまいをします．この例では，過去の購入履歴が学習データで，ユーザー ID がインプット，レコメンドすべき商品がアウトプットになります．“学習しだいで同じインプットに対して必ずしも同じアウトプットを返すわけではない”ところがそれまでのシステム処理とは異なる部分です．先ほどの例を取上げるならば“普段ならそのユーザーにはコーヒーをレコメンドしていたが，バレンタインデー間近になるとチョコレートをレコメンドする”というように，適切にふるまいを変えることで売上を最大化することがモデルに求められています．これは機械学習モデルが，普段なら“このユーザーはコーヒーが好きなのでコーヒーをおすすめすれば購入率が上がる”という学習データと“（このユーザーに限らず，ほとんどのユーザーは）バレンタインデー間近になるとチョコレートの購入率が上がる”という学習データを勘案して，最終的に“このユーザーにもバレンタインデー間近にはチョコレートをレコメンドする”というふるまいをするということです．通常のシステムであれば同じインプットに対して同じアウトプットが返ってくることが想定されるため，“ユーザー <ID001> を与えるとアイテム <コーヒー> が返されるかをテストする”というテスト設計ができます．しかし機械学習モデルの場合は季節や直近のユーザーの嗜好の変化を学習することによって何が返ってくるかわからない，ブラックボックスになってしまうことがよくあります．このように，モデルを用いることでユーザーや季節，その他の要因に対して最適なアウトプットが得られるという素晴らしいメリットがあるとともに，挙動がブラックボックス化してしまい，わかりづらいことでテストしづらいという困難が出てきました．

　また，“精度が変化（劣化）してしまう”ことがあげられます．これは“機械学習モデルは劣化する”と言い換えてもよいでしょう．先ほどの例で“とあるユーザーはコーヒーが好きなのでコーヒーをレコメンドする”という話をしました．しかしユーザーの嗜好は変化する可能性があります．そのユーザーが“最近安眠のためコーヒーをやめてノンカフェインのルイボスティーを好むようになってきたため，ルイボスティーを購入することが多くなった”としましょう．機械学習モデルが学習したデータが古いと，最近の嗜好を取入れることができません．これを防ぐためには，常に新しい学習データを取得し，学習し続ける必要があります．つまり，機械学習モデルは作りっぱなしでは劣化（ここでは“最新の状況に対応できなくなること”を意味します）してしまいます．

　このような機械学習モデルに関係する困難があるため，モダンなデータ活用基盤では，① 機械学

14）システムが障害などで停止せず稼働し続けられる性質．

15）このコラムは難しい内容のため，最初は読み飛ばしても構いません．

16）システムの内部構造は考慮せず，インプットとアウトプットの関係だけを検証するテスト．

習モデルのテストがしやすいこと，② 機械学習モデルの劣化を防ぐよう再学習（機械学習モデルが学習データから学習し直すこと）できること，③ 機械学習モデルがどの程度劣化しているかをモニタリングできることが求められるようになりました．

　①の"機械学習モデルのテストがしやすいこと"に関しては，学習データを保存することでインプットとアウトプットの検証しやすくなります．前述の"ECサイトでコーヒー好きな人にコーヒーをレコメンドしていたが，バレンタインデーの時期にはチョコレートをレコメンドすることで売上最大化を目指す"例を思い出してください．機械学習モデルを検証しようとしているときがバレンタインデーではない時期だったとしましょう．"バレンタインデーの時期はチョコレートがよく売れている"という学習データを保存してないと"なぜこの機械学習モデルはよくコーヒーを買うユーザーにチョコレートをレコメンドしたのだろう？"という疑問が湧いてくると思いますが，保存しておけば"なるほど，この時期はバレンタインデーだからコーヒーよりもチョコレートがレコメンドされたのだな"と理解できます．このように，学習データとして何を使っているかがわからなかったり，学習データが消えてしまっていると検証のしようがありません．これを実現するためには，機械学習モデルを作る人が学習データを自由に保存できることがデータ活用基盤に求められます．

　②の"機械学習モデルの劣化を防ぐよう再学習できること"のためには，機械学習モデルが自動で再学習できるような仕組みがデータ活用基盤に求められます．機械学習モデルを1回作って終わりにするのではなく，データ活用基盤側で何度でも自動で（たとえば日次などで）最新のデータを学習データとして機械学習モデルを再学習することで劣化をある程度防ぐことができます．

　③の"機械学習モデルがどの程度劣化しているかをモニタリングできること"のためにはモニタリング機能を設けやすいことがデータ活用基盤に求められます．機械学習モデルを開発する際，精度を確認します．その精度確認の仕組みを自動化し，定期的に確認するとよいでしょう．精度モニタリングをすることで再学習が有効に機能しているか，再学習では事足りず抜本的な改修が必要なのかを正しく現状を認識できるようになります．

1・1・3　データ活用基盤開発の困難さ

　前節の説明であったように，データ活用基盤を構築することでデータ活用のさまざまな困難を解決してきたいと思います．実際，華々しいデータ活用事例は数多くあります．しかしそれ以上に数多くの失敗事例があります．なぜ失敗してしまうのでしょう？最近はクラウドでデータ活用基盤を構築する事例も多々あり，クラウドの使い方や基盤開発を学べる本もたくさんあります．エンジニアを集め，クラウドの機能を学び，パッチワークで組立てればデータ活用基盤を作れるようになるでしょうか？実はそこに大きな落とし穴があります．ここではその落とし穴について，課題を抱える側・課題の内容で整理してみましょう（表1・2）．

表1・2　課題を抱える側とその課題

課題を抱える側	課題の内容
データ活用基盤開発者	データ活用基盤開発に関する機能要件・非機能要件がわからない
	データ活用基盤にあれもこれもと機能を追加しようとしてしまい，その結果開発工数が膨大になってしまう
	データ活用基盤の完成までに時間がかかりすぎてしまう
	複雑すぎるデータ活用基盤を開発してしまい，運用が困難になってしまう
	データ活用基盤開発中に要件や開発環境（クラウドで提供されている機能など）が変わってしまう
データ活用基盤利用者	利用者からすると，あまりに複雑すぎるデータ活用基盤になってしまい，扱いが困難になり利用できない
	利用者の欲しい機能と提供されている機能がマッチしない

　このように，課題は多岐にわたっているように見えます．しかし，本質的に考えると，数々の課題は，"何を作ればいいか？　どう活用すればいいか？"という計画が不足することによるものです．これを解決しようと大きなコストをかけて，細かな計画を立ててもうまくいくとは限りません．なぜなら，データ活用基盤を取巻く環境は急激に変化しているからです．硬直化した計画のための計画ではなく，柔軟に利用者のニーズや市場変化に対応しつつ"何を実現するか"を明確にする計画立案が必要です．この難題に対して，本書ではロードマップとMVPを作ることで対処します．次節ではMVPとロードマップの説明をします．

1・2　本書のアプローチ

　本書では前節で取上げた課題に対して，MVPとロードマップを作成することで対処します．また，それを具体化したものとして，実際に動くスターターキットを章ごとにハンズオン形式で徐々に開発していくことで，MVPの開発とデータ活用基盤構築スキル向上を両立させます．

1・2・1　MVPとは

　MVP[17]とは"迅速なフィードバックを得るための最小構成の実行可能なプロダクト"のことです．MVPのアプローチを用いることでニーズの把握や改善点の明確化などを実現できます．その真髄は端的に図1・2のイラストで表現されます．

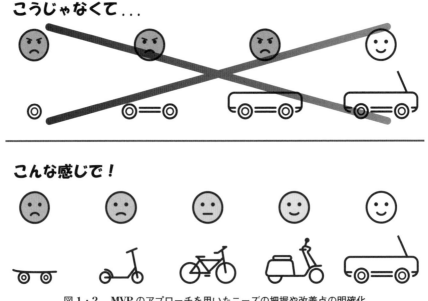

図1・2　MVPのアプローチを用いたニーズの把握や改善点の明確化

　まず"こうじゃなくて…"のアプローチを見てみましょう．"顧客は車を欲しがっている"という市場調査に基づいて，車を開発することにしました．ですが，いきなり車が開発できるわけではありません．まずタイヤ作りから始まり，ボディの設計，さまざまなテストなどたくさんの工程を経てよ

---

17) https://www.ankr.design/designtips/making-sense-of-mvp［MVP（minimum viable product）の意味を理解する．そして，なぜ私はEarliest Testable/Usable/Lovableを好むのか．| ANKR DESIGN | デザインリサーチ・プロトタイピング・サービスデザイン］

うやく車が開発できます．でき上がった車がたまたま消費者のニーズにマッチしていればよいのですが，でき上がるまで何のフィードバックも得られずに開発していくのであれば，ニーズにマッチした車ができるかは賭けになってしまいます．かといって，タイヤだけを見せて"さあ，このタイヤが良いかどうか，あなたのニーズに合うか，フィードバックをください"といわれても顧客側も返答に困ります．なぜならタイヤ単体では viable（実行可能かどうか．特に，このアプローチでは"タイヤだけで移動の役に立つか"）とはいえないからです．

それに対して"こんな感じで！"のアプローチを見てみましょう，これが MVP を用いた開発アプローチです．車の前にまずスケートボードを提供し，"そもそも高速な交通手段にニーズがあるか"を検証します．もし好感触を得られたならば，次にキックボードを提供してフィードバックを得る．さらにそのフィードバックを組込んで自転車を … と繰返していきます．重要なことは，フィードバックを得て，それを活かして開発していくことです．もしかすると車は不要でバイクで十分かもしれません．あるいは"バイクで風を感じながら走るのが大変快適だ"というフィードバックから"家族と一緒に風を感じられるオープンカーというコンセプトはどうだろう"というひらめきが生まれるかもしれません．"こんな感じで！"アプローチがオープンカーで，それに対して顧客が満面の笑みを浮かべたイラストなのに注目してください．このように，小さな製品を開発し，フィードバックを得てニーズを検証し，改善していくサイクルが MVP の真髄です．なお，MVP アプローチの詳細に関しては，前のページの脚注 17) の Web ページで感動的な説明がされていますので，ぜひ参照ください．

データ活用基盤の開発というと，"誰でもデータ活用ができて"，"高精度かつ多様な機能が搭載されていて"，"セキュリティも万全で"，"365 日 24 時間ずっと安定稼働して"と多様な要望が出てくるでしょう．しかし，それらの要望をいきなり満たす開発は困難をきわめますし，そもそも一つ一つの要望をどの水準で満たすべきかわかりません．重厚長大な基盤を作ってはみたものの，あまり活用されなかったり，多機能すぎて利用するのに膨大なマニュアルを参照する必要があったり，利用申請に時間がかかったり，基盤の運用のコストが施策による売上改善を上回ってしまったり … ．そんな問題ある事態が想定されます．そうではなく，最小限利用可能なシステムを開発し，そこでニーズに合わせて柔軟に対応していくのが望ましいでしょう．

1・2・2 ロードマップとは

データ活用基盤を開発するには，MVP を作ってニーズを検証するだけではなく，具体的な開発計画が必要です．MVP は"とにかく何でもいいから開発して，そのあとはいきあたりばったりで決める"ことではありません．ゴールに向かい，適切なフィードバックを得て，開発していくことが大切です．ここでゴールがないと，どこに向かって検証すればよいのか，つまりどんな MVP を作って，どんなフィードバックを得て，どの方向に向かって改修していけばよいのかわかりません．最初からガチガチに何をどの程度作るのかを決め切るのではなく，大まかな方向性やゴールを明示し，そのうえで MVP を作っていく必要があります．この大まかな方向性やゴール，さらに時期を可視化するものがロードマップです．

開発の全体像がないと，開発する側だけではなく経営者側も困ります．"データ活用基盤は欲しいが，何ができるのか蓋を開けてみないと全くわからない"ではデータ活用基盤を開発するためのコストを支払ってよいのか決裁をすることができないからです．"いつか何かができるので，とにかく予算と人数と権限をください"では話が通らないでしょう．そこで"細かい機能など詳細は今後詰めていく．大まかな方向性と時期はこうである．ただ，検証結果により条件分岐が発生する．"と明示すると，経営者側も意思決定しやすくなります．このことは大変重要で，開発側は日夜不断の努力で開発しているが，経営者側は何をやっているのか，さっぱりわからないという状況ではプロジェクトが瓦解するおそれがあります．ロードマップを作ることで，開発チームも経営者側も同じゴールに向かって相互理解しながら開発を進めていくことが可能となります．

　本書でのロードマップは表1・3のようにします．このロードマップのステップごとの開発を，本書では章ごとに説明します．言い換えると，ロードマップの各ステップと本書の各章を対応づけて説明し，ハンズオンで実際に開発します．よって，本書の通り進めればMVPのアプローチをとり，最小限の機能をもち，10年間利用できる基盤の開発ができるでしょう．

表1・3　ロードマップ

データ活用基盤の開発ステップ	概　要	内　容	扱う章	1Q	2Q	3Q	4Q
1	データ収集と蓄積	データを収集・蓄積し，簡単にアクセス可能にすることでデータの一元管理と活用を可能にする	2章	◤			
2	API基盤開発	API基盤を開発し，データを利用したレコメンド施策を可能にする	3章		◤		
3	データパイプラインとワークフローエンジン	データ収集やAPIのデータ更新を自動化することで人手によるミスを防いだり自動でさまざまなトラブルチェックができるようにする	5章			◤	
4	データレイク（DL）とデータウェアハウス（DWH）	欠損や重複を排除するなどデータ整備をすることでデータをより使いやすくする	6章				◤
5	API基盤の発展	リアルタイムレコメンドや複雑な入出力が可能なAPI基盤を構築し，データを高度に利用する	7章				◤

　では，次節でスターターキットの具体像を説明します．

1・3　スターターキットとは

　この節では，本書の要であるスターターキットの説明をしていきます（図1・3）．スターターキットは各章の解説・ハンズオンを通して，一つの部品ごとに構築していきます．また，本章の冒頭で述べた通り，本書は2部構成になっています．第1部では，必要最小限の機能に絞ってスターターキットの構築を行っていきます．続く第2部では，スターターキットをより本番環境でも使いやすくするための改善を行っていきます．

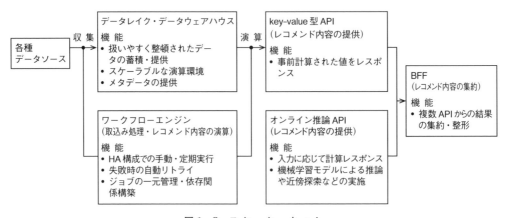

図1・3　スターターキット

1・3・1　スターターキットのストーリー

　理解を深めるため，架空のサービスを考え，そのサービスを改善するためのデータ施策をスターターキットを用いて実施していくことにします.

　a. 背　景　　あなたは，雑貨を扱う EC（e-commerce）サイト "K&R" を運営するスタートアップのエンジニアです．K&R では，自社が買い付けた多様な雑貨を Web アプリケーション上でユーザーに表示し，ユーザーはその中から商品を探して購入することができます（図1・4）.

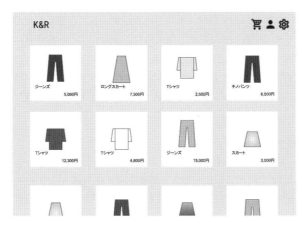

図 1・4　K&R の商品検索画面

　これまでの K&R の商品検索画面は，商品を追加日時順に並べて表示する，というとてもシンプルなものでした．商品の種類も数百点ほどと少なかったので，ユーザーはすべての商品を簡単に探すことができ，特に問題はありませんでした.

　ところが，事態は一変します．業績の向上に伴い，取扱う商品の種類を増やしていくと，しだいにユーザーからは "商品が多すぎて欲しい商品を探すのが難しくなってきた" といった声を聞くことが多くなってきました.

　そこで会社は，データ活用プロジェクトを立ち上げ，あなたを含めた3名のエンジニアは新設されたデータ活用チームに転籍することになりました．このプロジェクトでは，データを収集・分析し，そこからユーザーが欲しい商品を見つけやすくすることで顧客体験の向上を目指すことにしました.課題解決アプローチとして，検索システムの構築やマイページの充実などを検討しましたが，実現性やコストなどを考慮[18] し，最終的にレコメンド機能を Web アプリケーションに追加することにしました[19].

　b. データ活用チームの役割　　では，あなたが所属するデータ活用チームはどのような役割を担っているのでしょうか.

ⅰ）データ活用のための役割

　①　データエンジニア
　　• データ利活用を容易にするための基盤の構築・運用
　　• 社内外のデータにアクセスし，それらの抽出や加工，データ基盤への格納

---

18)　§4・2・2のような検討方法を用いるとよいでしょう.
19)　紙面の都合により本書では取扱いませんが，レコメンド機能を実装することで商品のスコア（購入確率など）付けが可能になります．全文検索と商品スコアを組合わせることにより，シンプルな全文検索単体よりも有効な商品検索システムを実現することができます.

② 機械学習エンジニア
- 機械学習モデルの開発
- 機械学習モデルを実際のアプリケーションから使えるようにするための API の開発
- 機械学習モデルを定期的に学習させるためのワークフローの開発

③ データサイエンティスト
- データ分析を行い，分析結果に基づいて事業改善の仮説を立てる．
- 仮説を検証するための取組み（AB テストや PoC など）の企画・設計
- 企画・設計した取組みを実施するためのステークホルダーとの折衝

　理想としては，それぞれの役割を担うエキスパートがチームに存在している，あるいは各役割ごとに専門チームが組織されているべきですが，現実には，一つのチームで各メンバーが複数の役割を兼任していることも少なくありません．特にチームの発足当初や規模の小さいスタートアップなどでは，1 人ですべての役割を担うこともあるでしょう．今回のストーリーでは，あなたは他 2 人のチームメンバーとともに，それぞれ主担当をもちつつ，上記の役割を少しずつカバーし合っているという状況になります．

ⅱ）Web サービスの開発は担わない

　Web サービス本体の開発・運用はデータ活用チームの担当外です．こちらは，専任のプロダクト開発チームが存在しています．Web サービス本体のデータベースからデータを抽出するための開発や，AB テストを Web サービス上で行い，仮説を検証する際にはプロダクト開発チームと協力し，あたる必要があります．

　c. 現 状 の 把 握　　まず，社内でのデータ利活用の状況を調べることにしましょう．そうすると，以下のことが行われているのがわかりました．

① K&R の DB には，商品のデータや売上データが格納されている．
② DB を管理しているエンジニアは，毎朝 9 時にクエリを発行してプロダクション DB（本番系 DB）から前日の売上データを取得し，データの加工を行ったのち共有フォルダに "売上 _20220102. csv" といった名前で格納している．
③ マーケティング部門のアナリストは共有フォルダに CSV が格納されたのを確認すると，そのデータを手作業で Excel に読み込み，レポートを作って経営層に送付している．

　現状がわかったところで，どのようにすればレコメンド機能を Web アプリケーションに追加し，ユーザー体験を改善することができるかを考えてみましょう．まずは，単純なレコメンド Web アプリケーション上で稼働させることを最初の目標にします．

1・3・2　第 1 部（2〜4 章）：スターターキットの基礎の構築

　a. 第 1 部で実施すること　　第 1 部の各章では以下のことを解説し，スターターキットの基礎を構築していきます．

- 2 章：データの収集とそれを格納する分析用 DB について解説し，分析用 DB の構築と，データを格納するコードの実装を行います．
- 3 章：key-value 型 API について解説し，それを実現する API[20] 基盤の構築を行います．
- 4 章：データ活用に必要不可欠な AB テストにおける効果検証について解説します．

　第 1 部が終了した段階で構築されるスターターキットの概要は，図 1・5 のようになります．

20）API とは何か，なぜ API を利用するかについては 3 章で説明します．

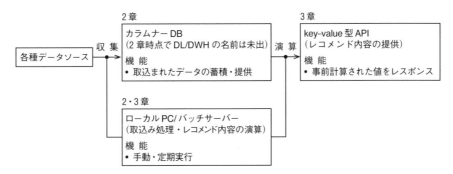

図 1・5　第 1 部が終了した段階で構築されるスターターキットの概要

b. 売上順で商品をレコメンドする機能を API として提供する　　単純なレコメンドとして，商品を売上が良い順にソートし，上位 10 点をユーザーにレコメンドする機能を API として提供することを考えます．Web アプリケーション側では，その API をコールし，結果を表示します．ここで考えることは以下になります．

i）単純なレコメンドからはじめ，将来的な発展につなげていく

　今，あなたが検証したいことは "商品をレコメンドすると，ユーザーは欲しい商品を見つけることが容易になり，売上が改善する" という仮説になります．こういった仮説を検証する方法として AB テストや PoC がありますが，その進め方として，"仮説を検証できる最も簡単な方法から試し，それがうまくいったらより高度な方法を検証する" という手法を採用します．一般的には AB テストを実施する際は，この手法が採用されており，アイテムの売上順などの最も簡単なアルゴリズムから試し，成果が出た後に最新の機械学習アルゴリズムを使用するレコメンドモデルなどの複雑な方法を検証していく，というステップをとっています．この手法の利点は，1. 簡単な手法を用いることで AB テストの結果検証がしやすくなる，2. 実装工数を短くとることができる，の二つあります．

　一見，"最新の機械学習アルゴリズムを採用したレコメンドの方が高い効果を上げることができそう" と考えたくなるものですが，実際のデータ活用の現場では，単純な売上順のレコメンドモデルが複雑な機械学習モデルよりも良い結果を出すこともあります．また，一口に単純な売上順レコメンドを実施する，といっても，

- どの期間のデータを使うのか（長期的に売上の良いアイテムをレコメンドするのか，それとも短期のデータを使い季節・流行のアイテムをレコメンドするのか）．
- 全体のデータに対して一つのレコメンドモデルを作るのか，商品のカテゴリー（たとえば衣類では T シャツや靴下など）ごとにレコメンドモデルを作るのか．
- 簡単なパーソナライズ（ここでは個人の嗜好に合わせたレコメンドを実施すること）のため，年代別・性別などセグメントごとにランキングを作るのか，それとも全ユーザーでのランキングを作るのか．

など検証すべき点はたくさんあります．

ii）必要なデータの収集をコードで管理し，分析用 DB でデータを管理する
　現状のデータ活用には以下のような問題点が挙げられます．

① プロダクション DB から手動でデータの取得・加工を行っている．
　もしエンジニアがデータの取得を忘れてしまったり，その他の理由でデータが取得されなかったとすると，レコメンドモデルの更新に失敗してしまいます．また，エンジニアが実施する手順を間違えてしまうと，誤って加工されたデータを作成してしまい，レコメンドモデルの更新に失敗することや，最悪の場合 DB がダウンしてしまったり，不要な個人情報の漏洩につながることも

あるかもしれません.

② データを読み込んで分析・モデリングを行うのが容易ではない.

　所定のストレージに識別子（今回の場合は日付）を付けてデータを格納するところまでは良いのですが, そのままでは売上の分析やレコメンドモデルの作成のたびに指定する条件を満たす CSV ファイルをストレージから探し, 読み込み, マージする, といった前段階で工数を使ってしまうことになります.

　これらの問題を解決するために, 分析用の DB を用意し, プロダクション DB から取得したデータを格納・加工する手順をコード化[21] します. これによりヒューマンエラーの低減を行います. また, アナリストやデータサイエンティストがデータへ安全・簡単にアクセスできるようにもなります.

iii）API でレコメンドを提供する

　スターターキットでは, レコメンドの内容を API（Application Programming Interface）で提供することで, Web アプリケーション（EC サイト本体）とは疎結合にしています. では, Web アプリケーションの DB にレコメンド結果を直接格納するのではなく, API として提供するメリットは何でしょうか？

① レコメンド導入による Web アプリケーションの変更を少なくする.

　API として提供すると, アプリケーションの変更を少なくすることが期待できます. 場合によっては, フロントエンドで API を呼び出し, 結果を表示するだけで済むものもあります. これはレコメンドを廃止する場合も同様で, API で提供している場合は, 該当のフロントエンドのコードを削除するだけで廃止できることがあります.

② レコメンドアルゴリズムの変更をしやすくする.

　たとえば最新のアルゴリズムを使用したり, データを追加したり, などのレコメンドモデルの変更に対しても, API の入出力のインターフェースが変更されなければ Web アプリケーションを気にせず変更を加えることができます.

③ リユースをしやすくする.

　たとえば, 別の画面で同じレコメンドを表示したい, となった場合でも API で提供していればすぐに使用することができます.

　第 1 部では, レコメンド結果を key-value の形で提供する API として実装します.

iv）レコメンドの効果を AB テストで検証する

　Web アプリケーションに新しく機能を追加する場合や, レコメンドモデルの更新を行う際は, その新機能や新モデルがどれだけビジネス KPI の改善に寄与しているかを検証することが必要です. さもなくば, 効果のない機能に対して運用工数を払うことになってしまったり, 最悪の場合, ユーザー体験を損ねる機能を運用しつづけたりすることになるかもしれません. 効果検証を行うには, 実施前に以下を考える必要があります.

① 課題整理：誰がどのような課題をもっているのか, それを解決するとどのようなインパクトがありそうか.

② 解決アプローチ策定：選んだ課題を, どこで・どのように解決するか打ち手をリストアップする.

③ 実験計画の立案：選んだ施策を, どのように効果検証を行うか計画を立てる.

　これらを考えたうえで, 効果検証の方法として AB テストを選択した場合, AB テストの設計やテスト実施中のモニタリング, 終了後のふりかえりを行い, 意思決定につなげていきます.

　第 1 部では, レコメンドの効果を AB テスト[22] で検証することにします.

21）コード実行の自動化については, 5 章で説明します.

22）AB テストの詳細については, 4 章で説明します.

1・3・3　第2部（5〜7章）：スターターキットの改善

a. 第2部で実施すること　　第2部の各章では，以下のことを解説し，スターターキットを改善していきます.

- 5章：ワークフローとワークフローエンジンについて解説し，ワークフローエンジンの構築と，第1部で実装したコードの自動化を行います.
- 6章：データレイクとデータウェアハウスについて解説し，第1部で構築した分析用 DB の改善を行います.
- 7章：第1部で構築した key-value 型 API に加えて，リアルタイムにレコメンドアルゴリズムに計算させて結果を出力するオンライン推論 API と，複数の API をまとめる BFF（Backend For Frontend）の構築を行います.

第2部の終了段階では，スターターキットは図1・6のような全体像になっています.

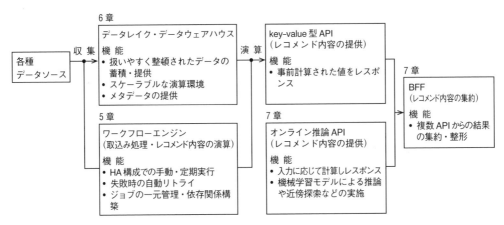

図1・6　第2部終了段階でのスターターキットの全体像

b. より高度なモデル・より高度な基盤　　おめでとうございます！ あなたが作ったレコメンドモデルによって，ユーザー体験は向上し，売上は大きく改善されました. そこで，上司からは継続してレコメンドモデルの改善を行ってほしいことと，他にデータ施策を実施するために基盤の改善もしてほしいとお願いをされました.

それでは，どのように改善していけばよいのでしょうか？ 第2部では，以下のことを説明していきます.

c. 各タスクの実行をワークフローエンジンで管理する　　ワークフローエンジンは，コード実行の自動化やコード間の依存関係の管理，失敗時のリトライ処理の管理を行うためのツールです. 第1部ではデータの処理やレコメンドモデル作成コードの実行などのタスクを手動または crontab を使って実行していましたが，これには以下のような問題があります.

i）スケジュール化が困難

毎日決まった時間にタスクを実行する，というのは難しいものです. 緊急の会議が入ってしまったり，風邪で欠勤する際に実行の引き継ぎを忘れてしまうかもしれません. 今後，さらにタスクが増えていくとお手上げになってしまいます.

ii）タスクの一覧性に乏しい

どのタスクが現在実行され，どのタスクが正常に終了したかなどの情報を一覧することができません. 今後，新たにデータ施策が増え，タスクも増加すると全体像をつかむことはより難しくなってい

くことでしょう.

ⅲ）タスク間の依存関係を定義することが難しい

　たとえば，生の売上データを加工し，分析用 DB に格納するタスクが終わってから，さらに売上データを加工し，レコメンド内容を API 基盤に置くタスクを行う，といったタスク間の依存関係が発生しますが，crontab でこれら依存関係の管理を行うことは困難です.

ⅳ）リトライ処理や結果の通知を手動で行わなければならない

　たとえばタスクが失敗した場合のリトライ処理や，タスクが正常に終了した場合の通知処理も現状では手動で行わなければなりません.

　上記にあげた以外にも，現状のタスクの運用体制にはさまざまな課題があります. これらを解決するために，ワークフローエンジンの導入を行います.

　d. データレイク・データウェアハウスの導入　　第 1 部では, プロダクト用 DB から取得したデータを加工し，分析用 DB に格納していました. 第 2 部では，データの価値を継続的に保ち，高めていくために基盤の整理と追加を行います.

ⅰ）データレイクの構築

　サービスから発生したデータをなるべく非加工の状態で保存するデータレイクを導入し，一元的に管理することで，さまざまな分析・モデリングのニーズにこたえられるようにします.

ⅱ）データウェアハウスの構築

　データレイクに格納されたデータをソースとして，データ分析や利活用がしやすいように加工した中間データを作成します. これらのデータを格納するのがデータウェアハウスです. また, データウェアハウスにデータを格納する前に必要となる，データクレンジングの手法やテーブル設計についても導入します.

　e. API の拡張　　第 1 部では，事前にレコメンド結果を計算し，key-value 形式で結果を返す API を実装しましたが，実装できるレコメンドモデルに幅をもたせるために，以下の機能を追加します.

ⅰ）入力データからリアルタイムにレコメンドの計算を行い，出力として返すオンライン推論 API

　第 1 部とは異なり，データが入力されたらその場でレコメンドの計算を行い，結果を返す機能を追加することで，機械学習アルゴリズムを使ったレコメンドモデルを実装しやすくします.

ⅱ）複数の API を集約する BFF

　たとえば一つ目の API でユーザー ID から年齢や居住地域などのデータを取得し，二つ目の API でそれらのデータを入力としてアイテムの推薦結果を取得する，といった多段で API を呼び出す機会があります. これらを集約する BFF を用意することで Web アプリケーション側の負担を減らすことができます.

1・3・4　スターターキットの事前準備

　各章のハンズオンを通してスターターキットを構築するための事前準備をします.

　a. ローカル開発環境の準備

ⅰ）OS/CPU アーキテクチャについて

　スターターキットの動作確認を行ったローカル開発環境の OS と CPU の組合わせは以下になります.

① MacOS12.1(Monterey)Intel 64bit/Arm 64bit(M1)

② Ubuntu 20.04 AMD 64bit

これらの OS/CPU アーキテクチャ以外でも動作させることは可能だと思いますが，予期せぬエラーなどが発生することがあることをご了承ください．

またコマンドラインの操作については POSIX 準拠のシェルを利用することを想定しています．それ以外のシェルを使う場合は適宜読み替えを行ってください．

ⅱ）ソフトウェアのインストール

① テキストエディタについて

　本書では，開発時に使用するテキストエディタについて特に指定などはありません．お好みのテキストエディタをお使いください．

② その他ソフトウェア

　ハンズオンでは，表1・4のソフトウェアを使用します．公式ドキュメントのガイドに従いインストールしてください．動作確認時のバージョンも記載してあります．

表1・4　ハンズオンで使用するソフトウェア

ソフトウェア	使用用途	動作確認バージョン
Python[†1]	データの加工 API リソースの作成 ワークフローの作成	3.9.10
Poetry[†2]	Python パッケージの依存管理	1.1.12
git[†3]	コードのバージョン管理	2.25.1
gcloud[†4]	Google Cloud のリソース管理	Google Cloud SDK：376.0.0 bq：2.0.74 gsutil：5.6

†1　https://www.python.org/downloads/
†2　https://python-poetry.org/docs/#installation
†3　https://git-scm.com/downloads
†4　https://cloud.google.com/sdk/docs/install

　本書では，スターターキットの開発用言語として Python を使います．Python はデータの加工や機械学習用のライブラリが豊富であることと，採用したワークフローエンジンの記述に必要であることが選定理由となります．また，Google BigQuery の操作に SQL も使用します．

　なお，スターターキットの一部ではありませんが，4章に限っては統計関連の計算を行うサンプルコードが R 言語で記載されています．

　b. GitHub repository の準備　　スターターキットの内容はすべて GitHub 上で公開されています．

https://github.com/practical-ai-platform-book/starter-kit

　上記リポジトリをフォークし，フォークしたリポジトリをローカル開発環境にクローンしてください．

　クローン後，リポジトリのルートディレクトリで[23]下記コマンドを実行して Python の依存関係をセットアップしてください．

```
$ poetry install
```

　なお，このリポジトリではスターターキットの内容すべてを一つの Python プロジェクトで管理していますが，あくまでこれはすぐに手を動かせるようにするためにそうしているにすぎません．実際

23）以降特に断りがない限り，コマンドはリポジトリのルートディレクトリで実行されているものとします．

の業務上の開発においては，実装するワークロードごとに適切に依存管理を行うことをおすすめします．

c. Google Cloud の準備　　本書ではスターターキットを構築する環境として，Google Cloud[24]（以下 GCP）を使用します．GCP のプロジェクトをおもちでない場合は，プロジェクトの作成を済ませてください．作成には，Google アカウントをもっている必要があります．

なお，GCP プロジェクトの初回作成時には，90 日間，300 米ドル分まで利用できる無料枠があります．本書のスターターキットは，この無料枠内で賄える範囲のサービス利用で構築できることを確認していますが，超過分は自己責任となることをご了承ください．

i）gcloud コマンドの設定

プロジェクト作成後，GCP のドキュメント[25] に従い，ローカル開発環境から gcloud コマンドが実行できるように設定を行ってください．まず，下記のコマンドからログインとプロジェクト ID の設定を行います（それ以外に Compute Engine のデフォルトのリージョン・ゾーンなどの設定項目に関しても聞かれるかもしれませんが，現時点では必要がないので，設定しなくて大丈夫です）．

```
$ gcloud init
```

以下のコマンドから，作成したアカウントとプロジェクトが設定されているかを確認します．

```
$ gcloud auth list
$ gcloud config get core/project
```

再ログインする場合や，他プロジェクトから変更する場合は init コマンドを使わず項目別に設定することもできます．

```
$ gcloud auth login
$ gcloud config set core/project $YOUR_PROJECT_ID
```

ii）Python SDK の設定

本書では Python を用いて開発を行うため，GCP の Python SDK からもプロジェクト ID と認証情報にアクセスできる必要があります．それを設定します．

```
$ gcloud auth application-default login
$ export GOOGLE_CLOUD_PROJECT="$(gcloud config get core/project)"
```

iii）GCP における権限管理についての注意点

本書のスターターキットでは簡単のため，各ワークロード（データ収集ワークフローや API など）を実行するサービスアカウント[26] を明示的に作成・権限付与せず，デフォルトのサービスアカウントとそれにデフォルトで付与される権限を使って開発を行っています．

しかし，本番環境での利用においてはセキュリティのベストプラクティスに則り，最小限の権限をもたせたサービスアカウントをできるだけ細かく作成することが推奨されています[27]．

24）https://cloud.google.com/
25）https://cloud.google.com/sdk/docs/initializing
26）https://cloud.google.com/iam/docs/service-accounts
27）https://cloud.google.com/iam/docs/using-iam-securely

第1部　データ活用システムの基礎

　ここでは"データ活用基盤がない状況から，最低限機能するデータ活用基盤を開発するまで"について，ハンズオンを交えながら説明します．

　第1部を読み通せば，最低限の分析や施策の実施を可能とするデータ活用基盤が実現できるでしょう．

　第1部ではデータ活用についてゼロから説明し，構築していきます．また，データ活用基盤を用いた効果検証の方法も学びます．そのため，エンジニアはもちろん，アナリストやマネージャーも読み通していただければと思います．

　第1部は3章構成になっています．

　2章ではデータの収集と蓄積についての説明と開発を行います．単にデータベースを作るだけではなく，どのようなデータがあり，どのように取扱うべきかについて広く学びます．ハンズオンでは，既存のデータを収集・蓄積し，データ分析をしやすいシステムを開発します．

　3章ではデータ活用施策に有効な Web API の説明と開発を行います．ここで説明する Web API は，柔軟なデータ活用施策を実施するためのもので，たとえば EC サイトでその人にあった商品をおすすめする機能などに利用できるシステムのことです．ハンズオンでは，EC サイトを想定して売上ランキング上位の商品を表示することで，カスタマーが売れ筋商品を把握できるようなシステムを作ります．

　4章ではデータ活用施策を実施するための計画や効果検証の方法について学びます．施策を実施するためにどのようなフローが必要なのか，また，効果検証でよく用いられる AB テストについて学びます．

　続く第2部で，より高度なデータ活用基盤とは何かを学び，第1部で構築した基盤を改善します．

2

データの収集と蓄積

本章の目的

　データ活用プロジェクトを始めることになったときの最初の部分，データをどう収集して蓄積・活用できるようにするべきかを理解する．本章を通して，具体的なデータの保存方法，連携方法に対する知識を深め，データ基盤の設計に対する具体的な議論ができる状態になることを目指す．

本章の到達目標

- データの種類ごとの性質を理解し，適切なデータ連携方式を考えられる．
- データレイク，データマート，データウェアハウスといった用語とその違いを理解し，データ基盤の全体像を説明できる．
- データベースからデータを抽出して分析用データベースシステムに連携できる．

2・1　データ活用の第一歩

　本章では，組織がデータを効率よく活用するための下地となる環境を作っていきます．データ活用と一口に言っても，ただデータがあればよいというものではありません．データ活用を行うときに，データが散在していて，そのままだと活用しづらいという問題によく直面します．そうした課題から，データをデータ分析に適した環境に一元的に集める必要性が出てきます．

　そうした必要性がある一方で，"何でもいいからデータを集めれば，何かしらいい感じのAIを作ることができるだろう"と思う人もいるかもしれません．しかし，これは非常に効率が悪いどころか，あまりよい結果を生まないことが往々にしてあります．

　最初にデータ活用チームを立ち上げる場合は，最初に何をするのか，何のためにデータを集めるのかという部分を意識しないと，

- 不要なデータを収集することによるインフラ費用や保守工数の増加
- 連携のための実装コストの増加
- データ連携の取りこぼし

といった問題が発生することがあります．もちろん，データを1箇所に集めて使いやすい形にすることで，それ以降のデータ活用が行いやすくなるのは確かなので，できるだけデータを集めようとするのは必ずしも間違いというわけではありません．しかし，組織の立ち上げ当初は，関係者や経営層がデータ活用に関して抽象的な理解しかもっていなかったり，逆に過剰に期待を寄せているケースもあります．その中で，まずチームが立ち上がる段階では，データ基盤を使っていかに早く価値を生み出すかが大事になります．人数も限られた中で，すばやくデータ基盤を作り，価値を生み出していくに

は，

- そもそも何のためにデータを集めるのか．
- どんなデータを集めるべきか．

を明確にすることが必要になります．本章では，まず前提の知識として，どのようなデータの種類や収集方法があるかを学びます．そのうえで，上記のようなデータ活用のための仮説出しから入り，目的を明確化します．最後に，実際のサービスなどになるべく負荷を与えない形でどのようにデータを抽出し，どこに保管するかという部分について解説していきます．

　本章ではデータの抽出・収集・蓄積・連携という用語が混ざるので，それぞれ下記のようにプロセスを定義します（図2・1）．

- 抽出：データをソースから取出すプロセス
- 収集：データを一つ以上のソースから集めるプロセス
- 蓄積：データを蓄積先に格納するプロセス
- 連携：データの抽出・収集・蓄積をすべて合わせたプロセス

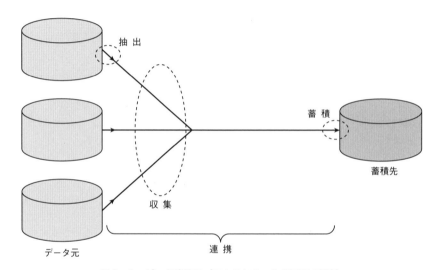

図2・1　データ連携のプロセスにまつわる用語の関係

　本章を通して，学んでほしいことは下記の通りです．

- データの種類を理解して，どのようなデータが形として存在するかを理解する．
- データ活用のための仮説の立て方を理解し，プロジェクトの方向性に沿ったデータ収集の方針を立てる．
- 本番サービスになるべく負荷を与えない形でデータを抽出する方法を学ぶ．
- 抽出したデータを保管する方法を学ぶ．

2・2　データ分類と収集

　さて，今回の例では“商品の数が増えてきてユーザーが商品を探すことが困難になってきた”という課題に対して，“商品をジャンルごとに売上が良い順にソートし，ユーザーにレコメンドする機能をAPIとして提供する”というソリューションを提供することで“ユーザーがより人気の製品を見て，購買が上がり，全体としての売上増加を実現する”ことが目的です．このプロジェクトの課題，ソリューション，目的をもとにして，どのようにデータを集めるべきかというポイントについて解説

します.

2・2・1　データの種類

　まず，データ収集を行う前に，どのようなデータが存在するかという分類を行っていきます. データの分類方法は大まかに"トランザクションデータか，非トランザクションデータか"，"構造化データか，非構造化データか"という分類があります. それぞれの分類によって，どのようにデータを収集・蓄積すべきかといった方法が変わってきます.

　a. トランザクションデータと非トランザクションデータ　　分類の軸に関しては"時系列的にデータがたまるかどうか"というのがポイントになります（表2・1）. 本節ではトランザクションデータと代表的な非トランザクションデータであるマスターデータについて詳細を説明していきます.

表2・1　トランザクションデータ・非トランザクションデータの分類

データの種類	概　要	例	保存場所の例
トランザクションデータ	時系列で蓄積されるデータ. データそのものは新しいものが追加され続ける	ログデータ 購買データ センサデータ	Adobe Analytics などの SaaS 上 オブジェクトストレージ（S3, GCS など） NoSQL
非トランザクションデータ	トランザクション以外のデータ. 登録・更新などの処理で中身が変わることがある 代表例がマスターデータでビジネス上の背景を説明するためのデータ	商品データ 都道府県データ	RDB Excel, Google SpreadSheet

ⅰ）トランザクションデータ

　何らかの時系列的なイベントを記録したデータ. たとえばユーザーのアクセスログ，エラーログなどから，売上データといったものや，IoT のセンサデータ（たとえば CO_2 の濃度データ）まで幅広くトランザクションデータに含みます（表2・2）. 一般的には特定時刻に対するイベントの形で記録されることが多く，時間のアクションごとに DB（データベース）などに記録したり，大容量になるとオブジェクトストレージに保存することもあります. ログデータは長期的な監査や分析のために取得され，保存データも大容量になるために実際にデータを蓄積する際や分析する際はログの範囲や保存期間を指定することが多々あります.

表2・2　トランザクションデータの例（EC サイトの行動ログデータ）

timestamp	ユーザー ID	商品 ID	event type	購入個数（円）
2022-03-01 11:00:01	761	1431	閲覧	
2022-03-01 11:00:02	761	1431	購入	3
2022-03-01 11:00:05	341	1562	閲覧	

基本的に，データが追記されていく

ⅱ）非トランザクションデータ（マスターデータ）

　非トランザクションデータの代表的なものがマスターデータで，ビジネスの状況がわかるような背

景データを表します. たとえば, 商品のデータ（商品の金額, カテゴリ, その商品のスペック）, 店舗データ（たとえば EC サイトの出店店舗の店舗名とそのコード値）, 都道府県マスター（都道府県とそのコード値）などがあります（表 2・3）.

表 2・3　マスターデータの例（商品データ）

商品 ID	商品名	価格
1431	しろねこ石鹸	480
1432	タヌキはぶらし	250

価格は改訂しうる
（更新がありうる）

　実際にこうしたデータは DB に格納されていますが, 商品変更などの際にカラムの値が更新されることがあります. 現実的には自動的に管理するのが難しいため, Excel や Google Spread Sheet などで一部管理しているケースも存在します. また, こうしたマスターデータは固定値であることが望ましいですが, 実際には商品マスターの商品価格を変更する, 商品名を変更する, 商品の説明文を変更するといったことが頻繁に行われるため, トランザクションデータと結合して保存することが求められます. 一方で, Excel や Google Spread Sheet などで生成したデータはシステムとの自動的な連携が容易ではないこともあるので, 自分たちのシステム連携に必要な労力や管理のしやすさをふまえて, どのような形式をとるべきかを検討しましょう.

　b. 構造化データと非構造化データ　　もう一つのデータ分類の切り口として, 構造化データと非構造化データがあります（表 2・4）. この切り口は, そのまま SQL などでデータの分析に使うことができるかどうかというのが大きな違いになります[1].

表 2・4　構造化データ・非構造化データの分類

データの種類	概　要	例	保存場所の例
構造化データ	テーブルで表現可能な, 何らかの事前定義されたデータの構造をもつもの	商品データ 都道府県データ 購買データ 商品カテゴリデータ	RDB Excel, Google SpreadSheet, NoSQL
非構造化データ	構造化データ以外のデータ. 画像や音声など明確な構造がないデータや何らかの構造に分解できそうだが明らかになっていないテキストデータ	画像データ 音声データ 動画データ JSON 文字列	RDB, NoSQL オブジェクトストレージ (S3, GCS など)

ⅰ）構造化データ

　SQL などを利用してそのまま分析が可能なデータのことです. こうしたデータはすべてそのまま RDB などに格納することが可能で, 前項のマスターデータにあるような商品データ, 購買データなどはすべて構造化データに分類されます. テキストデータの中でも, 商品カテゴリや都道府県データのようなものはそのままグルーピングして集計が可能なので構造化データとみなすことができます（表 2・5）.

1）https://www.ibm.com/cloud/blog/structured-vs-unstructured-data〔Structured vs. Unstructured Data: What's the Difference?〕

表2・5　構造化データの例

商品 ID	商品名	価格
1431	しろねこ石鹸	480
1432	タヌキはぶらし	250

このままグルーピングや集計が可能

ⅱ）非構造化データ

　そのまま SQL で分析することができないデータです．たとえば，画像や音声のデータはそのままグルーピングや集計を行うことができません．またブログの本文のようなグルーピングできないテキストデータもそのままでは分析に利用できないので非構造化データに分類されます（表2・6）．

表2・6　テキスト形式の非構造化データの例

ブログ ID	ブログタイトル	ブログ本文
12	"吾輩は猫である"のあらすじと解説	吾輩は猫である．名前はまだ無い．どこで生れたかとんと見当がつかぬ．何でも薄暗いじめじめした所でニャーニャー泣いていた事だけは記憶している．吾輩はここで始めて人間というものを見た．…
13	…	…

このままではグルーピングや集計ができない

　画像や音声などのデータは DB にそのまま保存することができないのでストレージなどに保管します．テキストデータに関しては構造化データの中の1フィールドとして格納できるので，RDB や NoSQL データベースにそのまま保管されていたり，Word や Excel の形式でクラウドドライブ上に保管されているものもあります．分析のためには自然言語処理や画像解析を使って，それぞれの情報を抜き出すことで非構造化データを構造化データにする必要があります（たとえば，図2・2aの画像は非構造化データですが，この画像に名前をつけて，カテゴリに分類すれば構造化データとして扱うことができます．図2・2b）．

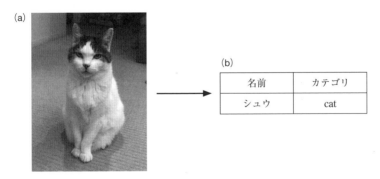

図2・2　非構造化データの例（a）と構造化データ（b）への変換

2・2・2　データの収集元ごとの連携方法

　データはさまざまなところに保存されており，それぞれに関して必要なデータの連携方法を考える必要があります．

　前節では，データの種類ごとに分類を行いましたが，本節ではデータの取得方法をもとに，"どの

ようなデータをどのように取得するか"に着目していきます.

a. データの収集元による連携方式の違い　　データ収集元の大まかな分類としては,下記5パターンです

- データベース　　　・行動ログ　　　・ローカルファイル　　　・ERP や CRM などの SaaS　　　・Web

ⅰ)データベース

　データ活用施策を始めるにあたってデータの収集元として真っ先に上がるのが,サービスで使っているデータベースでしょう.たとえばECサイトであれば,商品やユーザーの情報,購買の記録など,ビジネス上の重要なデータが集まっているからです.

　収集方法としてはダンプ(データとして出力)や SQL 発行により CSV などの中間ファイルを生成して連携を行う方法や,SQL 発行・変更データキャプチャを利用して直接抽出を行う方法があります.これについては,後ほど§2・3で詳細に取扱います.

　また,こうした連携をより簡単に行うためのツールとしては Embulk[2] があります.他にも,クラウドプロバイダーの機能を活用する手もあります.AWS では Presto[3],GCP であれば BigQuery の Cloud SQL 連携クエリ[4] を利用することでアプリケーション用のデータベースから,直接分析用データベースなど他の環境に連携することができます.

ⅱ)行動ログ

　行動ログのデータもデータ活用において重要なデータです.データベースのデータだけでは購買などトランザクションとして記録される行動は記録されますが,閲覧などそれより細かい行動は捉えられないからです.

　ログデータはその取得元となるシステムによって,さらに三つに分類できます.一つ目はクラウドの FaaS[5] などログ連携まで管理されているシステム,二つ目は自分たちが管理しているシステム,そして三つ目はフロントエンド側です.

　クラウドの FaaS などログが自動でログ管理システムに連携されるシステムにおいては,そのログ管理システムから分析用データベースまでの転送処理を構築すればよいです.具体的には,AWS では CloudWatch Logs[6] にログが連携されますので,subscription filter[7] を使ってリアルタイムに直接転送する処理を実装したり,S3 出力[8] を経由して転送するバッチを実装したりします.GCP では Cloud Logging[9] にログが連携されるので,Sink 機能[10] を使えば実装不要で転送が行えます.なお転送にあたっては,必要に応じて一部のログにフィルタリングすることで,料金を抑えたり,分析を行いやすくすることができます.

　自分たちが管理しているシステム上のログ(文脈によっては"ジャーナル"とよばれることもある)は,収集・連携から自分たちで行う必要があります.これには Fluentd[11] や Logstash[12] などの OSS (Open Source Software) ツールを使ってリアルタイム連携したり,ログファイルをクラウドストレー

---

2) Embulk. https://www.embulk.org/
3) Amazon EMR での Presto. https://aws.amazon.com/jp/emr/features/presto/
4) https://cloud.google.com/docs/cloud-sql-federated-queries [Cloud SQL 連携クエリ]
5) FaaS(Function-as-a-Service)については https://www.redhat.com/ja/topics/cloud-native-apps/what-is-faas 参照.
6) https://docs.aws.amazon.com/ja_jp/AmazonCloudWatch/latest/logs/ [Amazon CloudWatch Logs とは] WhatIsCloudWatchLogs.html
7) https://docs.aws.amazon.com/AmazonCloudWatch/latest/logs/SubscriptionFilters.html [CloudWatch Logs サブスクリプションフィルターの使用]
8) https://docs.aws.amazon.com/AmazonCloudWatch/latest/logs/S3Export.html [Amazon S3 へのログデータのエクスポート]
9) Cloud Logging. https://cloud.google.com/logging
10) https://cloud.google.com/logging/docs/export/configure_export_v2 [シンクを構成して管理する]
11) https://www.fluentd.org/
12) https://www.elastic.co/jp/logstash/

ジなどを経由してバッチで連携したりといった方法があります．このとき連携先をクラウドのログ管理システムとすれば，そこから先は上記のケースと同様で扱うことができます．

　フロントエンド側のログは，Adobe Analytics や Google Analytics のようなアクセス解析ツールを採用するといった選択肢をとることができます．ほとんどのアクセス解析ツールはオブジェクトストレージや分析用データベースへの連携機能を備えていますので，それを活用しましょう．

iii）ローカルファイル

　個人のローカル PC やクラウドドライブ上で管理されているファイルも連携対象になるでしょう．たとえば営業部門が Excel で管理している取引先店舗のデータなどです．

　こういったデータは，CSV などシステムで扱うのに適した形式に変換したうえで，分析用データベースに取込みます．このとき，いったんオブジェクトストレージに保存してから取込むこともできますし，ローカルから分析用データベースに直接取込むこともできます．AWS であれば COPY コマンドを使うことで，ローカルまたは S3 から Redshift へ取込むことができます[13]．GCP でも同様に，ローカルまたは GCS から BigQuery へ取込むことができます[14]．BigQuery に関しては Google SpreadSheet からの読み込み[15] も可能です．

iv）ERP や CRM などの SaaS

　SAP の よ う な ERP（Enterprise Resources Planning） や Salesforce な ど の CRM（Customer Relationship Management）といった SaaS（Software as a Service）を導入している場合，それらのデータも貴重な連携対象となります．こういったツールの多くはクラウドのオブジェクトストレージや分析用データベースへの連携機能を備えていますので，それを活用しましょう．そのような機能がない場合は，いったんローカルにファイルとして出力し，それを分析用データベースに取込むといった手段でデータ連携を行うことが可能です．

v）Web

　上記のいずれでも収集できないデータの場合，インターネット上のページを回遊してデータを取得してくるという選択肢もあります．このとき，プログラムを書いて HTML などの情報を取得してくることをクローリングとよび，HTML の情報から必要なデータを解析・抽出することをスクレイピングとよびます．たとえば，Python の Requests[16] などを使ってブログ記事などにアクセスし，beautifulsoup[17] などを使うと，そこからスクレイピングをして情報を抽出することができます．こうしたネット上のデータの扱いは著作権やデータ取得先に記載されている利用規約などが関連すること

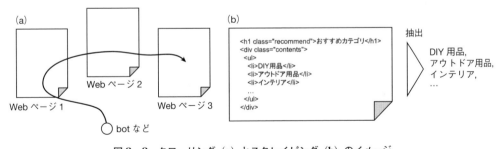

図 2・3　クローリング（a）とスクレイピング（b）のイメージ

13）https://docs.aws.amazon.com/ja_jp/redshift/latest/dg/t_Loading_tables_with_the_COPY_command.html ［COPY コマンドを使ってデータをロードする］
14）https://cloud.google.com/bigquery/docs/batch-loading-data ［データのバッチ読み込み］
15）https://cloud.google.com/bigquery/external-data-drive ［ドライブデータをクエリする］
16）Requests：HTTP for Humans. https://docs.python-requests.org/en/latest/
17）Beautiful Soup Documentation. https://beautiful-soup-4.readthedocs.io/en/latest/

も多いので，そうした権利関係の確認を行ったり，複数ページにアクセスする場合は相手方のサーバーに負荷をかけないようにアクセスの時間間隔を長くするといった配慮が求められます．

b. 中間ファイルの扱い　　前節でデータの取得元ごとにどのような連携方法があるかを説明しましたが，その中でファイルという形式を経由して連携する方式がたびたび出てきたかと思います．このような中間ファイルを扱ううえで考慮すべき二つの点について解説します．

i) 中間ファイルを長期保存するか

中間ファイルは，個人の PC や連携処理システムの中で一時的にのみ作成して連携後に削除することも可能ですが，クラウドストレージなどに長期（または永続的に）保存することも可能です．長期保存する場合，データ連携システムに障害が起こった際にリトライしたり，後日誤ってデータを上書き・削除してしまった際に遡及して連携し直したりなどが可能になり，連携処理を堅牢にできるというメリットがあります．ただし，その分，保存のためにインフラ費用が追加で掛かったり，保存先の権限管理などを考える必要がでてきたりします．

なおデータの保存は長期間したいが永続的にはしたくないという場合（たとえばファイル作成から1年で削除したいなど）には，定期的なデータのクリーニングを行う必要がありますが，クラウドストレージの多くは，そういった管理を自動で行ってくれるライフサイクル機能を提供しています[18), 19)]．

中間ファイルを長期保存すべきかはデータの特性に依存するので逐次判断する必要があります．たとえば重要度の高いデータは中間ファイルを長期保存する，収集元で過去のデータに遡れる場合は長期保存しない，などです（表2・7）．

表2・7　中間ファイルの保存についてのメリット・デメリット

方　式	メリット	デメリット
中間ファイルをすぐ破棄する	中間ファイルの保存が不要なので，その分の運用コストが下がる	リトライ方法は別途考える必要があり，過去のデータがどこにも保存されていない場合，データの遡及が困難になる可能性がある
中間ファイルを長期保存する	過去データが確実に保管される	中間のファイル保存先が必要なため，権限などの管理が必要でインフラ費用も増える

ii) 中間ファイルのフォーマット

中間ファイルのフォーマットは収集元（出力側）と連携先（入力側）のシステム両者が対応しているものを選ぶ必要がありますが，その中でもいくつか選択肢があり，どれを選べばよいか悩むこともあるかもしれません．ここでは，代表的ないくつかのフォーマット（表2・8）について解説します．

表2・8　データ形式とそれぞれの分類軸の整理

フォーマット	テキストかバイナリか	型の区別	フィールドをネスト可能か	スキーマを定義できるか
CSV	テキスト	なし（読み取り時に自動判定）	NO	NO
JSON	テキスト	あり	YES	NO
Avro	バイナリ	あり	YES	YES
Parquet	バイナリ	あり	YES	YES

---

18) https://docs.aws.amazon.com/ja_jp/AmazonS3/latest/userguide/object-lifecycle-mgmt.html
19) https://cloud.google.com/storage/docs/lifecycle

最もポピュラーなのは CSV でしょう．CSV は元来 Comma-Separated Values[20] の意味で，カンマ区切りのファイルをさしますが，データ連携においてはタブ区切りの TSV（Tab-Separated Values）なども含む意味で Character-Separated Values 全体をさすことが一般的です．フラットなテキストファイルなので，目視で確認しやすいのが大きな特徴です．一方，ファイル上で明確なデータ型の表現ができなかったりネストされたフィールドが扱えなかったりなどの制約もあるため，複雑なデータには向かない場合もあります．

CSV を扱ううえで注意すべきなのは，特殊な文字（区切り文字，引用符，改行，バックスラッシュなど）の扱いです．こういった文字を含むデータの扱いはシステムによって微妙に異なることがあるので，CSV ファイルを経由して転送したときに意図通りになるかはテストを行いましょう（初期設定ではうまく連携できなかったとしても，書き出し・読み込み時のオプションで対応できることもあります）．正しく転送できる範囲においては区切り文字の選択は自由ですが，カンマが入る文章を扱うことも多いので，明確な意図がなければタブ区切りとしておくと目視で見やすいのでおすすめです．

JSON はテキストファイルでありながら，1.0 と "1.0" や true と "true" が区別できるなどある程度，型が表現できたり，ネスト構造が表現できるなど，CSV より複雑なデータを扱うのに適しているマスターです．ただし，CSV に比べると記述量は多くなるため，視認性の面ではやや劣ります．

なお，データ連携で一般的に用いられる JSON ファイルは，1 ファイル 1 ドキュメントではなく，1 行 1 ドキュメントで 1 ファイルに大量のドキュメント（＝データ）が並ぶというフォーマットをとるのが一般的です．このようなフォーマットは JSON Lines（jsonl）[21] または New line Delimited JSON（ndjson）[22] とよばれることもあります．

Apache Avro[23] や Apache Parquet[24] のような保存形式もあります．これらは JSON 同様，ネストなどの複雑なデータ構造を表現できるうえ，ファイルにスキーマ（フィールドごとの型の定義）を定めることができるので型安全[25] なデータ連携を実現することができます．またデータがバイナリエンコードされるため，CSV などと比較してファイルの容量を削減することができたり，データの書き出し・読み込み速度を向上させることができ，大規模なデータ処理に向いたデータフォーマットです．一方，生データを目視して中身を理解することは困難です．

2・2・3 データ収集の前の仮説設計

ここまでのデータの種類をふまえて，仮説の立て方の例を具体的に見ていきましょう．

振り返りになりますが，今回の例では，"商品の数が増えてきてユーザーが商品を探すことが困難になってきた" という課題に対して，"商品を各ジャンルごとに売上が良い順にソートし，ユーザーにレコメンドする機能を API として提供する" ことを目指しましょう．

この売上ランキング API について，要求仕様としては下記のようになります．

- EC サイトの商品を過去 1 カ月の売上データをもとに並び替えて，よく売れているものを順番に表示したい．
- 各ジャンルに対してそれぞれ上位 10 件を出したい（今回は上位 10 件に限定しました）．

こうした要求に対して，どのようなデータが必要になりそうでしょうか．まず前提として，それぞ

---

20) https://www.ietf.org/rfc/rfc4180.txt
21) https://jsonlines.org/
22) http://ndjson.org/
23) https://avro.apache.org/
24) https://parquet.apache.org/
25) 事前に型が明示的に定義されることによって，型を取り違えてしまうことによるバグや，実行時に型推論を行うオーバーヘッドを減らせること．

れの商品の情報が必要そうです．もし，"商品のジャンルは絞られているという前提で"そのうちの上位10点をレコメンドするのが必要であれば，商品のIDとジャンルの紐付きが必要になりそうですね．また，過去1カ月の売上データをもとにしているので，実際にどの商品がいつどれくらい購入されたのかというデータが必要になりそうです．

まとめると，下記のようなデータを集めてくる必要があります．

- 商品のマスターデータ（商品のコード，カテゴリなどが含まれたデータ）
- 商品の売上データ（いつ，どのくらいその商品が買われたかというデータ）

これらのデータはどこから収集できるでしょうか．マスターデータはDBにあるものを参照すればよさそうです．また，売上データもDBに含まれている場合は，そこからそのままとってくることができそうです．

さて，ここまでで"どんな種類のデータがあるか"，"どんなデータを集めるべきか"，"どこにデータがあるか"，"足りないデータをどのように集めるのか"について簡単にふれました．次はデータをどう抽出するかについて考えていきます．

2・3　デ　ー　タ　抽　出

さて，前節で述べたそれぞれのデータですが，どれくらいの頻度（間隔）での連携が良いでしょうか．もちろん，リアルタイムであればあるほど良いのですが，現実的には必要な連携の間隔は課題によって変化します．今回の仮説検証というフェーズでは売上のランキングを集計するのに，必ずしもリアルタイムで行う必要はありません．まずはデータを1回抽出して，それを使って作ったAPIで実際に効果検証を行い，効果がありそうなら，その結果をふまえて頻度を上げたり，リアルタイムでの集計を検討していきましょう．この段階での更新頻度は日次〜週次で良いでしょう．

こうした検討をふまえ，データの連携頻度もだいたい日次〜週次にデータを実際のサービスから抽出できればよさそうです．では，今回の場合，実際にどのようにデータを抽出してくるのがよさそうでしょうか．オブジェクトストレージからコピーしてくる場合はクラウドサービスのコピー用のコマンドを使えば十分です．一方，稼働しているサービスから直接参照されているデータベースからデータを抽出する場合は実際のサービスに与える影響を提言する必要があります．そこで，今回は本番DBからどのようにデータを絞ってくるのか，という点について特に詳しく解説していきます．

2・3・1　本番DBからのデータの抽出方法

機械学習のチームとプロダクトのデータを管理しているチームが独立しているケースもあります．このとき，データの抽出にはプロダクト側の協力が不可欠です．ここで機械学習のチームが何の事前知識ももたずにデータ抽出を依頼しようとすると，プロダクト側がデータ抽出方法を一から考える必要があり，嫌がられるばかりか，要件にあった抽出方法を選択できないかもしれません．そこで，機械学習チーム側でもDBからのデータ抽出方法を理解しておけば，よりスムーズに方針を議論できたり，実際にデータの抽出プロセスもサービスにかかる負荷の不安を減らして進めることができます．

まず，本番DBからデータを抽出する方法はどんな方法があり，どれを選ぶべきでしょうか．

- 本番DBから直接ダンプする．
- 本番環境に外部からSQLで問い合わせを行う．
- DBのスナップショットをとって，そこからDBを復元する．
- リードレプリカ（参照専用データベース）を1個増やしてダンプする．
- 変更データキャプチャ（Change Data Capture; CDC）を利用する．

表2・9にそれぞれのメリット・デメリットを簡単にまとめます.

表2・9 本番 DB からのデータ連携方式の分類

No.	方 法	メリット	デメリット
1	本番 DB から直接ダンプする	構成を全く変える必要がない	動いているサービスに対して負荷がかかると障害に直結する
2	本番環境に外部から SQL で問い合わせを行う	構成を全く変える必要がない よりテーブルやデータを絞って抽出できる	SQL のクエリが重いとサーバーに負荷がかかる
3	DB のスナップショットをとって,そこから DB を復元する	本番には影響が及ばないように確実に切り出せる マスターデータが変化しているケースでも,当時のマスターデータの復元ができる	定期的にデータを抽出するのには向いていない
4	リードレプリカを1個増やしてダンプまたは SQL で問い合わせを行う	本番の設定を一時的に変える,あるいはそのままで実行可能 参照用 DB からデータ抽出するので,本番への負担も小さい	リードレプリカが存在しない場合には利用できず,新規でリードレプリカを立てる分の追加コストがかかる リードレプリカの優先度の設定などをしていないと,本番 DB（マスター）が落ちた際にリードレプリカがマスターに昇格して,リードレプリカを読んでいるつもりがマスターを読んでいたということが起こりうる（つまり,1,2と変わらなくなってしまう）
5	変更データキャプチャを利用する	データの変更を更新ログで検知して行うので,リアルタイムで検出・連携が可能 差分データだけの連携のため低負荷	実装難易度が高い

　事業規模が小さく,データ抽出を行ってもデータ量が小さく,本番に与える影響が小さいと判断される場合は表2・9の1,2のように直接 DB アクセスを行うケースもあります.もし,事業規模が大きく,DB からのデータ抽出に負荷によるサービスへの影響に不安がある場合は3か4の方法がとられ,システム化する場合は4の手法をとることが一般的です.5のリアルタイム処理はかなり有効な方法ですが,実装難易度が高かったり,現実的にはリアルタイム処理を必要とするケースは少ないので,実際にどの手法をとるかは事業規模や開発チームの状況を見ながら相談して決定してください.今回は初期検証であり,リアルタイム性も求められないので,実施が容易で本番への影響も少ない4の方法でのデータ抽出の説明を行います.

2・3・2 MySQL を例にした本番 DB からのデータの抽出方法例

　まず,クラウドにある DB に対してリードレプリカを作成します.リードレプリカは本体に対して参照用の DB を作成することで,本番の DB に負担をかけない形でデータの抽出作業を行うことができます.

　それぞれ,事前に自動スナップショットを有効にしておく必要があります[26), 27)]（デフォルトで有効

---

26) https://aws.amazon.com/jp/rds/features/backup/ ［Amazon RDS のバックアップと復元］
27) https://cloud.google.com/sql/docs/mysql/backup-recovery/backups ［Cloud SQL バックアップについて］

になっています）．そのうえで，スナップショットから新しい DB を復元してください[28),29)]（図2・4）．

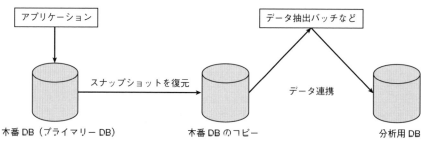

図2・4　スナップショット連携のフロー

　コピーした DB に対してデータの抽出を行います．MySQL を例にした場合，TSV/CSV でローカルに出力する方法はこちらになります．

TSV で出力する場合

```
$ mysqldump -u{ユーザー名} -p --tab=/output {DB名} {テーブル名}
Enter password: パスワードを入力
```

CSV で出力する場合

```
$ mysqldump -u{ユーザー名} -p --tab=/output --fields-terminated-by=, {DB名}
{テーブル名}
Enter password: パスワードを入力
```

　これで，データをローカルに出力することができました．

　実際のデータの出力方法を理解しておくことで，プロダクトのエンジニアなどともデータの抽出作業をスムーズに行うことが可能です．実際のサービスは，いろいろな状況や制約があるので，どの方法を採用するかは現場のエンジニアとよく相談したうえで決定するようにしてください

2・4　データ蓄積

　それでは抽出したデータをどこに蓄積するかを考えましょう．いったんはローカルに落としてきたデータですが，売上ランキング API のようにシステムに活用する場合は何らかの格納先に保存して加工・分析できることが大事です．

2・4・1　データ保存場所の分類

　データを保存する場所はいろいろなところにあります．それぞれの特徴を整理してみましょう（表2・10）．

---

28) https://docs.aws.amazon.com/ja_jp/AmazonRDS/latest/UserGuide/USER_ExportSnapshot.html［Amazon S3 へ の DB スナップショットデータのエクスポート］
29) https://cloud.google.com/sql/docs/mysql/backup-recovery/restoring［インスタンスを復元する］

表2・10　データ保存場所の分類

データ格納先	サービス例	大規模データ	分析のしやすさ
ローカル	個人 PC など	×	△
クラウドドライブ	Google Drive	△	×
ファイルサーバー	社内管理のサーバ	△	×
オブジェクトストレージ	S3，GCS	○	×
リレーショナルデータベース	MySQL，PostgreSQL	△	△
分析用データベースシステム	Redshift, BigQuery	○	○

a. ローカル　　先ほどのコマンドを手元の PC などから実行するとローカルファイルが出力されます．アドホックに分析をする場合はデータがローカルにある方が処理時間が少ないというメリットはあります．一方で，システムにそのままつなげることはできないこと，またもしデータに個人情報が含まれる場合は，そのままローカルに保存しておくことは情報漏洩・セキュリティの観点などからきわめてリスクが高く，厳格に避けるべきです．

b. クラウドドライブ　　Google ドライブなどのクラウドドライブに置くことで，ローカルにデータを置かなくて済みますが，データのダウンロードや展開をする際に他のクラウドサービスとの連携が簡単でなかったり，個人のアカウントの管理を必要とします．そのためクラウドドライブを使ってシステム化するのはあまり現実的ではありません．ただし，Colaboratory[30] は Google ドライブのファイルの呼び出しができるので，Colaboratory でアドホックに分析をする際はドライブに配置する形でも問題ありません．クラウドドライブを使う場合，権限制御が適切でないと，情報漏えいなどのセキュリティ事故につながる可能性があります．事故を未然に防ぐにはクラウドサービスの権限を適切に設定する，もしくは個人情報データをクラウド上に保存しないなどのポリシー設定が必要になります．

c. ファイルサーバー　　社内ファイルサーバーに情報が蓄積されているケースもあります．クラウドドライブなどと比較すると，接続を社内限定にすることなどにより，セキュリティ的な安全性は担保されます．一方，クラウドなどと違って容量が制限されており拡張が容易ではありません．データをため続ける場合は保存容量の上限に注意をしないとファイルサーバーが使えなくなりますので，定期的なクリーニングなどを実施する必要性があります．

d. オブジェクトストレージ　　GCS/S3 のようなクラウドサービスが提供しているオブジェクトストレージです．大規模なデータの格納が可能で，データ当たりの料金もサーバーなどと比べればはるかに安く，基本的にどんな形のファイルも置くことができ，クラウドドライブと比較して他のクラウドサービスとの連携も行いやすいため，システム化する場合は，ここに一時ファイルを出力しておくことも多いです．またクラウドサービスによっては日付ごとにディレクトリを切ることなどにより，データの取込みを容易に行う機能があります[31]．ただし，権限制御を適切に行う必要があるのはクラウドドライブなどと一緒で，中身のデータはダウンロードしないと見ることができないケースが大半です．

e. リレーショナルデータベース（RDB）　　アプリケーションで利用するような RDB に入れておくことも可能です．ただし，RDB は分析用途に作られたデータベースシステムではないので，大規模データ分析をする場合は後述の分析用データベースシステムを採用するとよいでしょう．規模が大きくない場合は RDB でもパフォーマンスが十分なことがあるので，事業規模や経験に応じて選択してください．

30）https://colab.research.google.com/［Colaboratory へようこそ］
31）https://cloud.google.com/bigquery/docs/hive-partitioned-loads-gcs［外部パーティション分割データの読み込み］

f. 分析用データベースシステム　　大規模なデータを分析する用途に特化して作られたデータベースシステムで，"データウェアハウス"とよばれることもあります[32]．AWS だと Redshift，GCP だと BigQuery のようなサービスが該当します．特徴として，データが分散処理されるのでメモリに乗り切らないような大量のデータも高いスループットで扱えること，列指向（カラムナーともよばれる）データ構造を採用しているので，集計処理などが効率的に扱えることがあげられます．

　列指向データ構造とは，データを行ごと（たとえば商品1の名前，価格，… という単位）ではなく列ごと（たとえば商品 1, 2, … の価格という単位）に保持する構造のことです．通常のアプリケーションでは行単位でデータを編集・読み込みすることが多いので行指向データ構造が適しているのに対し，分析用途では多数の行を読み込む代わりに，使う列は絞られること多いので列指向データ構造の方が適しているのです．

　基本的にデータウェアハウスなどの構築を行う場合は，性能上の適正の観点から分析用データベースシステムにデータを入れて分析環境を構築することをおすすめします．

　今回はこの分析用データベースシステムに CSV/TSV などのダンプしたデータをアップロードしていきます．

　全体のフローとしては図 2・5 のようになります．

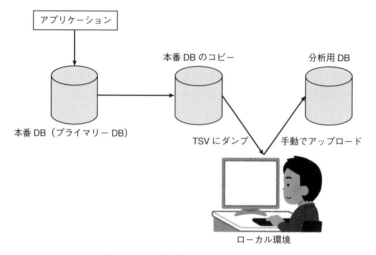

図 2・5　本章で想定しているデータフロー

　今回は，最初の環境構築，価値検証という目的のために，あえてローカルでの手動操作を経由して分析用データベースシステムに連携しています．コピーした DB のコストなどもかからないように，データ抽出し終わったらコピーは停止させておいてください．定期的にデータを抽出する場合はこの部分のフローをシステム化する必要があります．6章でより高度なデータの連携についても解説します．

2・4・2　データ活用の展望と用語の整理

　本章ではおもにデータを貯めるところまでを扱い，6章において，データをためた際のより高度なデータ基盤の構築やマネジメントを扱っていきます．本節では，データをためた後，蓄えたデータがどのように使われるのかという流れと，今後使われていくキーワードについてもここで一度整理して

---

[32] ただしこの意味での"データウェアハウス"は本書での定義とずれるので注意が必要です．詳細は §2・4・2b をご覧ください．

おきたいと思います.

　データ基盤はおもに“データレイク”,“データマート”,“データウェアハウス”といった用語に大別できます.今回の例ではデータレイクやデータウェアハウスとは言いづらいほど基本的な構成ですが,今後こうした分類を理解しておくと,基盤をどう作り上げていくのかという具体的なイメージが湧くと思います.図2・6ではデータ基盤のアーキテクチャ全体像,表2・11ではデータ基盤のアーキテクチャに関連する用語を整理しています.

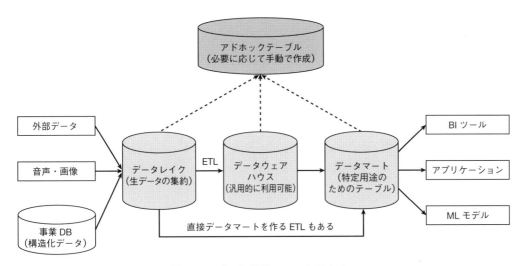

図2・6　データ基盤のアーキテクチャ

表2・11　データ基盤のアーキテクチャにまつわる用語の整理

No.	種　類	目　的	基　盤	保存データ
1	データレイク	データの形式を問わず,加工せずに溜めておく場所	ストレージサービス（S3,GCS など）,分析用データベースシステムなど	構造化データ・非構造化データ
2	データマート	より特定の業務用途や部門に特化したテーブルの集合	分析用データベースシステムなど	構造化データ＋テキスト
3	データウェアハウス	データ分析が行いやすいようにデータを整理して格納した場所	分析用データベースシステムなど	構造化データ＋テキスト
4	アドホックテーブル	データ分析を行う際に一時的に作成される（アドホック）テーブル	分析用データベースシステムなど	構造化データ＋テキスト

　a. データ基盤の用語の整理　　ここで気をつけておくべきことは,データレイク,データマート,データウェアハウスは用途や管理の方法により分かれた便宜上の区分であるということです.たとえば,上記のデータレイク,データマート,データウェアハウスの基盤すべてに分析用データベースシステムが含まれています.なので,一つの分析用データベースシステム上に上記のものがすべて入るといったこともありえますが,それぞれの役割を明確に分けるために,同じDBであってもスキーマを分けるなどの手順は最低限必要になります.また,データ分析を行う場合は最初からどんなデータが必要か明確でなかったり,個人の利用でデータを分析することも往々にして存在します.そうした一時的なデータ分析用途で出力されたテーブル群を本書では**アドホックテーブル**（一時テーブル）と

定義します．アドホックテーブルは一般的な用語ではなく，本書で名付けられた名称なので注意してください．

　データレイク，データマート，データウェアハウスは一言で説明してもイメージが湧きづらいのでもう少し概要を説明していきます．

ⅰ）データレイク

　データレイク（Data Lake）は Gartner の定義[33] によると，"さまざまな種類のデータがたまったストレージ"であるとされています．これは，元のデータを加工せずに，コピーして保存することを意味します．こうした層の導入により，データを一元化して加工しない形で参照しやすいようにまとめ，分析したいものを1箇所に集めるというメリットがあります．

　データレイクには未加工のデータをまとめて置いておくことで，前処理の方法を変えたい場合やデータウェアハウスなどに連携していないデータがあっても後から追加できます．そのため現在のデータの使い方に関わらず，データ処理の追加・変更を行いやすくなるといったメリットがあります．また，データレイクはオブジェクトストレージを利用すればデータの種類を問わず，安価にデータを蓄積できるというメリットもあります．一方で，データレイクは基本的に生のデータ（あるいは，そのコピー）なので，大規模なデータをそのまま処理するには時間やメモリの消費が大きくなり，非効率な場合があります．データ基盤を構築する場合は，最初にデータレイクを構築します．

ⅱ）データマート

　データレイクからアドホックテーブルを作っていくと，特定の用途に応じて，まとめた方がいいテーブルが出てきます．たとえば，営業部にとっては実際の商品の売り込みを行うのに"商品の売上ランキング"，"先月と比較して売上が上がった商品一覧"などがまとまってテーブル化されていると便利そうです．データマートとは，このような特定の用途に特化して利用することを想定して作られた，"清書"されたテーブル群を指します．データマートを作成すると，各チーム・組織が用途に応じたデータをまとめて整備しておくことができ，利便性が向上します．また，個人が作った，正しさの担保されていないアドホックテーブルを参照して間違った知見を抽出するリスクを削減することもできます．データマートは用途が明確なので，SQL や Python などでのデータ加工スキルの高くない一般社員がアクセスしても業務に必要な知見を得ることができます．

ⅲ）データウェアハウス

　データマートが生まれ，徐々にデータの活用が進んでくると，複数の SQL で必要な共通処理を事前に行っておきたいというニーズが出てきます．たとえば外れ値や不正なデータの除去や欠損値の補完といったデータをきれいにする作業（クレンジング）はテーブルを利用する際は多くの場合，必要になります．また，たとえばユーザーの購入アクションのデータから製品ごとの売上テーブルを作成するといったように，さまざまな用途でよく使うテーブルをまとめて置いておきたいというニーズが出てきます．データウェアハウスはデータレイクをもとに，そうしたニーズに応え，分析を行いやすい形にデータを整理したシステムのことをさします．基本的に構造化データを扱い，トランザクションデータやマスターデータなどに，クレンジングなどの前処理がされ，そのまま分析できる形で格納されています．たとえば画像データのような，非構造化データは直接のデータ管理ができないので，データウェアハウス上では該当データへのリンクを用意したメタデータテーブルを作成します．そして間接的にデータウェアハウスのデータから画像データなどへのアクセスがたどれる形をとります．

　b．データウェアハウスという語の曖昧さと本書での定義　　"データウェアハウス"という言葉は，一般に二つの意味がやや曖昧に使われており，混乱を招くことがあるので，本節ではそうした言葉の使われ方の違いを説明し，本書におけるデータウェアハウスの用語について説明します．

33）https://www.gartner.com/en/information-technology/glossary/data-lake

データウェアハウスの使われ方は下記の2通りがあります.

① Google BigQuery や Amazon Redshift, Apache Hadoop などの, 大規模なデータ分析処理に特化したデータベースシステムのことを"データウェアハウス"とよぶことがあります. Amazon Redshift のデータウェアハウスの説明[34] によると, データレイクを除くデータ処理（上記でいうデータマートやアドホックテーブルの作成）などもデータウェアハウスに含まれます.

② データ構造について"データウェアハウス"という言葉が使われることもあります. この定義では, データレイクのデータから作成され, 組織内で今後のデータ活用を促進するような目的で作られた, 整備された汎用的な中間データ, といった意味合いでありデータマートやアドホックテーブルは含まれません.

　本書では ② の意味を採用しています. これらの区別を曖昧にしている一因として,（本書で採用するような）② の意味における"データウェアハウス"は, Google BigQuery や Amazon Redshift, Apache Hadoop など, ① の意味における"データウェアハウス"サービスを利用して作成することがほとんどであることがあげられます.

　① の意味で使われるような BigQuery や Redshift では, データレイクやデータマート, アドホックテーブルを（無理すれば可能という意味ではなく, ごく標準的な選択肢の一つとして）作ることができます. 一方, ② の意味ではデータウェアハウスはデータレイクをクレンジングしたり, 特定用途に限定されず汎用化されたデータの置き場として他のデータレイクやデータマートなどと区別されます. そうしたことから, 二つの"データウェアハウス"は粒度の異なる言葉として認識するべきでしょう.

　c. データ基盤の構造と組織の成長過程　　こうした定義をふまえ, これらの用語が, データ活用チームの成長とともにどう関わっていくかについて説明しようと思います. 本書ではフェーズ1を2章, フェーズ2を6章の位置付けで説明を行っていきます.

ⅰ）フェーズ1: 立ち上げ期

　データ活用チーム立ち上げの段階においては, データはいろいろなサービスに散らばっている段階なので, これらを一元的にアクセスできるようにする必要が生じてきます（データレイクの必要性）. 加えて, 一部のデータ分析に長けたメンバーがアドホックに分析を行い, 結果を一時テーブル（アドホックテーブル）に出力していきます. よく使うテーブルがアドホックテーブルの利用などから徐々に見えてくるので, それらがデータマートとして用途ごとに整理されていきます. 作成されたデータマートをもとに API の作成（API の作成は3章などで詳しく解説）や BI での利用が行われ, 会社の業務にデータ活用が根付いていきます. 一部のデータウェアハウスに含まれるデータの整備がされる場合もありますが, この時点ではまだ限定的で, メタデータの整備などは不十分な状態です. データマネジメント専門組織はなく, データエンジニアの組織がデータ管理も兼任します.

ⅱ）フェーズ2: 利用拡大期

　データマートが作られてきて, より会社でのデータ活用が増えてくると, 下記のようなニーズが出てきます.

- データレイクのデータを分析するのは手間がかかるので, 共通の前処理などを行ったうえで, もう少し分析しやすい形での中間テーブルを利用したい.
- 各種のデータやカラムがどんな意味をもっているのかわかるようにしたい（組織でデータ基盤を使う人が増えてくると, 自身でデータの定義にアクセスできるようにしたい分析者が増える）.

このフェーズになってくると, データマートで得られた知見をベースにして, クレンジングなどの

34）https://aws.amazon.com/jp/data-warehouse/［データウェアハウスの概念］

汎用的な共通処理をテーブル化してデータウェアハウスとして整備する必要があります．それ以外にも，データの定義にアクセスしやすくするためにメタデータ管理ツールを導入したり，データ品質のモニタリングを行ったりするなど，いわゆる"データマネジメント"に本格的に取組み始める時期でもあります．データウェアハウスも組織的に管理しないといけないので専門のチームが割り当てられます．通常，このフェーズはデータ活用の規模がかなり進んでいる大きな組織・プロダクトに必要となります．

　上記二つのフェーズを大まかに説明しましたが，データレイク，データマート，データウェアハウスも作っておしまいというものではなく，フェーズが進み，事業規模が大きくなると同時に改善・進化していきます（図2・7）．

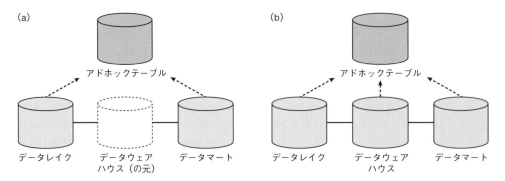

図2・7　データ活用における立ち上げ期（a）から利用拡大期（b）への変遷

d. 組織規模別のデータ活用基盤構築フロー分類　　今回のケースでは，データ活用組織が小さく立ち上がって，そこから価値を生み出しながら拡大していくという場合を想定しているので，

- フェーズ1: データ分析を自由にできる環境の準備（データレイクの作成），ならびにユースケースの創出（データマートの作成）
- フェーズ2: データ分析の促進に向けたテーブル管理や汎用化の推進（データウェアハウスの整備）

といった順番でのデータ基盤の進化の流れを説明しました．こちらをボトムアップ型と定義します（データレイク・データマート → データウェアハウスの順番）．

　これに対して，すでにデータが大量にあり，人員も確保できる大規模な会社であると，トップダウンにデータ基盤を整備しようというニーズが発生することがあります．この場合，最初の時点で人員も予算も大規模に投下され，ある程度構築時点での汎用化されたデータ基盤といったものが見据えられるようになります（こちらをトップダウン型と定義します）．

　こうしたケースにおいては，上記のようなステップではなく，汎用的に利用できるデータウェアハウスがデータマートよりも先に整備されることもあります（データレイク・データウェアハウス → データマートの順番）．

- ステップ1: データ分析を自由にできる環境の準備（データレイクの作成），ならびにデータ分析の促進に向けたテーブル管理や汎用化（データウェアハウスの整備）
- ステップ2: ユースケースの創出（データマートの作成）

　ボトムアップ型の場合は，小さな組織から少しずつ始められるのでリスクを小さく抑えて徐々に規模を拡大していけるというメリットがありますが，組織が成熟するまでに時間がかかる可能性があります．トップダウン型の場合は大規模な予算や人員を投下してデータレイク・データウェアハウスを

（データマートも場合によっては）まとめて作るため，データレイクで作ったものをデータウェアハウスに流し，データウェアハウスを活かしてデータマートを作るというようにデータの流れが一方向になるように作ることが可能ですが，その後のデータ基盤の活用促進を行う方法や，基盤の初期構築後の運用体制・改善体制を考えないと使われないデータ基盤ができ上がってしまうおそれもあります．

　このように，データ活用を行おうとしている企業の規模やモチベーションによって進め方は変わることがあるので，組織の状況をよく見た進め方を考える必要があります（図2・8）．

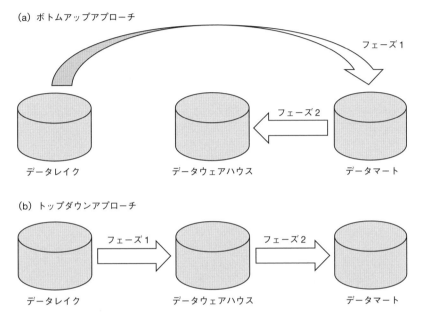

図2・8　ボトムアップアプローチ（a）とトップダウンアプローチ（b）でのデータ基盤構築順序の違い

2・4・3　データを抽出・蓄積する際の注意点

　最後に，データを格納する場合の注意点です．昨今の個人情報保護やセキュリティの観点から，個人情報を取扱う際には細心の注意が必要です．リスクを最小化するためには，下記のような処理を行う必要があります．

① 本当に必要なデータ以外（特に個人データ）の関連するテーブルを抽出対象にしない．
② 個人を特定できないようにするために特定カラムだけ以下のように加工する．
- 抽出対象から除外する．
- ハッシュ化する（値は見られないが一対一対応はとれるようにする）．
- 匿名化する（住所なら都道府県だけにするなど，一意に特定できない粒度にする）．

　また，こうしたデータに関しては意図せず，GitHub などに上げてしまい問題となるケースが少なくありません[35]．一部であっても十分危険ですし，社内用の GitHub であっても外部サービス環境やオペレーションミスをすると簡単に漏洩してしまう環境に個人情報を残すのはきわめて大きいリスクになります．くれぐれも，こうしたデータの取扱いには注意しましょう．データ保護に関しては6章でより詳しく取上げます．

---

35) https://xtech.nikkei.com/atcl/nxt/news/18/09551/［GitHub 上に三井住友銀行の一部コードが流出，"事実だがセキュリティーに影響せず"］

2・5　ハンズオン：データ活用基盤の準備

　本章のハンズオンでは，この後の章の下地となるデータの準備を行っていきます．まず，テスト用のダミーデータをダウンロードしてきて，分析用データベースシステムである BigQuery にアップロードを行います．そのうえで，次章以降でデータを扱いやすくするために SQL で売上ランキングを集計したデータマートの作成まで行います．最後に，ローカルからこうしたデータ連携を自動化します．

2・5・1　データセットの場所・内容の確認（データを集める）

　ハンズオンではリードレプリカを再現するのは煩雑なので，そのステップを飛ばし，DB から CSV 形式でデータを取得できていると仮定して，そのファイルを分析用データベースに連携する部分から扱います．

　データファイルは data/ ディレクトリ配下にある CSV（items.csv，transactions.csv，users.csv）を使います．

　それぞれのスキーマとデータの例は下記の通りです．データ型に関しては GCP の BigQuery 上の定義[36] に則ります．

items.csv
カラム定義

カラム名	データ型	説明
item_id	STRING	（カテゴリのコード値）−（カテゴリ内で連番に振られる ID）で表現される商品 ID
category	STRING	商品のカテゴリ

データの例

item_id	category
000-000	食品
000-001	食品

transactions.csv
カラム定義

カラム名	データ型	説明
date	DATE	ユーザーが商品を買った日付
user_id	STRING	ユーザー ID
item_id	STRING	商品 ID

データの例

date	user_id	item_id
2021-01-01	002328	013-030
2021-01-01	006049	019-196

36）https://cloud.google.com/bigquery/docs/reference/standard-sql/data-types ［データ型］

users.csv

カラム定義				データの例		

カラム定義

カラム名	データ型	説明
user_id	STRING	ユーザー ID
gender	STRING	性別
birthday	STRING	生年月日

データの例

user_id	gender	birthdate
000000	male	1972-10-17
000001	female	1977-07-30

　これらのデータをそれぞれ BigQuery にコピーしていきます．本章では user のデモグラフィックデータ（性別・年齢など人口統計学的な属性の総称）は使いませんが，データレイクとして一元的にためておく観点から連携をしておきます．今回の例では後続ハンズオンの加工の都合上，誕生日情報を連携に含めていますが，こうしたデータは個人情報につながるので連携してよいか，あるいは何らかの匿名化が必要か，については社内で検討したうえで連携してください（6章で個人情報データの取扱いについて詳しく言及します）．

2・5・2　データセットの作成

　まず，データセット（他の DB でいうスキーマのようなテーブルの論理的集合）の作成を行います．今回は raw_k_and_r と k_and_r の二つのデータセットを作っていきます．raw_k_and_r はデータレイクとして，もとのデータをそのままコピーしてきたデータを格納します．今回作るデータ基盤の構造は図2・9のようになります．

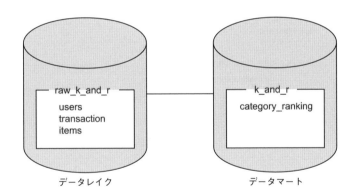

図2・9　本章のハンズオンで作るデータ基盤の構成

　GCP で BigQuery のページを開いて，プロジェクト名の横のアイコンをクリックしてデータセットを作成していきましょう（図2・10）．データセットのロケーションは自由に設定して構いませんが，データを GCS などから読み込む場合，ロケーションが同じである必要があるなどといった制約がある[37] ので，どこのロケーションに環境を作るべきかといったポイントに関しては事前に留意しておきましょう（図2・11）．

　それぞれ，raw_k_and_r と k_and_r のデータセットが作成できた場合は図2・12のようになっているはずです．

---

37) https://cloud.google.com/bigquery/docs/locations［データセットのロケーション］

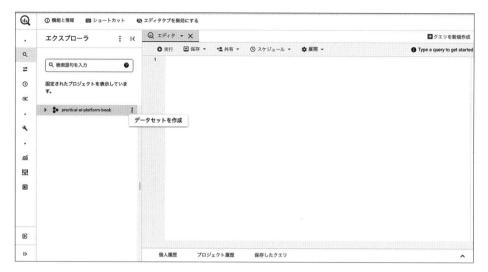

図2・10　データセットの作成

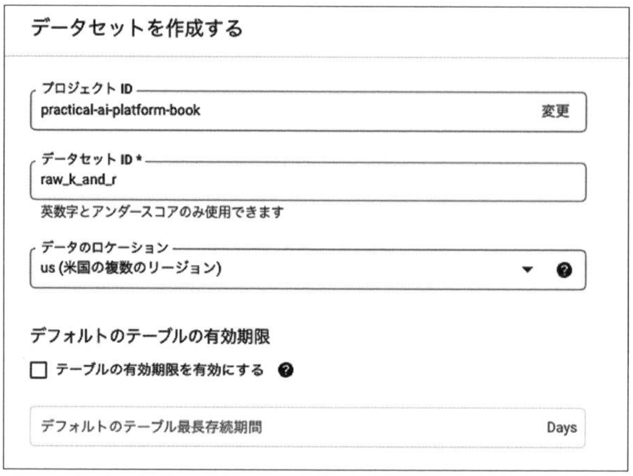

図2・11　データセットの作成（詳細）

図2・12　データセット作成時の BigQuery の状況

2・5・3　BigQuery へのデータのアップロード（データを抽出する・ためる）

　ダウンロードしたデータを加工しやすいように BigQuery にアップロードします．

　アップロードする方法はいくつかあるので，下記の a～c のうち，やりやすい方法を選択してください．

　a. GUI 経由でのアップロード　　BigQuery の UI 経由で CSV をアップロードすることができます．図 2・13 のようにデータセット名の横をクリックしてテーブルの作成を選択します．

図 2・13　GUI でのテーブルの作成

　すると，テーブルを作成という画面が出てくるので，
- テーブルの作成元：アップロード
- ファイルを選択：ダウンロードした CSV ファイルの場所を指定
- ファイル形式：CSV
- スキーマの自動検出：有効（チェックをつける）

として"テーブルを作成"をクリックすることでテーブルの作成が可能です（図 2・14）．

図 2・14　GUI でのテーブルの作成（詳細）

　この方法が一番簡単ですが，こうしたテーブル作成をシステム化したい場合などは次の CUI 経由
でのアップロードやコード経由でのアップロード方式が適しています．これを items, transactions,
users それぞれで作成しましょう（今回の例では，テーブル名は .csv 拡張子を除いたファイル名をそ
のままテーブル名として設定します）．

　正しくテーブルが作成されたかは UI 上で確認しましょう．図 2・15 のように items, transactions,
users のテーブルがそれぞれ raw_k_and_r 配下に作成されていれば問題ありません．

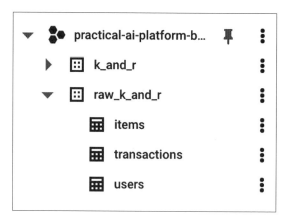

図 2・15　データ作成時の状況

　念のため，transactions の date カラムが date 型で正しく読み込めているかも確認しておきましょ
う（図 2・16）．

図 2・16　アップロードしたデータのカラムの種類の確認

　b. CUI 経由でのアップロード　　bq load コマンド[38] を使うことで CSV を BigQuery 上にアップ
ロードできます．--skip_leading_rows=1 とすることで最初のヘッダーを除きます．また今回は GUI
でのアップロードと異なりスキーマを定義しています．

38）https://cloud.google.com/bigquery/docs/reference/bq-cli-reference#bq_load

```
$ bq load --skip_leading_rows=1 --source_format=CSV \
    raw_k_and_r.items data/items.csv \
    item_id:string,category:string
$ bq load --skip_leading_rows=1 --source_format=CSV \
    raw_k_and_r.transactions data/transactions.csv \
    date:date,user_id:string,item_id:string
$ bq load --skip_leading_rows=1 --source_format=CSV \
    raw_k_and_r.users data/users.csv \
    user_id:string,gender:string,birthday:string
```

このようなコンソールログが出力されていれば問題ありません．UI上でも指定のテーブルが作成されたかは確認しておきましょう．

```
Upload complete.
Waiting on bqjob_r7d2a9fef28074ece_0000017ff2489299_1 ... (0s) Current
status: R
Waiting on bqjob_r7d2a9fef28074ece_0000017ff2489299_1 ... (1s) Current
status: R
Waiting on bqjob_r7d2a9fef28074ece_0000017ff2489299_1 ... (2s) Current
status: R
Waiting on bqjob_r7d2a9fef28074ece_0000017ff2489299_1 ... (2s) Current
status: DONE
```

c. コード経由でのアップロード　　手元にある CSV を Python SDK を使ってアップロードします．

chapter2/01_data_export.py

```python
from google.cloud import bigquery

DATASET_ID = "raw_k_and_r" # 事前にデータセットを作成しておく

# ローカルファイルから BigQuery のテーブルを作成
def upload_bq(filename: str, table_id: str) -> None:
    client = bigquery.Client()

    dataset_ref = client.dataset(DATASET_ID)
    table_ref = dataset_ref.table(table_id)

    job_config = bigquery.LoadJobConfig(
        autodetect=True, # スキーマを自動検出
        source_format=bigquery.SourceFormat.CSV, # ファイルのフォーマット指定
        skip_leading_rows=1, # ヘッダーを除外
    )

    with open(filename, "rb") as source_file:
        job = client.load_table_from_file(
            source_file, table_ref, job_config=job_config
        ) # 読み込みジョブの作成
        job.result() # ジョブの実行＝アップロード
```

```
# 実行部分
if __name__ == "__main__":
    upload_bq("./data/items.csv", "items")
    upload_bq("./data/transactions.csv", "transactions")
    upload_bq("./data/users.csv", "users")
```

これを実行します.

```
$ python3 chapter2/01_data_export.py
```

成功した場合は特にエラーが出ずに完了します. 正しくテーブルが作成されたかどうか UI 上で確認してみましょう.

2・5・4 売上ランキングマートの作成

次に次章の API 作成の際に必要な商品ごとの売上ランキングマートを作りましょう. SQL は下記の通りです.

chapter2/02_ranking.sql

```sql
/*
まずはアイテムごとの購入件数をカウントする
*/
with
    item_counts as (
        select
            item_id
            , count(*) as cnt
        from
            `k_and_r.transactions`
        where
            date = @target_date
        group by
            item_id
    )
/*
カテゴリごとに，購入件数の多い順に 10 件のアイテムを抽出する
*/
select
    category
    , array_agg(item_id order by cnt desc limit 10) as items
from
    item_counts
    inner join `k_and_r.items`
        using(item_id)
group by
    category
;
```

こちらも，GUI 上，CUI 上，コード経由でそれぞれ方法があるので，自身にあった方法を採用してください.

a.　GUI 経由での SQL 実行とテーブル保存　前述のクエリで @target_date を “2021-12-30”，@rank_length を 10 と入れたうえで BigQuery の GUI 上で実行すると，図 2・17 のような結果が得られるはずです．

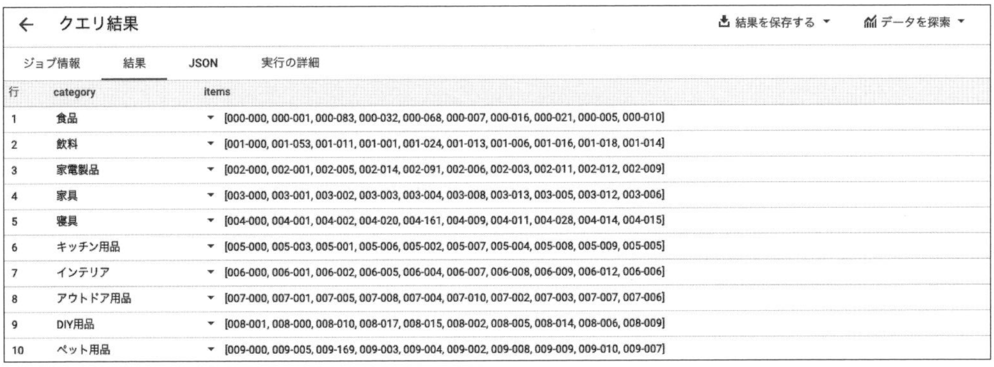

行	category	items
1	食品	[000-000, 000-001, 000-083, 000-032, 000-068, 000-007, 000-016, 000-021, 000-005, 000-010]
2	飲料	[001-000, 001-053, 001-011, 001-001, 001-024, 001-013, 001-006, 001-016, 001-018, 001-014]
3	家電製品	[002-000, 002-001, 002-005, 002-014, 002-091, 002-006, 002-003, 002-011, 002-012, 002-009]
4	家具	[003-000, 003-001, 003-002, 003-003, 003-004, 003-008, 003-013, 003-005, 003-012, 003-006]
5	寝具	[004-000, 004-001, 004-002, 004-020, 004-161, 004-009, 004-011, 004-028, 004-014, 004-015]
6	キッチン用品	[005-000, 005-003, 005-001, 005-006, 005-002, 005-007, 005-004, 005-008, 005-009, 005-005]
7	インテリア	[006-000, 006-001, 006-002, 006-005, 006-004, 006-007, 006-008, 006-009, 006-012, 006-006]
8	アウトドア用品	[007-000, 007-001, 007-005, 007-008, 007-004, 007-010, 007-002, 007-003, 007-007, 007-006]
9	DIY用品	[008-001, 008-000, 008-010, 008-017, 008-015, 008-002, 008-005, 008-014, 008-006, 008-009]
10	ペット用品	[009-000, 009-005, 009-169, 009-003, 009-004, 009-002, 009-008, 009-009, 009-010, 009-007]

図 2・17　GUI 上でのランキングテーブルの結果

結果を保存する → BigQuery テーブルを選び，category_ranking テーブルとして今度は k_and_r のデータセットに保存しておきましょう（図 2・18）．こちらのテーブルは元のデータソースを加工しているので raw_k_and_r には含めないように注意しましょう．

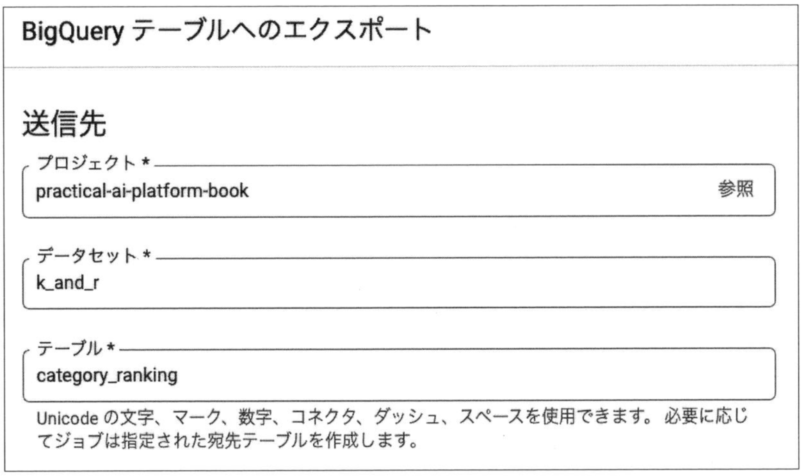

図 2・18　GUI 上でのランキングテーブルの結果の保存

b.　CUI 経由での SQL 実行とテーブル保存　bq query コマンドを使うことで CUI 上から SQL の実行が可能です．

```
$ bq query --use_legacy_sql=false \
    --destination_table=k_and_r.category_ranking \
    < chapter2/02_data_merge.sql
```

ログがこのように出ます．

```
Waiting on bqjob_r789c65788f34903a_0000017ff27d5318_1 ... (0s) Current
status: R
Waiting on bqjob_r789c65788f34903a_0000017ff27d5318_1 ... (1s) Current
status: R
Waiting on bqjob_r789c65788f34903a_0000017ff27d5318_1 ... (1s) Current
status: DONE
```

c. コード経由でのSQL実行とテーブル保存　　コード経由では前節同様にPython SDKを使います.

03_create_category_ranking.py

```python
from datetime import date
from pathlib import Path

from google.cloud import bigquery

DATASET_ID = "k_and_r" # "raw_k_and_r" ではないことに注意
DESTINATION_TABLE_ID = "category_ranking"
SQL_PATH = Path(__file__).parent / "chapter2/02_ranking.sql"


def create_table_from_sql(
    sql_path: Path, table_id: str, target_date: date
) -> None:
    client = bigquery.Client()

    table_ref = client.dataset(DATASET_ID).table(table_id)
    job_config = bigquery.QueryJobConfig(
        query_parameters=[
        bigquery.ScalarQueryParameter(
            name="target_date",
            value=target_date,
            type_=bigquery.enums.SqlParameterScalarTypes.DATE,
        ),
        ],
        write_disposition=bigquery.WriteDisposition.WRITE_TRUNCATE,
        destination=table_ref,
    )

    query = sql_path.read_text()
    job = client.query(query, job_config=job_config)
    job.result() # 新しいテーブルの作成


# 実行部分
if __name__ == "__main__":
    create_table_from_sql(
        SQL_PATH,
        DESTINATION_TABLE_ID,
        date(2021, 12, 30)
    )
```

実際に Python のコードを実行してコンソールでエラーが出ていないこと，UI 上で目的のテーブル
が作成されたかは確認しておきましょう．

```
$ python3 chapter2/03_category_ranking.py
```

2・5・5　テーブル連携の自動化

ここまでで，一通りデータを抽出して BigQuery に蓄積する方法について，学びました．しかし，
毎回手作業でデータを連携するのは非常に煩雑です．そこで，最後にこのようなデータ連携を自動化
しておきましょう．

以降では crontab コマンドが設定されている Mac または Linux 環境を想定した方法を紹介しますが，
Windows 環境でもタスクスケジューラーなどを使って同様の設定が可能です．

crontab コマンドを使って，この Python スクリプトが毎日自動実行されるように設定します．
ターミナルで "crontab -e" と入力してください．すると，エディタが起動するので，最後の行の後
に次のように追加して保存してください．

```
00 07 * * * poetry run python3 chapter2/01_data_export.py
30 07 * * * poetry run python3 chapter2/03_create_category_ranking.py
```

これで，毎朝7時に items，transactions，users テーブルが連携され，7時半にそれらのテーブル
を元に category_ranking テーブルが更新されるようになります．このときの，時間間隔に関しては
過去の実行時間をもとに十分余裕をもって実行します．このとき，もし何らかのエラーで chapter2/01_
data_export.py の処理が失敗してしまった場合や30分異常処理に時間がかかってしまった場合は，
chapter2/03_create_category_ranking.py が正常に完了しても元の抽出データが残っているのでデー
タが正しく更新されません．こうした処理の依存関係を適切に処理するために，6章でワークフロー
エンジンを作成します．crontab は下記のような書式になっています．

```
[分]　[時]　[日]　[月]　[曜日]　[実行コマンド]
```

"*"（アスタリスク）は "すべての値" を意味します．上記の例では "すべての曜日，月，日の8
時0分" を意味します．曜日は0から7の値をとり，0と7が日曜日，1が月曜日，というように番
号付けされています．毎週月曜日の7時0分に実行したい場合は下記のように曜日に該当する項目を
1としてください．

```
00 07 * * 1 poetry run python chapter2/01_data_export.py
```

設定中の cron は "crontab -l" で確認できます．また，"crontab -r" で設定中のすべての cron を削
除できます．

PC がスリープ中だと cron が実行されないので注意してください．また，再起動後には cron を再
設定する必要があります．こちらも6章で，このバッチ処理自体もクラウドで実行できるようにしま
す．

2・6　ま　と　め

本章では，データ収集，抽出，連携方法，蓄積先の分類やデータレイク，データウェアハウス，デー
タマートといった用語の整理や組織の成長とこれらのデータ基盤の対応関係を説明しました．また，
3章以降のデータ活用に進むための BigQuery のセットアップやデータの読み込み方法，テーブル作

成方法，処理の自動化などを紹介しました．本章を通じて，データ活用基盤構築フローやデータの用
語の整理などが具体的にイメージできればと思います．次章以降で本格的に API の作成・ジョブの
作成といったデータ基盤の上でのデータ活用方法をより具体的に説明していきます．

3

Web API 基盤

本章の目的

シンプルなデータ活用施策を実施するのに必要な Web API を実装できるようになる.

本章の到達目標

- データ施策における Web API の役割の理解
- Web API を設計・実装するうえで重要な概念や注意すべき点の理解
- 最も単純な key-value 型 Web API の実装

3・1 はじめに

データを活用して利益を上げる施策において,最終的なアウトプットの形は大きく分けて二つあります.一つは,レポートやダッシュボードを社内メンバーに提供し,経営判断を含めたビジネス活動の根拠にしてもらうこと.そしてもう一つは,レコメンドなどサービスの機能・UXを通じて直接ユーザーの利便性を向上することです.

たとえば2章のハンズオンで,EC サイトのカテゴリごとのランキングデータを集計したのを思い出してみましょう.“そのランキングデータを仕入れや商品開発の際に参照する”というのが前者の例です.これに対し,“ランキングをサイト上に掲載してユーザーが何を買えばよいかわかりやすくする”というのが後者の例です.

本章では後者のような施策をとりあげ,それに最適なアプローチである Web API について学んで行きます.Web API とは,ネットワーク越しに(一般的には HTTP を用いて)アプリケーションを呼び出すインターフェースのことです(図3・1).

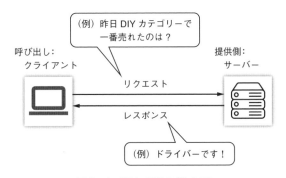

図3・1 Web API の 概 念 図

　以下，本書で断りなく"API"と記載した場合はWeb APIのことをさします．また呼び出しの起点となる利用者側を"クライアント"，呼び出されるアプリケーション提供側を"サーバー"といいます．クライアントはサービスユーザーのスマートフォンやPCかもしれませんし，サービスの一部である他のサーバーかもしれません．これについては後述します．

　本章のAPIシステムについてのカバー範囲はAPIサーバーの実装のみに留まりません．APIはあくまでクライアントから見たインターフェースにすぎず，ランキングやレコメンドといった"機能"は，その背後で行われるデータ処理などと合わせてはじめて提供できます．本章では，そういったデータ処理もAPIシステムの一部として扱い，議論の対象とします（図3・2）．

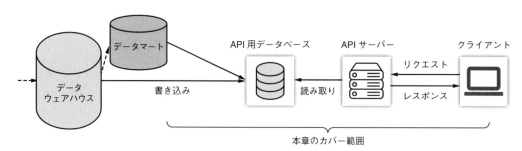

図3・2　本章で"APIシステム"として取扱う範囲

　たとえばランキングの計算においては，分析用データベースに蓄積された売上ログからランキングを集計し，API用データベースに書き込むような処理も含むということです．

　また，基本的にはAPIを提供する側であるデータ組織向けの話をしますが，クライアントを実装する側と共有しておくべき認識や注意事項も紹介しますので，必要に応じてぜひ協業者と情報共有を行ってください．

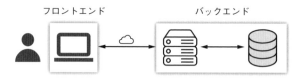

図3・3　データ施策実施前のシステム構成例

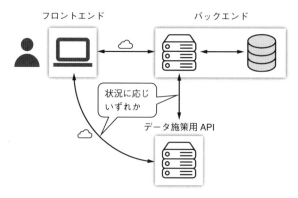

図3・4　データ施策用APIを導入したシステム構成例

3・2 なぜ Web API か

なぜ前述のような施策において API を採用するのがよいのか，ひきつづき EC サイトにランキングを掲載する例で考えてみましょう．まず前提として，図3・3のようなシンプルなシステム構成があるとします．

API を用いてランキング情報を提供する場合，図3・4のような構成になります．

これに対し，仮に API を使わなかった場合，とれる選択肢としては下記のようなものがあります．

① 既存のバックエンドアプリケーション用データベース上に専用のテーブルを用意し，別システムからバッチ処理でそのデータを更新する．バックエンドアプリケーションではそれを参照する（図3・5）．

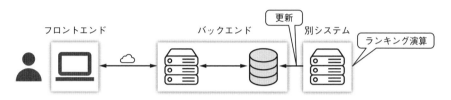

図3・5 アプリケーション用データベースを更新するパターンのシステム構成例

② 既存のバックエンドアプリケーションがモノリシック[1] な場合に，その一部としてランキングを演算するモジュールを開発する（図3・6）．

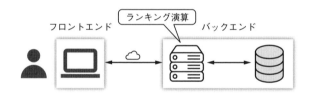

図3・6 アプリケーション内で演算するパターンのシステム構成例

これらの手法と比較して Web API のメリットを見ていきます．

a. 既存のシステム・データ施策のシステム両者の変更容易性を保つ Web API は広く普及した方式なので，クライアントはフロントエンド（エンドユーザーの使うブラウザやスマホアプリ）であってもバックエンドサーバーであっても最小限のコードで導入でき，既存システム（クライアント）とデータ施策のシステムを独立したコードベースで管理できます．

そのため既存システムはデータ施策の都合によらずプロダクトの進化に合わせてエンハンスやリファクタリングをしていくことができますし，データ施策側も独立した改善サイクルでロジックや内部アーキテクチャを更新していくことができます．

これに対し，もしバッチでデータベースを更新するパターンやバックエンドアプリケーション内で演算するパターンを選んでいたらどうでしょうか．たとえば既存システムにおいてデータベースを RDBMS から NoSQL に切り替えたい，実装言語を Python から Go に切り替えたいとなってもデータ

---

1) サービス全体（たとえば EC サイトであれば商品の検索・表示・購入，会員情報の表示・編集などの機能すべて）を単一のアプリケーションとして実装するアーキテクチャのこと．これに対し"マイクロサービスアーキテクチャ"はサービスを個々の機能に分解して独立したアプリケーションとして実装し，それを本書で説明するような API でつなぐことでサービス全体を構成する．マイクロサービスについては7章でも取扱う．

施策側の都合で難しいこともあるかもしれません．同様に，たとえばデータ施策側で"人気"の定義を単純なランキングから高度な統計手法を用いたロジックに切り替えたい，データの更新を1日1回から5分に1回に切り替えたいとなっても既存システムの都合で難しいこともあるかもしれません．

これはソフトウェアエンジニアリングにおいて重要視される"疎結合性"と"高凝集性"にほかなりませんが，この二つの性質は従来のシステム開発以上に重要になります．というのも，データ施策の開発に必要な技術セットは統計学や機械学習といったデータサイエンスの知識も含むため通常のシステム開発に必要な技術セットとはかなり毛色が異なっており，両者を100％理解して開発をマネジメントできる人はほとんどいないからです．

b. 一つの API をいろいろな形で使い回しやすい　データ施策の API はいろいろな形で使い回したくなることがあります．たとえば，以下のようなシチュエーションは，API の使い回しで実現できます．

- トップページで人気アイテム提示の効果が示されたことを受け，それを同サイトの別ページ（例：商品ページのサイドバー）に展開したいとき
- リリースの社内決裁をとるために，施策の良し悪しやロジックの妥当性を人の目で検証するためのデモサイトを作りたいとき
- もし自社で姉妹サイトを展開していれば（例：自社で複数ラインのブランドを展開しているなど），その姉妹サイトから元サイトへの流入経路を作りたいとき

c. エラー時のフォールバックや適切なスケールができる　疎結合性・高凝集性は，システム開発における変更容易性だけでなく，エラー処理や日々の運用におけるスケールでも重要になってきます．

API としてサーバー（GCP Cloud Run や AWS App Runner などのサーバーレス技術を含む）やデータベースを独立して用意することで，既存システムにかける負荷を最小限に抑えることができます．データ施策が提供する API は"購入"，"予約"，"検索"といったコア機能に比べるとオプショナルな機能である場合が多く，万が一，データ施策側のシステム負荷が高騰してもコア機能に影響を与えにくいというのは重要なポイントです．障害時には，API 呼び出しをサーキットブレイク[2]して該当機能の表出をやめたり，別の機能にフォールバックしたり（例：事前に決め打ちしておいたおすすめアイテムを出す）することもできます．

また，データ活用施策のワークロードは，最適な計算リソースの割り当てが従来のシステムの最適値と合致するとは限りません（CPU/メモリ比率や，GPU の有無，データの読み書きパターンにあったデータベース技術の選定など）．システムが独立していれば，それぞれに最適なリソースを割り当てつつ，かつ独立してスケールアウト・スケールインできます．

一方で，当然ですがデメリットもいくつか存在します．

d. ネットワーク通信などが発生するため処理時間（レイテンシー）が増える　Web API を使うということはネットワーク通信やデータのシリアライズ・デシリアライズ処理が都度発生するということなので，その分処理時間が増えてしまうという側面はあります．

対策としてはクライアントと API サーバーを同じデータセンター・リージョン・ネットワークに置く gRPC over HTTP/2 のようにできるだけ高速化が期待できるインターフェースを採用する，といった工夫があげられます．

これに対しテーブルやモジュールとして提供する形式であれば，一つのアプリケーション内で処理

---

2) アプリケーションの中で一部の重要でない処理に障害が起きたとき，重要な機能の処理がエラーになったり障害の波及によってカスケード障害が起こることを防ぐため，問題が起きている部分の処理だけをスキップすることで障害を分離する仕組み．

が完結するため，処理時間上の劣化はありません．

e.　ネットワーク通信による障害可能性が増える　　前項と類似しますが，ネットワーク通信を挟むため，通信起因のエラーが起こりやすくなります．

対策としてはクライアント側による適切なリトライや，前述のサーキットブレイクなどの実施が不可欠です．また API 提供側組織がサービスレベル目標（service level objective; SLO)[3] を定義してクライアント側と共有し，その達成の努力をすることも重要です．

f.　システムの運用工数が増える　　サービス全体のアーキテクチャレベルでいえば API という要素が増えており，その分システム（サーバーなど）の運用工数も増えてしまいます．これに対し，既存アプリケーションの内部に演算処理を実装する場合は，システムの運用工数が増えることはありません．

とはいえ，このデメリットは，メリットの“変更容易性”とトレードオフになっています．データ活用施策を実践すればするほど，検証したい仮説は高度化していきますし，組織体制としてもデータ施策に取組む専任のチームができることでしょう．そのころにはこのデメリットは無視できるほどになっているはずです．

また対策として，本書のハンズオンのようにクラウドを活用することで運用工数を極限まで下げることがあげられます．

デメリットもいくつかあげましたが，これらが本当に問題になるかは，ビジネス上の制約や組織のコンディションに照らして判断する必要があります．

たとえば“オンラインゲーム上でリアルタイムにサジェストを出すため，結果を 10 ミリ秒以内に取得したかったが，API を使うアーキテクチャで検証したら 20 ミリ秒より短くすることができなかった”，“ミッションクリティカルなサービスのコア機能で使うから，エラー率 0.001％でも困る”，“データ施策を始めたてなので，既存のバックエンドチームが余剰工数を捻出してデータ演算処理の実装に取組む”などのケースが考えられるでしょう．

上記はあくまで例ですが，このようにデメリットの方が上回るケースは，実際の現場においてはかなり限定的であることがわかっていただけるのではないでしょうか．

以上の観点から，本書では API の形でデータ施策のアウトプットを提供することを推奨しています．

なお上記では EC サイトでの話を例に述べましたが，これらの利点は Web 系に限らず生かされてくるものも多いです．環境に照らして上記観点を Web API と代替手法で比較することで，最適な手法が選択できると思います．

3・3　設 計 の 勘 所
3・3・1　インターフェース

Web API と一口にいってもその具体的な設計手法はさまざまです．

通常の Web サービス用の API ではユーザーや商品などの“リソース”を扱うため RESTful API が普及していますが，データ施策においてはランキングやレコメンドなどの“機能”の単位で API を提供することが多いため厳密に RESTful な API にする必要はありません．また，CRUD 操作のすべ

---

3) サービスレベル目標とは，提供するサービスの品質について“5xx エラー率が 0.1％以内”，“レスポンスタイムの 99 パーセンタイルが 100 ms 以内”などのように計測可能なシステム上の目標の集合として定めたもの．こういったシステム運用の取組みは SRE（site reliability engineering）とよばれて体系化されていますので，詳細は“SRE サイトリライアビリティエンジニアリング”，B. Beyer ら編，澤田武男ら訳，オライリー・ジャパン（2017）．などを参照してください．

てが扱える必要はなく，読み取り機能だけあれば十分です．

　本書ではおおむね REST に則る形で，下記のようなシンプルな方針で設計を行います．

- 機能ごとに API を用意し，URL（ホストおよびパス）で識別する．
- リクエストは GET メソッドでパラメーターをクエリ文字列で指定する．
- レスポンスは JSON フォーマットのボディで返す．
- エラーはレスポンスボディとあわせて適切な HTTP ステータスコードで表現する．

　JSON を採用しているのは，各種言語で開発が始めやすく，またプレーンテキストなのでデバッグが容易なためです．

　より高いパフォーマンスや型安全性が求められる場合は，Google が開発した RPC（remote procedure call）である gRPC[4] も検討の価値があるでしょう．

　なおブラウザ上の Web サイトから呼び出すパターンでは，API の URL ホスト（ドメイン）がサイトのドメインと異なる場合には考慮すべき事項が増えます．詳細はこのあとの "CORS"（§3・3・4 c）と "Web サービスにおける安定したユーザートラッキング"（§3・3・5）をご確認ください．

3・3・2　サーバー側とクライアント側の責務の境界

　データ施策によって提供される API はサービスの一部となりますが，どこまでの処理内容をこの API サーバーの責務とするのが良いでしょうか．

　あくまでデータ活用観点での分析・集計などの処理結果を提供するためのものである，というのが一つの基準になります．たとえば EC サイトの人気アイテムランキングを表出するという施策の正常系の処理内容においては，下記のように責務を分割することをおすすめします．

| サーバー側の責務 |

- 人気アイテムの ID 一覧を返す．

| クライアント側の責務 |

- ID から UI 表示に必要な情報（アイテム名・説明文・画像 URL など）を取得する．
- 在庫切れ商品や表出してはいけないアイテムをフィルタリングする．

　データ施策を実施する前から簡単なアイテムの一覧表示機能はあるでしょうから，クライアントはすでに上記の機能を達成できるよう設計されているはずだからです．これらの情報の紐付けは，統計処理されるランキングやレコメンドのデータと違い，最新のデータで整合性をとる必要があります．これを API 側でやるには新たな情報へのアクセスパスを作る必要があり，アーキテクチャの複雑性が増します．

　また上記は正常系の話ですが，クライアントはこれに加え，API 呼び出しがエラーとなったとき（例：サーバーに接続できない，サーバーがエラーを返すなど）にフォールバック処理を実施する責務もあります．具体的には，該当の UI ブロックを丸々削除したり，事前に決め打ちした固定のおすすめアイテムを表出したり，要件によってはキャッシュされた過去の API レスポンスを再利用したりなどです．

　a. AB テストの振り分け　　データ施策においては AB テストの実施が欠かせません．AB テストについては 4 章で詳細に取扱いますが，端的にいえば "A パターンと B パターンどちらがいいか決めるために，人によってどちらを出すか変えて試す" テストです．たとえば，ボタンの色を "A. 青のままにするか"，"B. 緑に変えるべきか" やアイテムランキングの計算ロジックにおいて，"A. 購入ログだけで計算すべきか"，"B. 閲覧ログも加味するか" といったものです．

---

4) https://grpc.io/

　前者は純粋にUI上の変更だけですが，後者のようなケースではAPIが返す値自体がAパターン，Bパターンによって変わってきます．

　この場合，ユーザーを各テストパターンに振り分ける処理をサーバーとクライアントのどちらで実

● **コラム3・1　JSONの落とし穴** ●

　API間のやりとりをするフォーマットとして絶大な人気を得ているJSONですが，実は言語やパーサーライブラリによって動作が異なる部分があります．実装しだいではその差異が重大なバグにつながる可能性があるので，注意が必要です．今回は米国のセキュリティ企業Bishop Foxのブログから二つ抜粋して紹介します．

An Exploration & Remediation of JSON InteroperabilityVulnerabilities
https://bishopfox.com/blog/json-interoperability-vulnerabilities

　一つ目に紹介するのは重複キーのデコード時の曖昧性です．たとえば以下のようなJSONドキュメントをパースしてdata["userId"]の値を調べると，ある実装によっては "xxx" を返し，また別の実装によっては "yyy" を返す可能性があります（これは最も簡単な例なので比較的実装間のブレが少ないのですが，元ブログの記事ではより実装間でのブレの大きいキー重複の作り方が紹介されています）．

```
{
    "userId": "xxx",
    "userId": "yyy"
}
```

　たとえばこれがユーザーの個人情報を取得するAPIだとして，その前段に認証情報とリクエストボディに含まれるユーザーIDを突き合わせる認証プロキシがあるとしましょう．もしも認証プロキシがuserIdはxxxだと認識し，個人情報を返すAPIの方がyyyだと認識してしまったら大変です．悪意あるユーザーxxxさんは自分の認証情報を使ってyyyさんの個人情報を抜き出せてしまいます．

　対策としては，インターネットから信頼できないリクエストを受取れるプロキシはリクエストボディをそのまま通過させるのではなく再エンコードしてから上流のAPIに渡すなどが考えられます．ただし利用している処理系が複数キーをエンコードする際の挙動にも注意が必要です．

　もう一つ紹介するのは，大きな数字のパース結果です．JSONの数値型はJavaScriptにおける数値型である64ビット浮動小数点数を表現できることは定められていますが，それ以上大きな数字や精度の高い数字の扱いは実装依存となります．これは，64ビット整数のすべての値はカバーされていないということを意味します．具体的には2^{53}以上の整数はすべてのシステム間で正しくエンコード・デコードできる保証はありません．

　そのため，たとえば下記のような極端に大きな数字をパースしたときにどのような値になるかは処理系によるので注意が必要です．

```
{
    "value":
    99999999999999999999999999999999999999999999999999999999999↵
    99999999999999999999999999999999999,
}
```

　なお，JSONの数値型では64ビット整数型のすべての値がカバーされていないことを考慮して，64ビット整数型をJSONエンコードする際に文字列型として出力する実装も存在します．

　たとえばBigQueryからデータをJSON形式でエクスポートする際，INT64型のカラムは文字列となって出力されます．

https://cloud.google.com/bigquery/docs/exporting-data

行するべきなのか，設計時に考える必要があります．

　特別な理由がない限りは，クライアント側で振り分けを行うことを推奨します．これは以下の理由からです．

- AB テストの実施そのものはサイト全体の関心事なので，クライアント側（つまりサイト本体の実装）の責務とするのは自然である．
- そもそも AB テストの中には UI のみを変更するものも多く（文言・色・サイズなど），必ずしも API 側での振り分けがそぐわないケースが多い．
- AB テストでは同じユーザーには同じパターンが割り当てられる必要がある．もし API 側で振り分けをするなら，（ロジック自体にパーソナライズ要素がなかったとしても）ユーザーを識別する ID をリクエストに含める必要があるため考慮事項が増える．

　API によるデータ施策を始めたばかりの段階では，それぞれのパターン用のエンドポイントを用意し，それを呼び分けてもらえばいいでしょう．今後 API が増えてきた場合は，7 章で説明するように API ゲートウェイツールによってエンドポイントはまとめつつ，ヘッダーの値によって振り分けるなども可能です．

3・3・3　演算処理を行うタイミング

　ここまでは，レコメンドなどの結果をどう提供すべきかという問題に焦点を当てて API サーバーの実装に関する話をしてきましたが，結果の値をいつのように演算すべきかについても考えていきましょう．

　本章では，定時のバッチ処理で演算処理を行ってレコメンド内容まで計算して key-value 型データベース（key-value store；KVS）に保存し，API はリクエストごとにその結果を取得して返すことに徹するという構成を提案します．以下，この構成を key-value 型 API とよび，本章のハンズオンで実装例を紹介します．

　この方式だと複雑な計算処理がすべてバッチ側で完結して API 側の実装がきわめてシンプルになるため，以下のような利点があります．

- "キーを指定してその値を返す"というきわめてシンプルなインターフェースなため，API サーバー・クライアントともに最小限の工数で開発ができ，より高速に仮説検証サイクルを回せる（工夫しだいでは API を都度実装・デプロイする必要もなくなる）．
- API リクエストの処理時は KVS からのデータ取得だけ行えばよいため，安定して低いレイテンシーが担保できて UX が改善する．
- 複雑な演算は事前に行うため，そのために必要なインフラ（大きなメモリや GPU など）を常時起動させておく必要がないのでコストが低く抑えられる．
- レスポンスする値のとりうる範囲が事前にわかるため，早い段階で異常値に気づくことができる．

　非常にシンプルなアプローチですが，Web サービスにおけるレコメンドや UX 最適化を行うための施策の大部分がこの仕組みでカバーできます．

　もちろんすべてのユースケースがカバーできるわけではありません．しかしデータ活用施策に取組み始めたばかりの段階ではシンプルな仮説から検証を行った方が筋がよく，その段階では key-value 型 API で十分なはずです．そして仮説が高度化したり，基礎的な改善を十分実施したりすることによって，key-value 型 API でカバーできないとなってはじめてより高度な API の実装を考えても遅くはありません．

　カバーできないケースとしては下記のようなユースケースがあります．このうちいくつかについては，7 章で扱います．

ありうる入力値について事前にすべてリストアップできない場合

- 例："ユーザー ID ×アイテム ID" のように，一つ一つは一定範囲の値だが組合わせ爆発によって総件数が莫大になってしまう入力値
- 例：自然言語文や画像などの非構造化データで表される入力値

リアルタイム，あるいはそれに近い水準でログデータを反映させる必要がある場合

- 例：Web サイト回遊中のユーザーに対し，ページ遷移ごとに直前の閲覧ログを加味したレコメンド結果

3・3・4　セキュリティ

　API が取扱うデータは，ユーザー個人に紐づくものや社外秘の情報（売上など）を推測できるものも含まれます．そのため，セキュリティ対策は非常に重要です．

　本書は Web セキュリティの専門書ではないため，ここでは大まかな方針も提示するにとどめます．具体的な実装方法や留意事項については，専門書・資料や専門家のアドバイスに必ず従い，またお使いのフレームワークのドキュメントなどもご確認ください[5],[6]．

　a. HTTPS　　現代においては HTTPS によるサイトの保護は必須です．公開 Web ページに表出するランキングのように誰でも見られる内容であれば暗号化は不要だと思う方もいるかもしれませんが，HTTPS は通信内容を暗号化して盗聴を防ぐだけでなく，通信先や通信内容の改竄を防いでユーザーを保護する役割もあります．またそういった保護機構が万全に働くよう，ブラウザによっては HTTPS のサイトから HTTP のリソースへのアクセスをブロックする場合もあるため，HTTPS 対応をしないとサイトが正しく機能しなくなる可能性もあります．

　GCP Cloud Run や AWS App Runner のようなマネージドソリューションを採用していれば必然的に対応できますし，これらにカスタムドメインを割り当てる場合でもロードバランサーや API ゲートウェイでマネージドの SSL 証明書が使える場合がほとんどです．

　一方，サーバーやロードバランサーを自分たちでホストしている場合は SSL 証明書を別途運用する必要があります．とはいえ，Let's Encrypt[7] のように有効な証明書を無料で発行してくれる認証局もありますし，それに certbot[8] のような証明書自動更新ツールを組合わせれば運用コストもほぼかかりません．HTTPS を使わない理由は全くないといってもいいでしょう．

　b. 認証・認可　　API が取扱うデータ（おもにレスポンス）によっては，特定の人以外が閲覧できては困るものもあります．たとえば会員登録者向けの情報に関する API であれば，呼び出しているのが本当に会員であるかどうか確かめる必要があります．また，購入した商品の履歴を返すような API では，購入履歴はユーザー本人だけが呼び出せるようになっている必要があります．

　このための仕組みが認証および認可です．認証（authentication；authn とも略記）とは通信の相手が誰かを正しく識別する行為，認可（authorization；authz とも略記）とはその相手が求められたリソース（データなど）にアクセスすることを許可する行為のことで，多くの場合，組合わせて効力を発揮します．たとえば上記の購入した商品の履歴を返す API であれば，"リクエストを送ってきたのは間違いなく A さんである" と識別するのが認証で，"A さんは，A さん自身の購入履歴にアクセスしてよい" と許可するのが認可です．

　とはいえ，認証・認可機能を直直に正しく実装するのは，ソフトウェアエンジニアリングの中でも

5）"体系的に学ぶ安全な Web アプリケーションの作り方（第 2 版）"，徳丸浩著，SB クリエイティブ（2018）.

6）https://www.ipa.go.jp/security/vuln/websecurity.html［安全なウェブサイトの作り方：IPA（独立行政法人 情報処理推進機構）］

7）https://letsencrypt.org/

8）https://certbot.eff.org/

特に難しい課題の一つです．そこで本書では，最も簡単な回避策として "ユーザーの認証・認可はクライアント側に任せる" というアプローチを提案します．

このアプローチの仕組みは下記の通りです（図3・7）.

- API を呼び出す大元となったユーザーの認証・認可はサイトにもともとある認証・認可システムで行う.
- API サーバーはクライアントが真正の自社サイトからのリクエストであることを担保するため，クライアントの認証を行う.
- API クライアントはサイトのフロントエンドではなくバックエンドにする（フロントエンドアプリケーションはユーザーのデバイス上で動くため，信頼のおけるクライアント認証ができないため）.

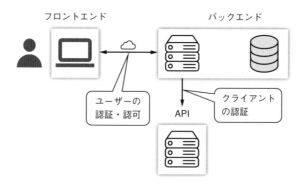

図3・7　認証・認可を行うタイミング

こうすると，API サーバーを実装するうえでの関心事はどうやってクライアントを認証するか，という点に絞られます.

クライアント認証のベストプラクティスは，多層防御の考えに基づいて，ネットワークベースの制限と認証情報による認証の両方を適用することです．ネットワーク制限のみだと，踏み台攻撃を防げない．認証情報のみだと，流出してしまった場合にその認証情報を失効させる（有効な認証情報のリストから削除する）までの間アクセスを防げない．そういうわけで両方採用するのが理想的です.

クライアント側がクラウド上のサーバーだと IP を固定することが難しかったりパフォーマンス上最適でなかったりすることもあります．保護したいデータの重要度とリスクをアセスメントし，場合によってはネットワークによる制限は導入しないという判断もあるでしょう.

i）ネットワーク制限

ネットワークインフラストラクチャレベルで制限を行う手法です．クライアントと API サーバーを同一のプライベートネットワークや互いにピア接続されたプライベートネットワークに所属させることができる場合は，そのネットワーク内からの通信のみ受け付けるように設定します（境界防御）.なお，この場合でも，万が一に備え，通信ログの取得をおすすめします.

インターネット経由で接続する場合は，クライアントの出口 IP アドレスを API サーバーのファイアウォールの許可リストに登録します.

ii）認証情報による認証

最も実装しやすいのは API キーによる認証でしょう．API キーとは何か，というのは明確な定義があるわけではありませんが，大ざっぱにいえば "クライアントが使うパスワード" といえます．ただし通常のユーザーログインシステムとは下記の点で違っている分，実装の難易度は下がります.

- 通常はユーザーがパスワードを指定するが，API キーでは発行側がキーを指定できるため，脆弱な文字列を回避できる.
- パスワードの場合は安全にリセットできる仕組みが必要で，メールサーバーなどの構築も必要になるが，API キーであれば新しいキーを発行して信頼できる組織内のコミュニケーションツールで伝達すればよいのでその実装は必ずしも必要ない.
- パスワードリセットの場合は古いパスワードは即座に使えなくなるが，API キーの場合は新しいキーを発行した後で古いキーを無効化することもできるため，クライアントがサーバーを冗長化しており順次呼び出しに用いるキーを入れ替えたいといった要件にも対応できる.

GCP API Gateway や AWS API Gateway などの API ゲートウェイツールの多くでもサポートされているので，実装が不要な場合もあります（API ゲートウェイについては 7 章で改めて扱います）.

また，もしクライアントと API サーバーが同一のクラウド環境上にある場合は，クラウドが提供する IAM システムを活用できることもあります（例: GCP Service Account や AWS Role など）. お使いのクラウドのドキュメントを参照してください.

c. CORS（オリジン間リソース共有）　　前節のケースとは逆に認証・認可が不要な場合，API クライアントはフロントエンドでも構いません. ただしこの場合でも，クライアントがスマートフォンのネイティブアプリケーションなどではなく Web ブラウザである場合，注意すべき項目があります（ネイティブアプリケーションの Web ビューも含みます）. それが Web ブラウザに備わっている "同一生成元ポリシー（Same Origin Policy）" というセキュリティ機構と，それを正しく利用するための "オリジン間リソース共有（Cross-origin Resource Sharing; CORS）" という仕組みです.

同一生成元ポリシーとは，CSRF（Cross Site Request Forgery）という既知の攻撃手法への対策です. これは，ユーザーが悪意あるサイトにアクセスしてしまったときに，そのユーザーの cookie を悪用してあなたのサーバーにリクエストできてしまうという攻撃です. これに対して同一生成元ポリシーは，リクエスト元サイトのドメインとリクエスト先サーバーのドメインが一致しているか，さもなければサーバー側でリクエスト元サイトを明示的に許可しない限り，ブラウザが API レスポンスをブロックします. ただしブロックはレスポンスを返したあとにブラウザ側で行われるため，API サーバー側では確認できないことには注意が必要です（図3・8）.

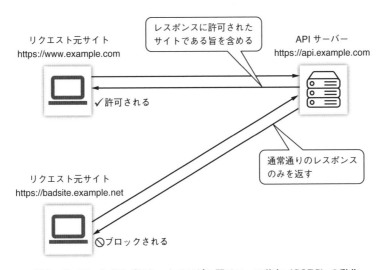

リクエスト元サイト
https://www.example.com

レスポンスに許可された
サイトである旨を含める

API サーバー
https://api.example.com

✓許可される

リクエスト元サイト
https://badsite.example.net

通常通りのレスポンス
のみを返す

🚫ブロックされる

図3・8　同一生成元ポリシーとオリジン間リソース共有（CORS）の動作

逆にいえば，サイトのドメインが信頼できる場合には，それを許可する手続きである CORS が必要ということになります．たとえば https://www.example.com という Web サイトから https://api.example.com という API を呼び出したい場合，API サーバーで "https://www.example.com は信頼できるサイトである" ということをブラウザに伝達する必要があります．具体的な実装方法やその他の考慮事項（追加ヘッダーの扱いなど）は，お使いのミドルウェア・フレームワークのドキュメントを参照してください．

なお，API で cookie を利用しないのであればリクエスト元サイトのドメインを特に検証せずに許可してしまってもいいのではないかと思う方もいるかも知れません．たしかにその場合は CSRF の影響は無視できますし，そういったケースのためにリクエスト元をワイルドカードで許可することも CORS の仕組み上可能です．しかし，未知の攻撃に備え，想定される呼び出し元サイト以外はブロックするよう許可リストを管理する方が賢明でしょう．

d. その他の対策　ここまでに記したのは，データとユーザーを保護するために API サーバーに対して行う基本的なセキュリティ対策でした．実際には状況に応じて，レート制限によるリソース安定性の確保，WAF による DDoS 対策などによるサービス保護の必要性も検討しましょう．

また，セキュリティ上の取組みは API というインターフェースだけ固く守ればすむものでもありません．本書のカバー範囲を逸脱するので深入りはしませんが，脆弱性のあるライブラリ・ミドルウェアなどを利用しないよう依存を健全に保つ，データベースやクラウドリソースの適切な権限制御を行うなど足元の対策を怠らないようにしましょう．

3・3・5　Web サービスにおける安定したユーザートラッキング

データ施策においてユーザーを安定してトラッキングできることは欠かせません（もちろんあくまで自社サイト内での話であり，他社サイトでの行動を含めたトラッキングを推奨するものではありません）．

たとえば行動ログに基づいてユーザーごとにパーソナライズされたレコメンドを提示したい場合，API リクエストにユーザーを識別する ID を含めてもらう必要があります（この ID は必ずしもサイト自体で管理している会員 ID である必要はなく，ログ分析用の一時的な ID が用いられることもあります）．このとき，ユーザーの行動ログが先週と今週で異なる ID に紐付いていた場合，ユーザーの嗜好を捉えきれなかったり利用データの対象期間しだいでログ不足になったりします．

またロジックの AB テストを行うには API リクエストに "どのパターンに振り分けられたか（どのロジックでレスポンスを返すか）" という情報を含めてもらう必要があります（あるいは API サーバー側で AB 振り分けを行う形式の場合，ユーザー ID そのものが必要）．このとき，1 人のユーザーの振り分け結果がテスト期間内で変わってしまうと効果検証の信頼度が落ちます．たとえばあるテストで一度 A パターンのロジックに基づくレコメンドを見たユーザーが後日同じテストで B パターンのロジックに基づくレコメンドを見て，そのさらに数日後に商品の購入を行った場合，どちらのロジックがユーザーの行動に効いたのかはわかりません．

ところがそういったユーザー情報を送ってもらう場合に，考慮すべきポイントがあります．それは，ブラウザによるプライバシー保護機構によって，サードパーティ cookie が永続化されないケースが多いということです．Apple 社のブラウザ Safari の ITP（Intelligent Tracking Prevention）では即時削除されますし，その他のメジャーなブラウザでも類似の取組みが進んでいます．もっといえば，現状ではローカルストレージの書き込みは完全には制限されていませんが，将来的には完全にブロックされるか短い有効期限が課される可能性も捨てきれません．

この対策としては次のいずれかが考えられます

API の呼び出しをサイトバックエンドから行う

- ブラウザからは API にアクセスせずサイトバックエンドのみにアクセスする形になるため，cookie のやりとりはファーストパーティとなる．API リクエストに含める ID はバックエンド上で管理する．

API にサイト本体と同じドメインを割り当てる

- ドメインが一致していればファーストパーティとなる．
- 例：サイトが https://www.example.com というドメインである場合に，API もドメインを合わせ https://www.example.com/_api/ から始まる URL で提供するなど．

また GDPR や CCPA など[9] に対応しているサイトの場合はたとえファーストパーティであっても cookie をオプトアウトしているユーザーが一定数いるであろうことも忘れてはいけません．その場合，影響が無視できるレベルか見積もったうえでテストを実施するか，場合によってテスト対象を cookie が確実にあるであろうログインユーザーのみに絞るなどの対策が必要になります．

3・3・6 監　　視

データ施策における API も，一般の Web 開発同様，基本的な監視としてログやメトリクスの収集，アラートの設定は行いましょう．ただしログは API アプリケーションレイヤーではなくロードバランサーやリバースプロキシなどのレイヤーで収集できることも多いので，実際のアーキテクチャに合わせて実装方法の選定を行ってください．

以下では収集すべきログとメトリクスについて，データ活用施策特有の考慮事項について紹介します．

a. ロ　グ　　データ活用施策においてはログデータは欠かせない情報資源です．それはサイト本体のログだけでなく，API のアクセスログも含めてです．そのため，ログの出力・収集にあたっては "分析しやすい形にする" ことを意識するとよいでしょう．具体的には JSON などで出力し，適切に構造化された状態で分析用データベースに連携しましょう．

アプリケーションログをどこまで出力すべきかは一概にいえませんが，処理内容のコードパスが大きく分けて何パターンかある場合はどのパターンで処理されたかを記録しておくと，役立つことがあります．

たとえば EC サイトでユーザーごとにおすすめのアイテムを表示するというプロジェクトで，過去 1 カ月以内に訪問ログがある場合は，それに最適化されたレコメンドを，そうでない場合は全ユーザー共通のレコメンドを返すとします．各リクエストがどちらのパターンで処理されたかを分析することで，たとえば想定よりも共通パターンの呼び出しが多すぎればユーザートラッキングに問題があるのではないかと気づくこともあります．また次項のメトリクスとセットで分析することで，個人最適化パターンだけレスポンスタイムが極端に遅ければサイトのヘビーユーザーほど UX が悪化してコンバージョンが鈍っているのではないかと気づくこともあります．

なお，アプリケーションログを適切に分析するには，そのログが "どのリクエストに紐づくものなのか" がわかる必要があります．リクエスト ID などのコンテキスト情報をログに付与するのを忘れないようにしましょう．

また，そういったリクエスト ID を API 側で生成するのではなくリクエストを送信するクライアント側で生成・付与する方式にすると，クライアント・サーバー間の通信環境による影響（遅延・リクエスト喪失など）も含めて調査ができるのでおすすめです．

---

9) いずれも個人情報の定義やその扱いについて定めた諸外国の法令で，日本企業も対象となりうる．GDPR（General Data Protection Regulation）：2018 年 EU にて施行．CCPA（California Consumer Privacy Act）：2020 年に米国カリフォルニア州にて施行．参考：https://www.ppc.go.jp/enforcement/infoprovision/laws/

一方で，記録に注意が必要な情報もあります．それは個人情報などのセンシティブな情報です．前述の通り記録されたログは分析用データベースに連携すべきですが，そこにセンシティブなデータが入ることはできるだけ避けるのが望ましいです（これについて，詳細は6章で扱います）．

そのため，アクセスログにはセンシティブなデータが入りうるリクエストボディは一切記録せず，必要な情報があればそれだけ抜き出してアプリケーションログの一環として記録するといった対策が必要になります．

b. メトリクス　　リクエスト数やエラー率・レスポンスタイムなどの基本的なメトリクスは，異常事態の検知・調査といった通常のシステム運用だけでなく，潜在的な最適化余地を発見するのにも役立ちます．たとえば，オートスケール上下限の調整や使われなくなった API の検知などです．

またエラー率やレスポンスタイムは UX，ひいては経営指標に直結するものです．たとえば Bing の 2012 年の実験ではレスポンスタイムを 100 ミリ秒改善するごとに売上が 0.6% 向上したことが報告されています[10]．もちろん具体的な数字は各サイトで全く変わってくるでしょうし，その数字がビジネス上どれほどのインパクトがあるかも異なるでしょうが，統計分析をする際には有意な差として現れてくることもあります．AB テストのパターンごとにメトリクスに顕著な差があると結果の解釈にも影響してくるため，常に確認するようにしましょう．

3・4　ハンズオン：key-value 型 API を作る

このハンズオンでは，データを活用した施策の第一歩として，前日の商品の売上げランキングをカテゴリごとに返す API を，分析用データベースからのデータ連携バッチを含めて作成します．この API は "カテゴリ ID" という key に対して "売上の上位 10 件の商品 ID" という value を返す，きわめて単純な key-value 型 API です．これは，図3・9のように K&R の Web サイト上に "売れ筋ランキング" を表示するのに使われます．

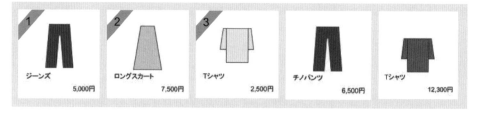

図3・9　K&R における "カテゴリごとの売上ランキング" のイメージ

人気（売上，閲覧回数など）ランキングはシンプルながらユーザー体験向上に貢献することが多く，データ活用の第一歩として最適といえる機能です．実際，Netflix から無印良品まで，多くの Web サービスで採用されています．今回のスターターキットでも，まずは売上ランキング機能に取組むこととします．このハンズオンに取組むと，**"分析用データベースから Web API を作ってデータ施策に活用するのは意外に簡単"** ということが実感できると思います．

なお今回の API はサイトの公開情報のみを返すという扱いなので特に認証・認可は実装せず，ブラウザ側から呼び出すことを想定して CORS の設定のみ行います．認証・認可を実装する例は7章で登場します．

---

10) Online Controlled Experiments at Large Scale（Kohavi, et al; KDD 2013）

3・4・1　利用するソフトウェアとサービス

このハンズオンでは，以下のソフトウェアおよびサービスを使用します．

- Cloud Firestore：key-value ストア
- Cloud Run：API サーバー
- FastAPI：API の実装に使う Python ライブラリ
- Artifact Registry：API サーバー用 Docker イメージをホストするレジストリ

全体としては図3・10 のようなアーキテクチャになります．それぞれの要素について，以下で説明していきます．

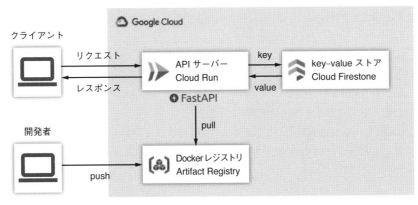

図3・10　売上ランキング API のアーキテクチャ

a. Cloud Firestore　Cloud Firestore はスケーラブルな NoSQL データベースで，柔軟なデータ構造に対応できることに加えて，レイテンシの低さとスループットの高さが特徴です．AWS なら DynamoDB などを代替サービスとして使えます．

b. Cloud Run　Cloud Run は，サーバーレスのコンテナ実行環境です．Cloud Firestore にアクセスするためのコンテナを作成して Cloud Run にデプロイすれば，オートスケールなどの面倒は GCP 側で見てくれます．しばらくアクセスがないとゼロスケールされるので，コストパフォーマンスも高いといえます．AWS なら App Runner を代替サービスとして使えます．

c. FastAPI　FastAPI は，OSS の Python の Web API フレームワーク（MIT ライセンス）です．名前の通り，開発とリクエスト処理の両方が高速にできるところが特徴です．

実際の使い方を簡単に見てみましょう．以下のように FastAPI をインスタンス化し，適切なデコレーターをつけた関数を実装するだけで API サーバーができます．この Python スクリプトを実行すると API サーバーがローカルで起動します．

```python
from fastapi import FastAPI


app = FastAPI()



@app.get("/greet/{name}")
def greet(name: str) -> dict[str, str]:
    return {"message": f"Hello, {name}!"}
```

この API にアクセスする（ブラウザの URL バーに "localhost:8000/greet/hanako" と打ち込むか，ターミナルの別タブで "curl localhost: 8000/greet/hanako" を実行する）と，"Hello, hanako!" というレ

スポンスが得られるはずです.

d. Artifact Registry　　Artifact Registry は Docker イメージなどをホスティングしてくれるレジストリサービスです.ビルドした Docker イメージを push しておき,Cloud Run からそのイメージを参照するよう設定します.

3・4・2　各種 GCP サービスの有効化

最初に,本章で利用する各種 GCP サービスを有効化する必要があります.GCP の Web コンソールから有効化の手続きを行ってください.

- Cloud Firestore: https://console.cloud.google.com/apis/library/firestore.googleapis.com
- Cloud Run: https://console.cloud.google.com/apis/library/run.googleapls.com
- Artifact Registry: https://console.cloud.google.com/apis/library/artifactregistry.googleapis.com

Cloud Firestore については "ネイティブモード" と "Datastore モード" の2種類があり,有効化時にどちらかを選択します.この選択は後で変更できないので注意してください.本書の範囲内ではどちらでも問題ないですが,ネイティブモードの方が高機能なため,将来本書の内容を越えて開発を続ける場合に備え,ネイティブモードを選択します.

もし Datastore モードを選択してしまった場合,API やクライアントライブラリは Cloud Firestore 用のものではなく Cloud Datastore 用のものを利用する必要があるため,適宜コードを読み替えていく必要があるのでご注意ください.

3・4・3　BigQuery 上の集計済みテーブルを Cloud Firestore に連携する

2章でカテゴリごとのランキングを集計したテーブルを作成しました.これをそのまま API で利用するため,Cloud Firestore に連携します.そのためのスクリプトが下記の chapter3/job/main.py です.

```python
from google.cloud import bigquery, firestore


def main(bigquery_table: str, firestore_collection: str, key: str) ->
None:
    bigquery_client = bigquery.Client()
    result = bigquery_client.query(f"select * from `{bigquery_table}`").
result()

    firestore_client = firestore.Client()
    firestore_writer = firestore_client.bulk_writer()
    collection = firestore_client.collection(firestore_collection)
    for row in result:
        doc = collection.document(row[key])
        data = {k: v for k, v in row.items() if k != key}
        firestore_writer.set(doc, data)
    firestore_writer.close()


if __name__ == "__main__":
    main("k_and_r.category_ranking", "category_ranking", "category")
```

このコードを実行すると,Cloud Firestore にデータが登録されます.Web UI から確認してみましょう(図3・11).

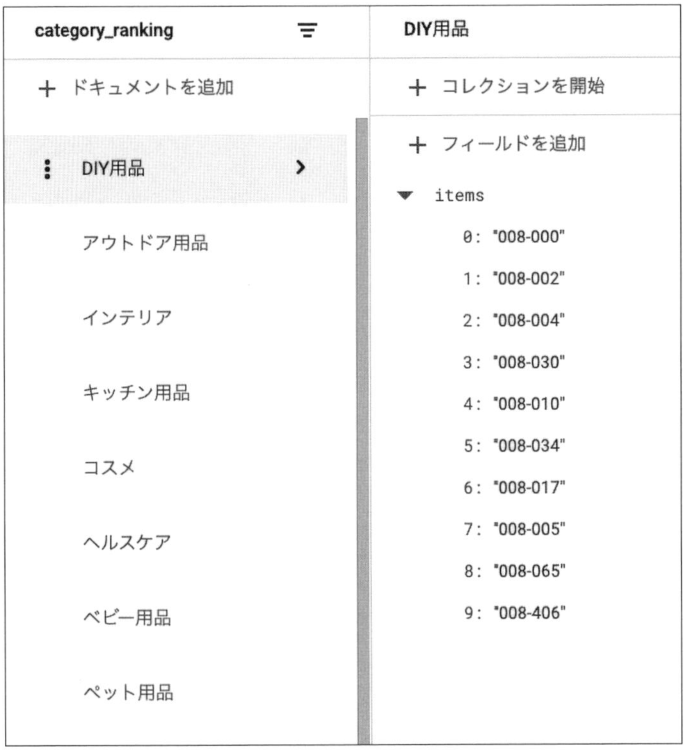

図3・11　Cloud Firestore 上でデータを確認する

　これで KVS の作成は完了です．ここでは集計を BigQuery で行いましたが，集計作業者が SQL に精通していない場合は分析用データベースの利用テーブルを一度 CSV にエクスポートし，Excel などの GUI アプリケーションで分析した結果を，Python で Cloud Firestore に格納する，といった手順を採用することも可能です．チームのスキルセットや役割分担に合わせて最適な運用方法を選択するとよいでしょう．

3・4・4　API の実装を書く
　API の実装は簡単です．エンドポイント "/ranking" への GET メソッドで実行される関数において，Cloud Firestore に当該カテゴリのランキングを問い合わせ，その結果を返すだけです．Cloud Firestore への問い合わせは接続エラーなどに備え，念のためリトライ処理を設定しています．
　またブラウザから呼び出すことを想定し，CORS リクエストを正しくハンドリングするよう実装しています．今回は呼び出し元サイトもローカルで動作確認を行いますので，正規の URL が "http://localhost:8080" であると仮定して値を設定しています．

```
from http import HTTPStatus
from typing import List

from fastapi import FastAPI, HTTPException
from fastapi.middleware.cors import CORSMiddleware
from google.api_core.retry import Retry
from google.cloud.firestore import AsyncClient, DocumentSnapshot
from pydantic import BaseModel
```

```
app = FastAPI()
app.add_middleware(
    CORSMiddleware,
    allow_origins=["http://localhost:8080"],
)


firestore = AsyncClient()
FIRESTORE_RETRY = Retry(
    initial=0.1,
    deadline=1.0,
)



class RankingResponse(BaseModel):
    items: List[str]


@app.get("/ranking", response_model=RankingResponse)
async def ranking(category_id: str) -> RankingResponse:
    doc_ref = firestore.collection("category_ranking").document⏎
    (category_id)
    doc: DocumentSnapshot = await doc_ref.get(retry=FIRESTORE_RETRY)
    if not doc.exists:
        raise HTTPException(
            status_code=HTTPStatus.NOT_FOUND,
            detail="specified category not found",
        )
    return RankingResponse.parse_obj(doc.to_dict())
```

次のコマンドを実行すると，APIがローカル環境で起動します．

```
$ poetry run gunicorn chapter3.api.main:app \
    --worker-class uvicorn.workers.UvicornWorker
```

別タブを開いて次のコマンドを実行すると，起動中のAPIにリクエストが発行されます．

```
$ curl -i --get \
    http://localhost:8000/ranking \
    --data-urlencode category_id=DIY用品
```

次のような結果が返ってくれば成功です．

```
HTTP/1.1 200 OK
date: Wed, 16 Mar 2022 12:06:18 GMT
server: uvicorn
content-length: 111
content-type: application/json

{"itms":["008-000","008-002","008-004","008-030","008-010","008-034",⏎
"008-017","008-005","008-065","008-406"]}
```

この API をローカルに立てたサイトから呼び出してみましょう．chapter3/client/ディレクトリに簡易的なページが用意してありますので，これを立ち上げてみます．この呼び出し元サイトのサーバーとして，今回は Python に組込みの HTTP サーバーを使います（本番環境での使用には適さないのでご注意ください）．

```
$ poetry run python -m http.server -d chapter3/client/ 8080
```

この状態でブラウザから http://localhost:8080/にアクセスすると，サンプルページが表示されるはずです．このページは，JavaScript の Fetch API[11] を使って指定された URL に API リクエストを行い，そのレスポンスのステータスとボディを出力するというだけのものです．動作確認のため，ブラウザの開発者ツールを立ち上げておいてください．

API の URL，ランキングを取得したいカテゴリが適切に入力されていることを確認したら "呼び出し" ボタンをクリックしてみてください．図 3・12 のように curl のときと同じ結果が正常に取得できていることが確認できるはずです．

図 3・12　サンプルページで正常なレスポンスを確認する

さて，http://localhost:8080 は API 上の CORS 設定に "正規のサイト" として登録されたものでしたが，ではこれ以外のサイトから API にアクセスするとどうなるのでしょうか．それを確かめるため，呼び出し元サイトのサーバーを今度は別のポート 8081 番で立ち上げ直してみましょう（起動中のサーバーは Ctrl+C でシャットダウンできます）．

```
$ poetry run python -m http.server -d chapter3/client/ 8081
```

http://localhost:8081/にアクセスすると，当然先ほどと全く同じページが表示されます．しかし "呼び出し" をクリックしてみると，今度はレスポンスが取得できないはずです．開発者ツールの "コンソール" ペインを確認すると "blocked by CORS policy" というメッセージを含むエラーが表示されていることが確認できるでしょう（図 3・13）．このように，ブラウザから API を呼び出す場合，適切な CORS の設定が必要なのです．

---

11) https://developer.mozilla.org/ja/docs/Web/API/Fetch_API/Using_Fetch

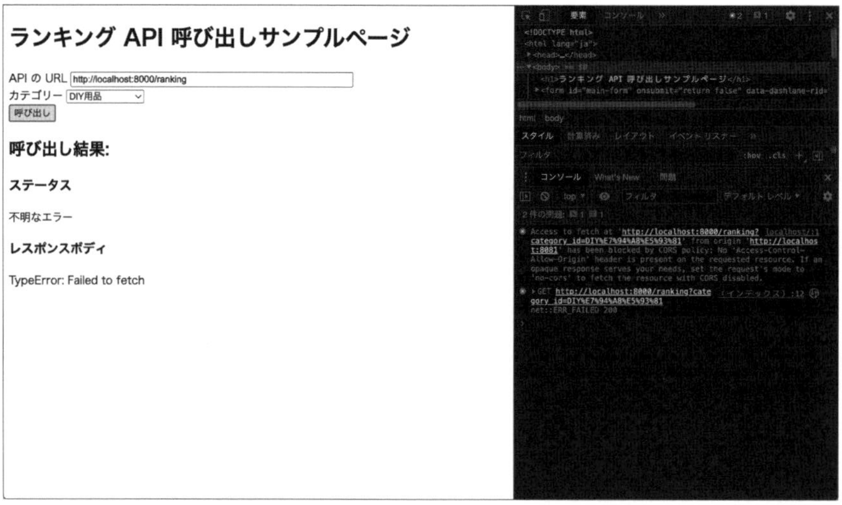

図 3・13　サンプルページで CORS エラーを確認する

3・4・5　Cloud Run にデプロイする

gcloud コマンドを使って，ビルドしたイメージを Cloud Run にデプロイします．今回は認証なし
で呼び出す API ですので allow-unauthenticated としています．

```
$ gcloud run deploy category-ranking \
    --region=asia-northeast1 \
    --source=. \
    --command=gunicorn,chapter3.api.main:app,--worker-
class,uvicorn.workers.UvicornWorker \
    --allow-unauthenticated
```

最初に Aritfact Registry 上に Cloud Run 用のリポジトリを作ってよいか聞かれるのでエンターを入
力しましょう．その後，コンソール上では，下記のような出力が流れます．

```
Deploying from source requires an Artifact Registry Docker repository to
store built containers. A repository named [cloud-run-source-deploy] ⏎
in region [asia-northeast1] will be created.

Do you want to continue (Y/n)?

This command is equivalent to running `gcloud builds submit --tag⏎
[IMAGE] .` and `gcloud run deploy category-ranking --image [IMAGE]`

Building using Dockerfile and deploying container to Cloud Run service⏎
[category-ranking] in project [your-project-id] region [asia-northeast1]
  ✓ Building and deploying... Done.
    ✓ Creating Container Repository...
    ✓ Uploading sources...
    ✓ Building Container... Logs are available at
[https://console.cloud.google.com/cloud-build/builds/xxxxxxxx-xxxx-xxxx-
xxxx-xxxxxxxxxxxx?project=000000000000].
```

```
  ✓ Creating Revision...
  ✓ Routing traffic...
  ✓ Setting IAM Policy...
Done.
Service [category-ranking] revision [category-ranking-00000-xxx] has been
deployed and is serving 100 percent of traffic.
Service URL: https://category-ranking-xxxxxxxxxx-an.a.run.app
```

ビルドおよびデプロイに数分かかります. なお, ビルドされた docker イメージは Artifact Registry の cloud-run-source-deploy という名前のリポジトリに保存されるので, 必要であれば確認してください.

デプロイまで完了すると, 標準出力の最後に URL が表示されます. また Web コンソールからも確認できます (図3・14).

https://console.cloud.google.com/run/detail/asia-northeast1/category-ranking/metrics

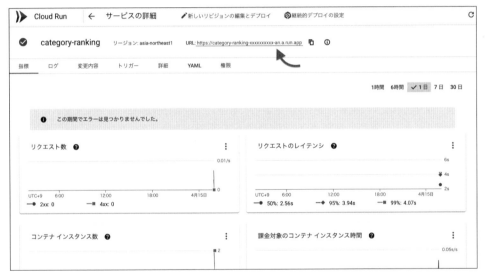

図3・14 Web コンソールでの Cloud Run の管理画面

取得した URL を使って Cloud Run 上の API を呼び出してみましょう.

```
$ curl -i --get \
    https://category-ranking-xxxxxxxxxx-an.a.run.app/ranking \
    --data-urlencode category_id=DIY 用品
```

次のような結果が返ってくれば成功です. レスポンスボディはローカルと同じですが, server ヘッダーなどヘッダーは異なっていることがわかると思います.

```
HTTP/2 200
content-type: application/json
x-cloud-trace-context: xxxxxxxxxxxxxxxxxxxxxxxxxxxxxxxx;o=1
date: Thu, 14 Apr 2022 16:49:54 GMT
server: Google Frontend
content-length: 111
```

```
alt-svc: h3=":443"; ma=2592000,h3-29=":443"; ma=2592000,h3-Q050=":443";
ma=2592000,h3-Q046=":443"; ma=2592000,h3-Q043=":443";
ma=2592000,quic=":443"; ma=2592000; v="46,43"

{"items":["008-000","008-002","008-004","008-030","008-010","008-034",⏎
"008-017","008-005","008-065","008-406"]}
```

3・4・6　ログを分析用データベースに連携

今回実装したAPIではアプリケーションログは特に出力していませんが，幸い Cloud Run を使っているのでアクセスログは出力されています．分析用途で使えるようにするため，これを BigQuery に連携していきたいと思います．

まずは実際に GCP の Web コンソールからアクセスログを確認してみましょう．Cloud Run の管理画面からも確認できますが，今回は Cloud Logging のログエクスプローラから確認します．

https://console.cloud.google.com/logs/query

この画面では，GCP の Cloud Logging に連携されたログをすべて閲覧できます．インフラレイヤーで自動で出力されるログ（監査ログなども含む）に加え，Cloud Run のようなマネージドサービスであればアプリケーションログも自動で連携され大変便利です．

UI に従って操作することで対象リソースなどを絞り込んでいくこともできますが，今回はクエリを入力して絞り込みます（図3・15）．① 画面右にある"クエリを表示"のトグルをオンにすると入力欄が表示されますので，② 下記のクエリを入力して ③ 画面右の"クエリを実行"をクリックしてください．

```
log_id("run.googleapis.com/requests")
```

図3・15　Cloud Console 上でログのクエリを行う

このクエリは，ログに含まれる logName というフィールドで絞り込みを行うというもので，これにより Cloud Run のアクセスログだけが表示されます．

現状では cetegory-ranking API のログのみが表示されていますが，今後，7章で別の API もデプロイを行った場合，そのアクセスログも表示されます．その場合でも resource.labels.service_name フィールドなどを見ることで，どの API のアクセスログなのかを判別することが可能です．

Cloud Logging のデータは（監査ログを除けば）デフォルトでは30日しか保持できません．また

Cloud Logging の UI は絞り込みを行ったり，ヒストグラムを表示したりなど単純な閲覧には最適ですが，高度な分析はできません．なので，必要なログは BigQuery に転送するよう設定するのがおすすめです．

　クエリ入力欄下の一番右にある"その他の操作▼"から"シンクの作成"を選択すると，ログルーティングシンク（Log routing sink）の作成画面が開くので，表示に従って入力を進めます（図3・16）．"① シンクの詳細"にはわかりやすい名称と，必要に応じて説明文を入力します．続いて"② シンクの宛先"ではサービスとして"BigQuery データセット"を選択し，"データセットを選択"から新しいデータセットを作成します．また"パーティション分割テーブルを使用"チェックボックスをオンにします．"③ シンクに含めるログの選択"には先程入力したクエリが指定されていることを

図 3・16　ログルーティングシンクの作成

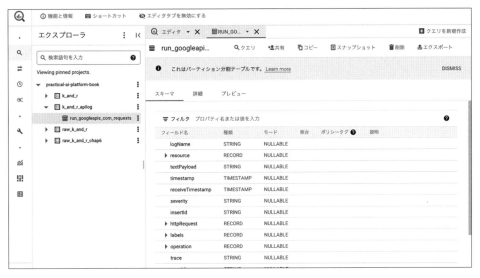

図 3・17　Web コンソールから BigQuery テーブルが作成されていることを確認する

確認します. "④ シンクに含めないログの選択" は省略して問題ありません.

　シンクの作成が完了してもすぐにテーブルが作成されるわけではありません. シンク作成後, 最初に保存すべきログが出力された時点でテーブルが作成されます (そのため, シンク作成以前に出力されたログは BigQuery には連携されないのでご注意ください).

　正しくテーブルが作成されることを確かめるため, category ranking API を何回か呼び出してみてください. しばらく待てば, BigQuery の UI からテーブルが作成されていることが確認できるかと思います (図 3・17).

3・4・7　ランキングの自動更新

　ここまでで, 与えられたカテゴリに対する売上ランキングを返す API が完成しました. 今後ランキングを更新したいときには, chapter3/job/main.py を再実行すれば更新できます. しかし, 毎日このルーティンを繰返すのは面倒なので, ここで自動化しておきましょう. やり方は §2・5・6と同様で, crontab コマンドを使用します.

　ターミナルで "crontab -e" と入力し, 起動したエディタで最後の行に次のように追加して保存してください. category_ranking テーブルの作成処理が 7 時 30 分に開始されるので, それより後に実行されるよう, このバッチは 8 時開始に設定します.

```
00 08 * * * poetry run python chapter3/job/main.py
```

　6 章で, このバッチ処理自体もクラウドで実行できるようにワークフローエンジンを作成します.

3・5　ま　と　め

　本章では, まずデータ施策における Web API の役割を説明しました. 次に, API を設計・実装するうえで重要な概念や注意すべき点を紹介しました. 最後に, ハンズオンでは, 商品カテゴリごとの売上ランキングを返す API の作成を通して, Cloud Firestore と Cloud Run を使った key-value 型 API の実装方法を紹介しました.

　本章で作成した API はとてもシンプルなものでしたが, このあと, 5 章で API の更新をクラウドで実行できるようにし, 7 章でより高度な API を開発します.

4

施策の実施と効果検証

本章の目的

施策を実施し，効果検証をすることで利益貢献につなげるためのプロセスを学びます．

本章の到達目標

- データ活用基盤を用いた施策実施の流れを把握する．
- 効果検証のためのリサーチ計画を立てる．（AB テスト設計，指標選定，本番反映までの意思決定，効果的な AB テストの実施）

4・1 はじめに

ここまでの章でデータを集積したり，API を作ったりしてきました．それらを実際にレコメンドなどのデータ活用を実施することによって，売上貢献に結び付けていきましょう．

本章では売上を作るための施策をどのように検討・実施すればよいか，また，施策を実施することで本当に売上貢献できているのかの検証方法について説明します．まず大枠の施策実施フローの説明から入り，徐々に詳細の説明へと移ります．その次に効果検証をどのように行うかを説明します．

EC サイトで商品をレコメンドするとしましょう．レコメンドしたからといって売上改善するかどうかはわかりません．施策をしていない先月に比べて売上が 10 ％上がったからといって，その 10 ％が施策効果だといえるでしょうか？ 単になんらかの時系列変化（たとえば先月に比べて今月は繁忙期なので売上が例年通り増えているだけなど）にすぎないかもしれません．では，どうすれば具体的に施策効果があるといえそうでしょうか？ 効果検証のアプローチとして**AB テスト**があります．AB テストはユーザーを施策実施したグループと施策実施しないグループに分け，グループ間の指標（売上や購入率など）を比較することで施策の効果検証を実現します．本書で扱うような API を利用した施策においては，AB テストが施策効果を検証するのに適したアプローチといえるでしょう[1]．まず，AB テストとは何か，次に，AB テストの実践について説明します[2]．

"データ活用基盤関係者，言い換えれば開発者も利用者も含めた全員が施策実施や効果検証について学ぶ必要がある"ということを心に留めて下さい．決して API 開発者や施策を推進するプロジェクトマネージャーだけが把握しておけばよいというものではありません．データ活用においてはデー

---

1) "統計的因果推論（統計解析スタンダード）"，岩崎学，朝倉書店（2015）．
2) 本書では概説に留めますが，AB テスト設計・実施に関する専門的な知識については "A/B テスト実践ガイド 真のデータドリブンへ至る信用できる実験とは"，Ron Kohavi ら著，大杉直也訳，KADOKAWA（2021）を参照してください．

タ活用基盤開発者と利用者が一致団結する必要があるからです．後ほど説明しますが"正しく AB テストが行われているか"，"AB テスト中に確認しておくべき指標が効果的に策定され，確認できる状況になっているか"，"効果検証するのに必要なログがとれているか"などの課題をクリアして初めて効果検証は意味をもちます．データ活用基盤が正しく有効活用されるための取組みを推進し，売上改善に寄与するよう取組んでいくと，より価値が高まります．データ活用基盤はいわばただのツールです．いかに良いツールが存在しても，有効活用されないと売上貢献につながりません．データ活用基盤を構築するだけではなく，データ活用基盤を通じて売上貢献する道のりを本章でお伝えできればと思います．

4・2　施策実施に関する全体のフロー

　この節ではデータ活用基盤を用いてレコメンドなどの施策を実施し，売上改善するフローについて学びます．施策実施フローは施策しだいで千差万別ですが，ここでは，データ活用基盤で API を用いてレコメンドを実施する際によくある施策実施フローを説明します．施策実施フローにおいてどのようなステップがあり，各ステップでどのようなタスクがあるのかを把握しましょう．特にモニタリング周りなどを準備しておかないと，施策実施中にトラブル(たとえばシステムトラブルや売上棄損，クレームの発生)時の対応がとれないため，事前に施策実施フローを計画しておくのがよいでしょう．具体的な施策実施フローは次の 10 ステップになります．

1. 課題整理
2. 解決アプローチ策定
3. 実験計画立案
4. 開　発
5. 事前検証
6. AB テスト開始
7. AB テスト中
8. 振り返り
9. 意思決定
10. 本番リリース

各ステップの具体的な中身を確認しましょう．

4・2・1　課 題 整 理

　データ活用とは，データを駆使した問題解決です．施策を実施するには"誰の，何を，いつ，どこで，どのように解決するか"が大切です．なぜレコメンドするのでしょう．それは誰かの何らかの課題を解決するためです．その際注意したいのは"レコメンド"は手段であって，目的ではないということです．何を解決するのかを明確にしましょう．また，その問題解決により売上などの経営的な指標改善につながるかを考えることも必要です．

　課題整理の仕方について簡単に説明します[3]．まず課題をリストアップし，次に分類・整理し，最後に優先順位をつけて対応していきます．優先順位をつけるのは難しく，さまざまな側面を検討しなくてはなりません．まずは大まかに優先度をつけ，徐々に優先度の解像度を上げていきましょう．初期の優先順位は基本的に売上へのインパクトで決定するとわかりやすいでしょう．売上へのインパクトを計算するには，売上を単価，購入数，購入者数，購入率，購入者セグメント，アイテムセグメントなどの指標に分解します．各課題はどの項目をどの程度解決する問題なのかを考えてみましょう．たとえばあるアイテムセグメントの販売数を 10 ％上げられる施策があったとして，そのアイテムセグメントが全体売上の 1 ％でしかないならば，売上に占める寄与は 0.1 ％にすぎません．項目ごとのボリュームや改善幅を計算して全体へのインパクトを出してください．

　整理の方法として，アイゼンハワーマトリックス（表 4・1）やペイオフマトリックス（表 4・2）

---

[3] 詳細な説明は問題解決系の書籍を参照ください．おすすめは"コンサル一年目が学ぶこと"大石哲之著，ディスカバー・トゥエンティワン（2014 年）などです．

を利用するのがおすすめです．これは何かを証明・説得するために利用するというより，各課題の認識をすり合わせるために利用するとよいでしょう．

表4・1　アイゼンハワーマトリックス

	緊急である	緊急ではない
重要である	**緊急かつ重要** すぐ実行すべき優先度が高いタスク	**緊急ではないが重要** 計画に盛り込んで対応するタスク
重要ではない	**緊急ではあるが重要ではない** 差し込みタスクなど．外注すること を視野に入れて対応するタスク	**緊急でも重要でもない** このタスクを除外する

表4・2　ペイオフマトリックス

	効果が高い	効果が低い
実現度が高い	**効果と実現度が高い** すぐ実行すべき優先度が高いタスク	**効果は低いが実現度は高い** 空きリソース利用や若手育成なども 兼ねて対応するタスク
実現度が低い	**効果は高いが実現度は低い** 計画に盛り込み，外注など用い柔軟 に対応するタスク	**効果も実現度も低い** このタスクを除外する

4・2・2　解決アプローチ策定

着手すべき課題をどのように解決するかを策定するのがこのステップです．課題を解決するアプローチはいろいろあります．たとえば"商品が多すぎて気に入った商品を見つけづらい"という課題に対して，"レコメンドする"以外にも"商品売上ランキングを表示して売れ筋商品をわかりやすくする"，"以前購入した商品を表示することで再購入しやすくする（以前購入した商品については見つけやすくなります）"などさまざまなアプローチがあります．数あるアプローチの中でどれを実施すればよいでしょうか．課題整理で行ったように，解決アプローチに対しても優先度をつけることが必要です．

解決アプローチの優先度づけとして，先ほどのペイオフマトリックスなどを使うのもよいのですが，さらに一段議論を掘り下げて，表4・3のような"意思決定マトリックス"を作成するとよいでしょう．ここでは各問題解決アプローチに対する収益性や緊急度，また，実現度やコストなどの項目から優先度を設定します（ほかに検討すべき項目があれば自由に追加・削除して構いません）．各項目に重み付けをしたうえで各アプローチの点数を付与し，優先度を決めていきましょう．これは意思決定の補助になるだけではなく，どのように意思決定するかを項目や重み付けとして可視化することで，認識をすり合わせしやすくなるというメリットもあります．

表4・3　意思決定マトリックス．項目，重み付けは協議しつつ決定

アプローチ	収益性（×3）	緊急度（×2）	実現度（×1）	コスト（×1）	合計点
商品売上ランキング	4	3	3	4	25
商品レコメンド	5	3	2	1	24
再購入促進	2	3	5	5	22
入荷通知	2	4	5	4	23
検索システム	4	3	1	1	20

4・2・3　実験計画立案

　後述する AB テストなどを行い，施策の効果検証を行う計画を立てることです．こちらについては後ほど詳細に説明します．このステップでは施策の実施承諾をサービスや事業責任者からとったり，場合によっては法務的な確認をする必要があったりします．ここではレコメンド時の法務的確認の例を説明します．商品をレコメンドする際 "これはあなたにおすすめの商品です！"，"これは人気 No.1 の商品です！" などの文言を付与することがあります．その際 "おすすめという文言は使ってよいが，人気 No.1 や売上 No.1 という文言を使ってよいのか"，"レコメンドするページで他の施策が同時並行で実施されていて，これからやろうとしている施策に支障をきたさないか" などの確認が必要です．関係各所と十分相談しておかないと，開発してから "そんな施策は実施できない" などとなったら開発費が無駄に終わってしまいます．施策実施前に確認しておいてください．

　また，ここでサンプルサイズの算出を行います．サンプルサイズの詳細は §4・3・6 で後述します．ここでは大まかに "検証のための十分なデータをとるためには何日くらい AB テスト期間を設ける必要があるだろうか？" を計算することだと考えてください．たとえば 1 日 1 万人程度訪問するサービスだとして，検証に必要なデータが 30 万人ならば，約 1 カ月ほど AB テストの実施期間が必要となります．"データをとるための AB テスト実施期間が 2 週間や 1 カ月程度の短期間ならばよいのですが，半年や 1 年以上必要になってしまう" ということがよくあります．状況によっては半年や 1 年かけてでも検証すべきことはありえますが，たいていのケースでは意思決定速度の実情にそぐわないでしょう．その場合，施策選定の見直しをすることも視野に入ってきます．手戻りを少なくできるよう，この時点で検証可能かどうか確認してください．

4・2・4　開　　発

　施策を実施するのに必要なデータや API を用意します．2，3 章で説明した内容がこちらに該当します．

4・2・5　事前検証

　API が正しく動作するか，画面上に正しく表示されるか，そもそも "正しく" とはどういう定義なのかを策定し，検証します．

　ここは重要で，AB テストで結果が振るわなかった場合，施策自体が良くなかった場合もありますが，なんらかのバグのために成果が出なくなることも往々にしてありえます．何が原因で問題が発生したのかを切り分け，事前に解決できるようにする必要があります．API のオフラインテスト[4] を実施して定量・定性の両面で出力を確認する，テストデータを用意する，表示結果を目検するなどが必要です．これは AB テストのたびに考えるというより，見るべき指標や目検手順をドキュメントにまとめ，フレームワーク化するといいでしょう．具体的なドキュメントについては §4・6・1 で説明します．

4・2・6　AB テスト開始

　AB テスト用の API をリリースする，また，AB テスト開始の社内共有をするなどの作業が必要です．後者ですが，事前に AB テストのスケジュールを共有さえすれば問題ないと思われるかもしれません．しかし，共有していても直接の関係者以外は記憶していないことがよくあります．そんな状態で AB テストが開始されたことを知らぬ同僚が "さっきまでと違う挙動をしている！" と障害報告をあげてくるかもしれません．AB テストを開始する際はその旨を共有しましょう．

---

　4) インターネットにつながずテストをするという意味ではなく，API の結果を AB テストなどでユーザーに表示するのではなく，開発者側で精度指標を確認したり，アウトプットを目視でチェックすること．

4・2・7　AB テスト中

　モニタリングして何か異常が発生してないかを確認します．異常が発生していれば，損害が大きくなる前に切り戻し・AB テストの中止をします．また，具体的に何がどうなれば，誰がどうやって中止するのかも策定しておかねばなりません．こちらも詳細は後の節で説明します．

4・2・8　振り返り

　AB テスト終了後，統計学的な検定や各種分析を行い，AB テストの結果について誤りの有無や統計的，ビジネス的に意味のある効果が出ているかを検証します．この検証には統計学を中心としたデータサイエンスの知識・スキルが必要となります．本書では概要のみ後述します．

4・2・9　意　思　決　定

　振り返りの結果を踏まえて，AB テストによる一時的なリリースではなく，通常利用されるシステムとしてリリースするか意思決定をします．すべての指標が改善されていれば問題ないですが，ある指標は改善されたが，ある指標は改善しなかった，あるいは指標は改善したが，思ったより運用負荷が高かったり，顧客からクレームがきりした施策をどうするかなど，検討すべきポイントが出てくることもあります．事前検証ですべての検討ポイントを洗い出せていることが望ましいのですが，どうしても漏れが発生しうることが実務ではあります．

4・2・10　本番リリース

　API をサービスの本番環境[5] に組込み，全ユーザーに API を提供[6] することを指します．リリース時のポイントはデプロイと運用についてです．いきなりリリースするとトラブルが発生するかもしれません．できればカナリアリリース（一部のユーザーから徐々に全体へ反映していくリリース方法）がおすすめです．リリースの最中も，いつでも切り戻し（実装前の状態に戻すこと）ができるよう注意してください．また，本番利用が始まった API は運用が発生します．API が利用不可能になってないか，パフォーマンスが低下していないかなど確認するところがあります．また，トラブルが発生したり，API のロジックを改善したりなども発生します．

　API を作り，AB テストするのは PoC 的に実施することも可能ですが，それを本番運用するときは運用タスクが発生すること，そのため，できれば専門の運用チームを構えることが必要だということを心がけてください．なぜなら，本番運用される API が増えてくると，徐々にチームの中で運用タスクが増えていき，最終的に日々の運用を回すだけで手一杯になり何も新規開発できないという事態に陥りがちだからです．

　このようなフローを経て施策を実施します．施策を実施するためのステップは数多く，関係各所との調整も付き物です．率直にいって大変です．ですが，"私はデータ基盤開発者であって，関係各所との調整などは責任範囲外である"というふるまいをしていると，有効な施策実施が困難になり，結果的に"データ基盤を開発運用しても利益が上がらない，ただのコストセンターになるので，撤退しよう"となりがちです．そうならないよう，施策を実施し，売上改善に努め，価値を認められて楽しくデータ基盤を充実できるようにしていきましょう．

---

　5) 本番環境はユーザーが利用する環境です．本番環境以外にはテスト環境，ステージング環境という概念があります．テスト環境は開発者がテストする環境，ステージング環境は本番環境と同等の環境を構築しておきつつ，そこで問題がないか確認する環境です．ステージング環境で問題がなければ初めて本番環境にリリースします．
　6) AB テスト時は施策グループのユーザーにのみ提供していたことに注意してください．

4・3　ABテストのリサーチ設計

4・3・1　ABテストとは

　効果検証の代表的なアプローチとして AB テストがあります（図 4・1）. AB テストとは，施策を実施するグループと実施しないグループ[7]に分けて，施策の有無以外の面（たとえばグループごとのユーザーの年代構成や新規ユーザー比率など）を同一にしたうえで，売上などの指標を比較することにより，施策効果を測定するアプローチです. このように比較することによって施策グループが非施策グループより売上が改善したら施策効果があるとみなせます. なぜなら，施策の有無以外はグループ間に差異がないため，グループ間で指標に差があるならば，その発生要因が施策にあるからと考えられるためです. AB テスト以外で効果検証をしようとすれば，たとえば "施策実施前の先月より施策を実施した今月の方が売上が 10％改善しました" というアプローチも考えられます. しかし，これに対しては "たまたま今月は売行きがいい時期なのではないか" という意見に根拠をもって反論しづらくなってしまいます. この時系列のアプローチより AB テストの方が施策効果を明確にいえそうですね. なぜなら，時系列アプローチでは施策の有無の比較を違った時期に行ってますが，AB テストの場合は時期まで統一しているからです. 施策の有無以外の側面を統一することによって，指標の差異を施策効果のみに紐づけることができます. そのため，AB テストは効果検証のゴールデンアプローチといえるでしょう.

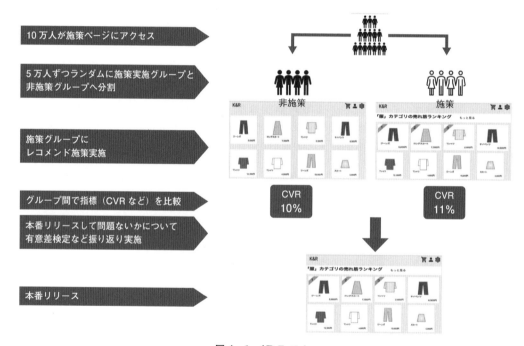

図 4・1　AB テスト

　では，AB テストさえ行えば正しく効果検証できるのでしょうか？　実は AB テストを正しく実施することは難しく，さまざまな落とし穴があります. この落とし穴は多岐にわたるため，ケースバイケースで対応するというよりも，AB テストの原理原則を学ぶことが大切です. まずはイメージをもつため，

---

7) 施策を実施しないグループのことを統制群（またはコントロールグループ），施策を実施するグループのことを実験群（またはテストグループ）などとよぶことがあります. よび方は分野により多岐にわたることと，あまり耳慣れない用語だと思われますので，本書では施策グループ・非施策グループなどとよぶことにします.

ここではよくあるABテストの失敗例を一つ紹介します．たとえば，ECサイトで"以前の購入履歴に基づいて商品をレコメンドする"という施策を実施するとしましょう（これは実際に筆者が見た施策例でもあります）．Aグループには施策を実施せず，Bグループでは施策を実施した結果，Bグループの売上はAグループの20％増になったとします．おめでとう，施策大成功ですね！でも，そうではありません．Aグループは購入履歴のない新規ユーザー，Bグループは購入履歴がある既存ユーザーでグルーピングされていました．なぜそのようなグルーピングをしたかというと"購入履歴に基づいてレコメンドするので，購入履歴をもっていないユーザーにはレコメンドできないため"という返答でした．しかし，その後の調査で，そもそも購入履歴をもった新規ユーザーグループは購入履歴がない既存ユーザーグループより売上が20％高いことが明らかになりました．つまり，グループ間の売上の差は"施策効果"ではなく"グループの性質の差"でしかなかったのです．

　これはわかりやすい例でしたが，ABテストは取扱いを間違えると正しい効果検証ができなくなってしまいます．このように，適切に施策の効果検証をするためには，気をつけないといけないポイントがあります．本節ではその各ポイントについて説明します[8]．

4・3・2　ランダム化比較試験（RCT）

　ABテストの基本的なコンセプトは"施策の有無以外は同質のグループを比較することによって，施策効果を検証する"ということです．そのため，施策効果以外は同質であることが求められます．比較するグループ間で"男性・女性"，"大人・子供"，"既存・新規"のように性質が異なる分け方をしたうえで施策効果を検証しようとすると，指標が改善したように見えても，それが性質の差なのか，施策の効果なのか見分けがつけられません．比較するグループが同質になるようランダムにサンプル（ABテストの場合はサンプル＝ユーザーとすることが多い）をとってきてテストするという概念をRCT（Randomized Controlled Trial，ランダム化比較試験）といいます．この概念はABテストの基礎なので，覚えておいてください．

　RCTの実例としては，たとえばユーザーIDやユーザーの訪問順に対し，その値が偶数か奇数かでグループ番号を割り当てる，あるいはユーザーに対してランダムでグループ番号を割り振るなどを行います．当然1ユーザーごとに年代やサービス利用回数などさまざまな要素は異なりますが，たくさんのユーザーをランダムにグループにまとめることによって，グループ間で比較すると，施策グループも非施策グループもほぼ同じ年代構成やサービス利用回数になることが統計的に期待されます．このように，ランダムにたくさんのユーザーをグループとしてまとめて比較することにより，施策有無グループ間の差を施策効果として捉えることができます．ここで，グルーピングがランダムでない場合，たとえばAグループは20歳代以下，Bグループは30歳代以上など恣意的なグルーピングを行った場合，グループ間の指標の差が施策起因なのか，年代起因なのか区別がつかなくなってしまうことに注意してください．

4・3・3　AAテスト

　ABテストが実際にRCTになっているかを確認するために行われるテストです．RCTにしているつもりが，実際はRCTになっていないケースは多々あります．もしもRCTになっているのであれば，統計的には各グループの指標は大体同じ範囲に収まるはずです．ところが，実際問題としてさまざまな理由によりAAテストが失敗（グループ間で大幅に指標が異なること）してしまうことがよくあります．それは，適切なグループの振り分けがシステム的にできていなかったり（システム要因），実

8）以下も参照してください．
　Guidelines for A/B Testing. https://hookedondata.org/guidelines-for-ab-testing/
　Statistical Guidelines - Psychonomic Society. https://www.psychonomic.org/page/statisticalguidelines

はグループが同質ではなかったり（グループ分け要因），指標が大きくぶれたり（指標要因[9]）するためです．

　AAテストの方法は，まずグループをRCTになるように設計し，どのグループも施策を行わない状態で各種指標を一定期間確認するというアプローチをとります．そしてグループ間で後述する有意差判定を行い，有意に値が異ならないかをチェックしましょう．もしAAテストが失敗してしまったら，前述の三つの観点から何か誤りがないか確認してみましょう．もしAAテストが失敗し続けるようであれば，それはABテストの信頼性が担保できないため，ABテストを実施すべきではありません．

4・3・4 検　　定

　適切なABテストを設計することで，施策効果を算出することができました．その結果，施策ありグループは1％の利益増をもたらしました．おめでとうございます，施策成功ですね！ しかし，これにはまだ懸念があります．"1％程度の利益増は，偶然の範囲内ではないだろうか？ 日々利益は上下しており，その上下のばらつきの範囲内であって，今回利益が上がったのも，施策効果ではなく，たまたまではないだろうか？"といわれた場合，反論しづらいですね．このとき"過去のデータを参考にしたところ，今回のABテストで出たほどの大きなグループ間での利益差が出てくるとは非常に考えづらいので，これはたまたまではなく，施策効果と考えるのが妥当ではないだろうか"といえるような水準を見出だすことができれば解決できそうです．これを実現するアプローチを（統計的仮説）**検定**，施策効果と考えられるほど統計的に意味の有る差のことを**有意差**といいます．何をもって有意差とみなすかですが，ここでは検定を行うときに算出される **p値** という指標を利用します．p値はざっくり説明すると"たまたま指標の差が出たとみせる確率"を意味します[10]．具体例でいうと，"施策グループは非施策グループと比べると，利益が1％向上するという差が出た．これがたまたま出た差なのか，それとも有意差なのか効果検証として検定を行ったら，p値が30％であった"とは"利益1％増は30％程度の確率でたまたま実現することもある"ということです．こう聞くと"30％という比較的高い確率でたまたま利益1％増するなら，この利益1％増は施策効果ではなく，たまたまなのではないだろうか？"という疑念がつきまといます．逆にp値が1％であれば"利益1％増がたまたま発生する確率は1％しかない．1％しかないということは，めったに発生しないということなので，この利益1％増はたまたまではなく，施策効果といってよいのではないだろう"というように考えられるでしょう．

　このように，ABテストでは検定を行い，p値を確認することで，有意差があるかどうかを判定し"たまたま出た差"なのか"施策効果といえる大きな差なのか"を分けて考えます．ここではABテストでよく使われる手法とコード[11]について簡単に取上げます．

表4・4　ABテストでよく使われる手法

検定アプローチ	対　　象	手法名
比率の差の検定	CVRやCTR, 離脱率などの比率指標	カイ二乗検定
平均値の差の検定	顧客平均単価や滞在時間などの平均値指標	（ウェルチの）t検定

---

9) 指標がばらつきやすいために発生します．後述する §4・4・2 で説明します．

10) このあたりの正確な理解については"伝えるための心理統計：効果量・信頼区間・検定力"，大久保街亜ほか著，勁草書房（2012）"などの専門的な統計学の書籍を参照してください．ここではあくまでABテストという文脈に限って，"検定でやりたいことは何か"を専門用語を可能な限り排除した説明となっています．統計学的には一部誤解のある表現をとっていることをご了承ください．

11) なお，本書では基本的にプログラミング言語としてPythonを扱いますが，統計解析ではR言語がよく使われるため，この節ではRのコードも併記します．また，Rをわざわざここで取上げるもう一つの理由として，今後検定の書籍を探そうとしたときにR言語を使用した書籍が多いため，独学しやすいからです．

カイ二乗検定でp値を出力するコード

Python

```
from scipy.stats import chi2_contingency
data = [[1000, 9000], [1100, 8900]] # 各グループ１万サンプルあり，CVR が [10％,
11％] の場合のデータという想定
x2, p, dof, expected = chi2_contingency(data, correction=False)
print("p 値", p)
# >  p 値 0.021075189273797777
```

R

```
data <- matrix(c(1000, 9000, 1100, 8900),nrow=2,byrow=T)
chisq.test(data, correct=F)$p.value
# > 0.02107519
```

t検定でp値を出力するコード（x, y はサンプルデータ）

Python

```
from scipy import stats
x = [ 9506.81239076,  9543.49300606,  9373.64647348,  9446.27268123,
      9241.53000256,  9599.20309383, 11692.26263966, 10209.00472529,
     11336.01008177, 10167.69070578]
y = [12448.10807173, 10630.99778895, 10280.47651178, 10017.43492277,
     10484.59787558, 10160.36617504, 10086.7048004 , 11938.7969982 ,
     11125.41159783, 11079.9716261 ]

stats.ttest_ind(x, y, equal_var = False).pvalue
# > 0.04417823310471852
```

R

```
x = c(9506.81239076,  9543.49300606,  9373.64647348,  9446.27268123,
      9241.53000256,  9599.20309383, 11692.26263966, 10209.00472529,
     11336.01008177, 10167.69070578)

y = c(12448.10807173, 10630.99778895, 10280.47651178, 10017.43492277,
     10484.59787558, 10160.36617504, 10086.7048004 , 11938.7969982 ,
     11125.41159783, 11079.9716261 )

t.test(x, y, var.equal = FALSE)$p.value
# > 0.04417823
```

4・3・5　有意水準と検出力

　有意水準は "p値がどの程度以下であれば有意差があるか，言い換えると施策効果があったとみなすのか" という取り決めの水準です．有意水準は高いほど有意差が出やすく（判定が緩い），低いほど有意差が出づらい（判定が厳しい）と捉えることができます．もう少し説明すると，有意水準が高い（たとえば10％）と "施策を実施したときの指標改善が，たまたま出たものと施策効果によるものを取り違えてしまう懸念" が高くなり，逆に有意水準が低い（たとえば1％）と "施策を実施したときの指標改善が，たまたま出たものと施策効果によるものを取り違えてしまう懸念" は低くなりま

す．これだけ聞くと“では有意水準はとにかく低く設定した方がよいのではないか”と考えるかもしれません．一方で，有意水準にはトレードオフの関係が生じます．確かに有意水準を低く設定すると，“本来は施策効果がないのに，誤って施策効果があるとみなしてしまう”ケースを除外しやすくなります．それと同時に“本当は施策効果があったにも関わらず，指標改善はたまたま出た差でしかない”とみなしてしまうケースも増えてしまいます．また，有意水準を低く設定すると，サンプルサイズ（後述）を多く設定する必要があります．つまり，有意水準をあまりに低く（厳しく）設定してしまうと，“施策効果が認められづらくなる＋大きなサンプルサイズが必要になる”という問題も出てきてしまいます．そのため，状況に応じて適切な有意水準を設定することが必要です．具体的な有意水準の設定として，特にWebサービスのABテストでよく用いられるのは1〜10％程度です．この値は統計学というよりも実務的な許容範囲の話なので“基本は5％と設定．ただし，このABテストは慎重にいきたいので1％，あのABテストはチャレンジ優先のため10％でいこう”などと取り決めるとよいでしょう．

　有意水準の設定で重要なポイントは“事前に取り決める”ことです．結果を見てから有意水準を設定するのであれば，後出しで思うがままに有意差を出せてしまう懸念があります．“検定の結果，p値が8％と出た．有意水準を5％としたら有意差が出ない．有意差が出ないと施策は効果がなかったとみなされてしまう．なので有意水準を10％と設定しよう”といったふるまいが可能になってしまいます．これを**pハッキング**とよびます．pハッキングが行われてしまうと正しい意思決定ができなくなる（極論すれば，いかようにでも施策効果があったといえてしまう）ので，そうならないよう事前に有意水準を取り決めておきましょう．

　検出力は有意差があるときに正しくそれを検出できる確率のことです．これが低いと，本来は有意差があるはずの施策を“効果なし”と誤解してしまう危険性があります．検出力は慣習的に80％で設定されることがほとんどです．検出力も有意水準と同じようなトレードオフの関係性があるため，特に強い理由がない限り，検出力は80％固定設定にするとよいでしょう．

4・3・6　サンプルサイズ

　サンプルサイズとは，ABテストをする際に必要なサンプルデータのボリューム（ABの場合，施策対象のユーザー数など）のことです．あまりに少なすぎるサンプルサイズで意思決定するのは“たまたま”に左右されてしまう部分が多くなってしまい危険です．コインを1万回投げて裏表が5千回ずつ出たなら歪みのないコインだと信頼できそうですが，2回投げて1回ずつ裏表が出たから歪みがないかといわれると，信頼しづらいでしょう．そのため，検定を行うには十分なサンプルサイズが必要になってきます．サンプルサイズは状況しだいで適切な値が変わります．サンプルサイズが変わる一因として有意水準があります．基本的に，有意水準が低いとサンプルサイズは多く，有意水準が高いとサンプルサイズは小さくなる傾向があります．なぜなら，有意水準が低いとは，誤った意思決定（たまたま出た差を有意差だといわないようにする）をしないように慎重な態度をとるということで，そのためにはできるだけ多くのサンプルが必要になるからです．

　“では具体的に何回コインを投げればよいか？”というサンプルサイズへの疑問が湧いてくると思います．それは統計学的な手法で算出することができます．ここではサンプルサイズを簡易的な求め方を説明します．また，ABテストではCVRやCTRなど比率の差の検定を行うことが多いため，ここではそちらのみを取上げます．

　まず，統計解析に便利なRというプログラミング言語を用いてサンプルサイズを求める方法を簡単に紹介[12]し，次に手計算で求められる方法について説明します．有意水準5％，検出力80％，非

---

12) Rそのものについての詳しい解説は省きます．sig.levelに有意水準を，powerに検出力を，p_1かp_2（どちらでも構いません）に施策グループ・非施策グループのCVRなど比率の値を入れてください．

施策グループの CVR が 10 ％で施策グループの CVR が 11 ％を目指すとします．その場合のサンプルサイズは R を使うと次のコマンドで求められます．

```
power.prop.test(p1 = 0.1, p2 = 0.11, sig.level = 0.05, power = 0.8)$n
# > 14750.79
```

これは各グループ約 14,750 ずつのサンプル（ユーザー単位の AB テストの場合，ユニークユーザー数のこと）が必要だということを表しています．これで R を用いて必要なサンプルサイズを計算する方法がわかりました．次に，サンプルサイズを大ざっぱに簡易に求める方法を学びましょう[13]．以下の式に具体的な数字を当てはめて手で計算するだけです．この方法で，よくある有意水準 5 ％，検出力 80 ％でのサンプルサイズを大まかに求めることができます．

$$p = \frac{p_1 + p_2}{2}$$

$$n = 16\frac{p(1 - p)}{(p_1 - p_2)^2}$$

先ほどと同じ設定，つまり，$p_1 = 0.11$，$p_2 = 0.10$ とした場合，$n = 15{,}036$ と求められます（n はサンプルサイズ）．R や Python を用いて精緻にサンプルサイズを算出してもよいのですが，大まかにこのような計算で即座に見積もれることを頭の片隅に置いてもらえればと思います．

ここからは筆者の知見について語ります．Web での AB テストに関しては，サンプルサイズはあくまで大まかに求めればよいでしょう．理由は大きく二つあり，一つは AB テストをする場合は週次や月次単位などの荒い粒度で実行することが多いからです．また，たとえば "AB テストには 14 万サンプル必要で，1 日平均 1 万 UU[14] が訪問するので 2 週間程度 AB テストを実施すればよいだろう" と設定しても，2 週間できっちり 14 万 UU の訪問があるかは時期によってぶれるでしょう．理由の二つ目として（これが何より重要なのですが）サンプルサイズの細かい計算よりも，RCT になっているかや §4・5 などで説明する季節性などの方が検証により大きな，というよりも比較できないほどの大きな影響を与えます．サンプルサイズの算出や検定の細かいところよりもリサーチ設計について注意してください．

ただ，サンプルサイズが設定しだいでどの程度膨らむのかについて，概観をつかんでおくのは今後リサーチ設計するのに役立ちます．そこで，サンプルサイズの早見表を掲載しておきます（表 4・5）．表の見方ですが，各 CVR，CVR リフト，有意水準は％を表します．CVR リフトとは "施策グループの（想定）CVR/ 非施策グループの CVR" で算出した値です．サンプルサイズは 1 グループごとの値です．この早見表を見ればわかることがいくつかあります．

1. もともとの CVR（非施策グループの CVR）が大きいほどサンプルサイズは少なくて済む．
2. CVR リフトが大きいほどサンプルサイズは少なくて済む．
3. 有意水準が大きい（緩い）ほどサンプルサイズは少なくて済む．
4. 比較すると，CVR や有意水準よりも，CVR リフトの大きさこそがサンプルサイズの大きさを左右する．

設定が変わるだけで，必要なサンプルサイズが最小 5 千程度から最大 300 万まで膨れ上がっていることを確認してください．この数字感覚（細かな数字を覚えてほしいわけではなく，"CVR リフトが見込めない施策は，サンプルサイズ的に検証が困難" 程度の把握で十分です）をもっておくと，サン

---

13) "幾つデータが必要か？―比率の差の検定 | ブログ | 統計 WEB"，https://bellcurve.jp/statistics/blog/14312.html
14) ユニークユーザー数．§4・4・3 で説明．正味ユーザー数（1 人で何度訪問しようとも UU ＝ 1 とカウントする方式の数）のこと．

プルサイズ的にすぐ検証できそうな施策なのかそうでないのかの目星がつけられるので，施策選定時にも役立つでしょう．

表4・5　サンプルサイズの早見表

非施策グループ CVR	施策グループ CVR	CVR リフト	有意水準	サンプルサイズ
5 %	5.5 %	10 %	1 %	46,500
10 %	11 %	10 %	1 %	22,000
20 %	22 %	10 %	1 %	9,700
5 %	5.5 %	10 %	5 %	31,200
10 %	11 %	10 %	5 %	14,750
20 %	22 %	10 %	5 %	6,500
5 %	5.5 %	10 %	10 %	24,600
10 %	11 %	10 %	10 %	11,600
20 %	22 %	10 %	10 %	5,130
5 %	5.25 %	5 %	5 %	122,000
10 %	10.5 %	5 %	5 %	58,000
20 %	21 %	5 %	5 %	26,000
5 %	5.05 %	1 %	5 %	3,000,000
10 %	10.1 %	1 %	5 %	1,420,000
20 %	20.2 %	1 %	5 %	630,000

4・4　指　標

ABテストでは指標の選定が大切です．不適切な指標で有意差を出しても利益や事業成長につながりません．どのような指標があり，施策に応じて何を選択すべきかを説明します．

4・4・1　指標の種類[15]

ABテストで見るべき指標は多岐にわたります．ではそのすべてを見ればよいのでしょうか．また，ある指標は改善したが，ある指標は悪化したという場合，結局施策は成功したのか，失敗したのかどう判断すればよいでしょうか．その疑問に対応するため，p.77 の脚注2) を参考に，ここでは指標を以下の三つに分類し，各々の役割を解説します．

1. ゴール指標：改善を期待する指標．有意差判定をするための指標．売上など
2. ガードレール指標：毀損しないか確認するための指標．離脱率など
3. ドライバー指標：中間指標．ABテストが意図通り動いているか確認するためのもの．先行指標など，ゴール指標より鋭敏に動く指標を設定することが多い．

なぜこのような指標の役割分担が必要なのでしょうか．一見，ABテストに必要なのは売上に直結するようなゴール指標だけに思えます．しかし，"全体売上は改善したが，内訳を見てみると，購入履歴がある既存ユーザーの売上は向上したものの，購入履歴のない新規ユーザーの売上は低下している"というケースは，果たして施策が成功したといえるでしょうか．しばらくはよいかもしれませんが，数年後には全体売上が低下してしまうかもしれません．また，売上が改善しても，顧客平均単価や継続利用率などの指標が低下しているケースでも施策が成功しているといっていいか悩ましいところです．このように"毀損していると，たとえゴール指標が改善していたとしても，施策成功といっ

---

15) https://speakerdeck.com/shyaginuma/btesutobiao-zhun-hua-hefalsequ-rizu-mi
https://tech.every.tv/entry/2021/08/10/120000 [A/B テストにおける評価指標選定の話 - every Engineering Blog]

てよいか議論がある指標" を見つけることができれば，表面的かつ短期的な売上改善ではなく，より本質的な売上改善につなげることができるでしょう．その役目として設定するのがガードレール指標です．

また，"ゴール指標で売上が改善しなかったからこの施策は失敗である" と直ちに結論づけてよいでしょうか．レコメンド施策を実施したところ，売上は改善しなかったが "商品クリック率や離脱率（そのページから何もせずにサイトを離脱してしまった人の率）などのドライバー指標が改善した" 場合，"レコメンドによる売上改善に直接はつながらなかったが，レコメンド機能を利用（レコメンドされた商品をクリックするなど）されている" ことが把握できます．ここから "今回売上は改善しなかったが，レコメンド枠を設置するのは効果がありそう．問題はレコメンドのアルゴリズムかもしれない" と課題を見つけやすくなります．逆に商品クリック率が改善されなかったり，レコメンド枠のアイテムが全くクリックされなかったりするのであれば "レコメンド枠を設置しても効果がなさそう．レコメンドアルゴリズム以外の部分をまず見直すか" という検討ができます．

このように，AB テストではゴール指標だけではなく，ガードレール指標・ドライバー指標を設定し，確認することで適切な効果検証・意思決定が可能になります．AB テストで利用しようとしている指標がどの指標分類に当てはまるのか，逆に各指標分類に不足している指標がないかを確認してください．

4・4・2　良い指標

指標にはいろいろな種類があることを説明しました．では具体的に AB テストで用いる指標を策定していきましょう．指標には良し悪しがあり，何でも見ればよいというものではありません．たとえば，PV（ページビュー．対象ページが何回閲覧されたか）という指標を考えてみましょう．ゴール指標を PV と置いた施策をした結果，見事 PV が 30％改善しました．施策成功ですね！ しかし実際の施策内容を見てみると "今まで 1 ページで確認できていた情報を 2 ページに切り分ける" というものでした．これに何の価値があるでしょうか[16]．このように，売上やユーザー体験を向上させるのではなく，AB テストに勝つためだけに指標を改善するようなふるまいを**指標ハック**といいます．ハックは常に悪意をもって実施されるわけではありません．目標売上の達成のために苦肉の策で生み出した施策が，熟慮が足りずたまたま発生してしまうこともよくあります[17]．指標ハックをしていないか，事前に施策内容をレビューするのも大切ですが，レビューだけでハックを指摘することが難しいケースもあります．このようなハックに陥らないよう，そもそもハックしづらい，売上貢献やユーザー価値向上につながる適切な指標を選定しましょう．

では，どのような指標が適切でしょうか．適切な指標であるためには，次のような性質を満たすことが期待されます．

1. シンプルであること
2. 利益につながっていること
3. 施策につながっていること

まず，1 番目として指標はシンプルであるべきです．複雑な指標になると，そこに誤解や複数の変動要因が紛れ込んでしまう余地を生んでしまいます．もし複雑な指標になった場合，その要素を分解して計測できないか考えてみましょう．

---

16) ただし "1 ページがどうしてもデータの転送量が多すぎたため，重要情報を 1 ページに，2 ページ目に重たい画像データなどの補足情報を切り分けた" などの事情がある場合もありえます．施策や指標の良し悪しはそのような背景情報も踏まえるとよいでしょう．

17) ハックというと悪意ある行動という印象をもたれがちですが，そもそも効率の良い施策を考えると悪意なくハックに抵触してしまうことは往々にしてあります．個人の善意や悪意だけに頼るのではなく，フレームワークとして適切な効果検証を担保することが本書の本意です．

　2番目に，その指標が利益（経営のステージ的に利益以外の指標を利用している場合はそれで構いません）につながっているかを確認してください．利益につながっていないわけではないものの，その指標を改善しても利益に与える影響がほぼないケースもあるので注意してください．顧客満足度を上げるなど，利益に直接的にはつながらないが改善したい指標をモニタリングするケースもありえますが，その場合は優先順位としてその意思決定で本当に良いのかを確認してください．

　3番目として，施策とつながりがある指標かを確認してください．施策とつながりのない指標を見ても施策評価できません．その施策でなぜその指標が影響を受けるのか，逆に，この施策である指標が影響を受けないかを整理してみてください．たとえば "ユーザーが購入しそうな商品をおすすめするようなレコメンド施策を行うことによって，顧客が商品を購入する確率が高くなる" は想定できるつながりです．ただし，このレコメンド施策では顧客単価がどうなるかはわかりません．もしかすると顧客単価が下がり，購入確率の上昇に伴う売上増加よりも顧客単価低下による売上減少の方が大きい可能性もありえます．今回の施策で直接影響を与えるべき指標と，もしかすると影響があるかもしれない指標，影響を与えないであろう指標を想定してモニタリングしましょう．

4・4・3　具体的な指標一覧

　これまで指標の分類・性質という抽象的な側面について説明してきました．ここでは AB テストでよく利用される具体的な指標について説明します（表4・6）．なお，AB テストに限らぬ網羅的な指標の詳細については "データ解析の実務プロセス入門，あんちべ著，森北出版（2015）" の5章運用を参照してください．

表4・6　具体的な指標

指　標	説　明
CVR （Conversion Rate）	コンバージョンされる率．ゴール指標としてよく利用されます．コンバージョンが何をさすかは定義しだいですが，通常は商品購入やサブスクリプションサービスの契約など，基本的にそのページの最終的なゴールとなるアクションをさします．たとえば問い合わせフォームであれば "問い合わせの発生" がコンバージョンになることもあります．
	CVR は "コンバージョン人数/（そのページや機能を利用した）ユーザー数" で算出されることがよくあります．ただし，この定義では1人で何度もコンバージョンすることを捉えきれないことに留意してください．それも良し悪しがあり，1人で何度もコンバージョンする大口顧客が AB テストのグループに入ったときもその影響を軽減することができるというメリットもあります．コンバージョン人数の1人当たりコンバージョン回数が捉えられないというデメリットのため，CVR の定義を "コンバージョン回数/ユーザー数" と置くこともありますが，その場合 CVR が 100％ を超えることがあることに注意してください．また，ユーザー登録などがなくセッション単位で AB テストする場合などは "コンバージョンセッション数/セッション数" とすることもあります．
	注意点：CVR が向上しても顧客平均単価が下がることで総売上は減少することがありえます．顧客平均単価も併せて確認するようにしてください．たとえば "AB テストにおいて，CVR は有意差ありで向上，顧客平均単価については有意差なしの低下であれば，その施策は本番リリースする" などの意思決定を AB テストの前に策定しましょう．
顧客平均単価	顧客1人当たりの単価．"売上/総ユーザー数" で算出します．
	注意点：CVR の項で説明したものと逆になります．顧客平均単価が向上しても CVR が低下することで総売上としては減少する可能性があります．
CTR （Click Through Rate）	クリック率．クリックしたユーザー数/総ユーザー数で算出されることがよくあります．CTR はページ遷移をしたかや新機能が利用されているかなどの確認に使われることが多く，ドライバー指標として設置するとよいでしょう．
	ドライバー指標としての利用法：たとえばレコメンド機能（商品一覧ページに設置されたおすすめ商品を表示する機能で，クリックするとレコメンド商品の詳細説明・購入ページに飛ぶものを想定）のゴール指標（CVR など）がいまいち奮わない際，それ

（表 4・6 つづき）

CTR（つづき）	はそのレコメンド機能にコンバージョン力がないのか，それともそもそもそのレコメンド機能が利用されてないのかを CTR から確認することができます．レコメンドの CTR が高いのに CVR が奮わない場合は "おすすめされた商品を見に行ってはいるが，いまいち購入に至らない" という状況なので，レコメンド機能のおすすめ商品選定ロジックを見直してみるという改善策を検討するのがよいでしょう．逆に，レコメンド機能の CTR が低い場合は，そもそもそのレコメンド機能がユーザーの目に止まってない，あるいはおすすめ商品表示の時点でユーザーの購買意欲を高められてないことを示しています．この場合は，レコメンド機能のおすすめ商品選定ロジックだけではなく，レコメンド機能の設置場所や UI の見直しも含めて検討するとよいでしょう．
PV （Page View）	ページビュー．ユーザーがページに訪問した回数のことです． 注意点：たくさんのユーザーが数度訪問したのか，同一ユーザーが何度も同じページに訪問したのかの区別がつかないことです． おもにドライバー指標として用いられます．例として，レコメンド機能を設置することで，ユーザーに無駄なサイト内回遊の手間をとらせることなく目当ての商品に直行させることができたかの確認に用いるなどです． AB テストで PV をゴール指標として設定することは少ないと考えられますが，たとえば PV に連動して広告費用が決まるケースなどではゴール指標として用いられることもあります．
UU （Unique Users）	ユニークユーザー．ページに訪問したユーザー数のことです． PV の場合は 1 人で 10 回アクセスしたら 10PV になりますが，UU ではあくまで 1UU とカウントします． おもにドライバー指標として用いられます．PV と似た使い方をされますが，1 人で何度も訪問するケースの訪問回数を検討したいかどうかで使い分けます．PV より安定した指標になります．
CV （Conversion）	コンバージョン数．AB テストの場合，グループごとのユーザー数が厳密に同一であることは少ないため，CV を直接比較するより CVR などで検証した方がよいでしょう．
離脱率・直帰率	離脱率・直帰率はページ単位で離脱（そのページへの訪問を最後として，計測中そのサービスの他のページへ二度と再訪問しないこと）する率のことです． 離脱率は "そのページから離脱したユーザー数/そのページに訪問したユーザー数"，直帰率は "そのページから離脱したユーザー数/そのページに直接訪問（サービス内の画面遷移ではなく，Google 検索などからの訪問のこと）したユーザー数" として算出されます． 離脱率・直帰率はガードレール指標として用いるとよいでしょう．レコメンド機能など新機能を画面に設けると，1 画面当たりの情報量が増えて煩雑・複雑な印象を与えてしまい，離脱率・直帰率が悪化してしまうことがあります．また，"あなたにおすすめの商品です！" として表示された商品群が自分の好みとあまりに乖離しているという理由で幻滅されてしまうこともあります．"CVR は改善したが離脱率が悪化してしまった" 場合，長期的な影響を考慮してリリースを見送るケースも想定されます．
クレーム回数	ガードレール指標として用います．レコメンド機能を設けることで "おすすめされた商品が自分にあわなかった"，"レコメンド機能に何か問題があった" などでクレームがくることがあります．レコメンド機能を設置することで CVR などが改善してもクレーム回数などのガードレール指標に悪影響を与えるのであれば，長期的な影響を考慮してリリースを見送るケースも想定されます．

4・5　AB テストの実践的な tips

4 章のここまでで施策実施と効果検証について学んできました．この節では AB テストの実践的な tips として，よくある落とし穴とその対処法を紹介します．

4・5・1　UI（User Interface）変更とレコメンドロジック変更を同時にするときは，効果を分離できるようにする

どちらの効果なのかの切り分けがしづらくなってしまいます．UI 起因の指標とレコメンドロジック起因の指標を分けてモニタリングしましょう．また，施策グループを

1. 施策をしない．
2. UI だけ変化させる．

3. レコメンドロジックだけ変化させる.

4. UI とレコメンドロジック両方を変化させる.

ことで, 各要因を切り分けたり, UI とアルゴリズムの相乗効果を計測したりすることもできます.

4・5・2　計測単位の違い（impression, セッション, cookie, ID）

　計測単位が異なると指標の挙動や水準が大きく異なるケースがありえます. レコメンド施策では多くの場合ユーザーが計測単位になるでしょう. しかしユーザーごとの計測単位と一口に言っても, 大まかに分けると impression, session, cookie, ID の 4 種類があります.

　impression はユーザーを識別せずに計測する方法です.

　session はおもに Web サーバーが発行するセッション ID を用いてユーザーを識別する方式です. ただし, ユーザーがそのサービスに対して 30 分以上アクセスしないとセッションは途切れてしまい,

---

● コラム 4・1　モニタリング ●

　AB テストの指標は終了時に有意差判定をすればいいだけではありません. AB テスト中のモニタリング, また, AB テスト後のモニタリングも必要です.

　AB テスト中, 施策グループの各指標が大幅に劣化してしまうことがよくあります. それを放置してしまうと, 多大な損失を生んでしまう可能性があります. 適宜各指標を可視化・監視することで異常事態を把握することができます. これをモニタリングといいます. また, AB 後の本番適用時にも必要です. AB テスト中は問題なかった施策が, 時を経ることで劣化してしまうことがあります. システムの陳腐化, モデルの陳腐化, 市場の変遷, アイテムの変遷など, さまざまな理由があります. そのため, そのような異常を迅速に検知し, 問題に対応することが必要です. もしも劣化を検知できたなら, 手を打つことで利益損失を防ぐことができます. データ活用基盤では, このようなモニタリングを実現することも施策を実施するうえで重要です.

　モニタリングの際は, ゴール指標だけではなくドライバー指標, ガードレール指標についても確認しましょう. これによって, 施策のさまざまな失敗, 仮説が外れる, 実装のミス, 何らかのトラブルと原因を切り分けることもできます.

　モニタリングの結果, AB テスト中や AB テスト終了時に成果が出なかったり, 悪影響が出た場合, 損害を最小限にするため, 施策前の状況に戻すことが必要です（切り戻しといいます）. 迅速な切り戻しが可能なように, 切り戻しを実施する指標とその水準と切り戻し手順, 切り戻しの意思決定者（責任者）を事前に策定しましょう.

● コラム 4・2　AB テストに関する意思決定のフロー ●

　AB テストではさまざまなアクシデントが発生します. たとえば, AB テストで毀損が出たり, 計測ミスが発生してしまったり, API が機能停止してしまったりなどが発生します. また, AB テストで有意差が出たものの, ガードレール指標が危険信号をともしている可能性もあります. その場合, 本番に反映してもよいのでしょうか? 他にも, AB テストの結果として有意差は出たがクレームがついた場合, どうするか? AB テストで有意差が出なかった場合, その施策はだめな施策だということで諦めるべきなのか, 何かの磨き込みを行って再チャレンジすべきなのかをどう決めればいいでしょう? それを "AB テストが終わったら考えよう" としていたら, AB テストが終わった後で認識の相違があり, 揉めてしまう原因になりえます.

　AB テストの設計は, 単にサンプルサイズや RCT になっているかを確認するだけではなく, 意思決定のフローを明示し, ステークホルダーと擦り合わせる必要があります. この節ではどのような意思決定が必要なのかのフローを確認しましょう. ここでは, 意思決定のよくあるフローを AB テスト開始から AB テスト中までのフロー（図 4・2）と AB テスト終了後（図 4・3）の二つに分けて図説します.

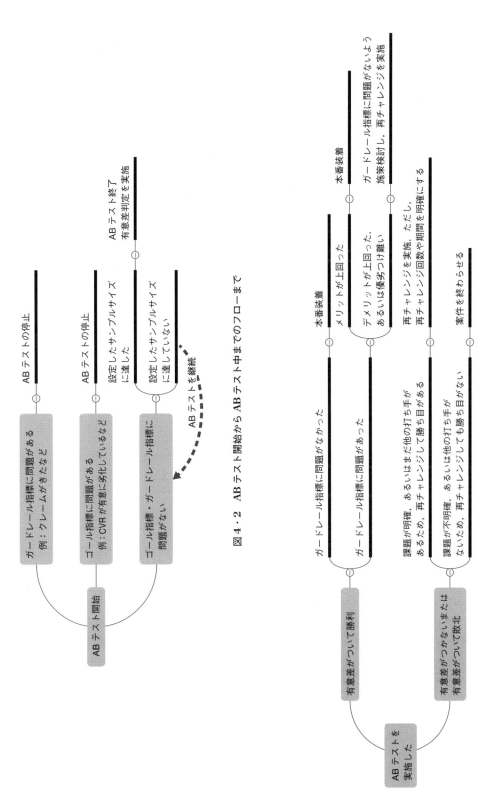

図 4・2　AB テスト開始から AB テスト中までのフロー

図 4・3　AB テスト後のフロー

別ユーザーとして認識されるケースがあることに注意してください（セッションの細かい挙動は状況によります）.

　cookie はユーザーの端末にデータを保存することでユーザーを識別する方式です. サイトによっては利用できないケースがあります. session と違って, しばらくアクセスしなくても同一ユーザーを認識できます. ただし, cookie の同一ユーザーとして認識できる期間はサービス側の設定しだいだったり, ユーザーが cookie を削除することも可能なため, 必ずしも同一ユーザーを特定できるわけではないことに注意してください.

　ID はサービス内でユーザー登録することによって割り当てられた ID でユーザーを認識する方式です. これは基本的に同一ユーザーを精度高く計測できる方式ですが, 複数 ID を作成するユーザーや一つの ID を使い回すユーザーがいること, また, ID 登録前のユーザーの効果検証をしたければひと工夫（いったん擬似 ID を付与し, ID 登録後に紐づけるなど）必要なことに注意してください.

　また, AB テストにおいて, 計測単位とグループ分け単位が異なる場合に問題が発生します. たとえば, セッションベースでユーザーをグループに分けておきながら, 計測はユーザー ID ごとに行う場合, 同じ ID が複数のグループでカウントされてしまうなどの問題が発生します. 詳細は p.75 の脚注 2) を参照してください.

4・5・3　季節性を考慮した AB テスト

　AB テストは季節性[18] に左右されます. 少し専門的な話になりますが, AB テストで検証できるのは "同じ条件でテストをした場合, 同じ結果が得られるであろう" という性質[19] だけです. そのため, たとえば平日に行った AB テストの結果が休日でも同様の結果をもたらすとは限りません. たとえば, 平日に良い結果をもたらしたレコメンドが休日も良い結果をもたらしたかはわかりません. 同じく, 閑散期の AB テストの結果が繁忙期も同様の結果をもたらすか, 午前中の AB テストの結果が午後も同様の結果をもたらすかはわかりません.

　筆者は時間帯により CVR やどのような商品が購入されやすいかの傾向が大きく変わるサービスをみてきました. なぜ時間帯で傾向が変わるのかを分析してみると, いわゆるビジネス時間帯（朝 9 時から夜の 18 時ごろ）までと非ビジネス時間帯（夜 18 時から朝 9 時まで）でカスタマー層が大きく変わるからだということが判明したことがあります. ビジネス時間帯はサラリーマンがサービス利用せず, 利用者は学生がほとんどのため, 非ビジネス時間帯と比べると低 CVR で低単価な商品を購入することがわかりました. AB テストはこのような季節性に大きな影響を受けるため, たとえば "平日午前中だけの AB テスト結果を用いて年中利用するレコメンドシステムを選定する" のは危険です. できる限り AB テストをさまざまな時間帯や曜日をまたぐように設計してください. テスト期間を 1 週間単位で確保するなどして, 曜日や時間帯に偏りがないように対応するとよいでしょう.

4・5・4　長期休暇をまたぐ AB テスト

　AB テストにはモニタリングや切り戻しなどの運用が必要と説明しました. 長期休暇中（お正月やお盆など）は運用面に注意しないと, モニタリングや切り戻しを行う人員がいない可能性があります. 長期休暇中の運用要員を確保するか, どうしてもそれができない場合は長期休暇中の AB テストを避けるという選択肢も考慮してください. ただし, その場合は商戦に大きな影響を与えうる長期休暇の分析ができなくなるダメージは大きいことに注意してください.

---

18) 季節によって変化する性質. ただし, ここでいう "季節" は "春夏秋冬" を指すだけではなく, 時間帯や曜日効果なども含みます.
19) 専門用語で**内的妥当性**とよびます. 逆に, 条件が異なっても同じ結果がもたらされる性質を**外的妥当性**とよびます.

4・5・5　BOTを避けて計測する

アクセス解析ログを調査するとBOT（インターネット上で自動化されたタスクを実行するプログラム）が確認されることがままあります．BOTを放置すると，BOTは購買行動をしないため，CVRが下がってしまいます．ABテスト中にBOTが過剰に存在したため，見かけのCVRが非常に小さくなり，本質的な有意差を見失ってしまうことがあります．できる限りBOTを避けて計測するようにしてください．

4・5・6　ノベルティ効果とプライマシー効果

新機能や新画面などの新要素を導入するABテストをする際などに発生しやすいノイズがあります．新要素を導入すると，物珍しさで利用したり，逆にその新要素への慣れが必要なためにうまく利用されなかったりすることがあります．前者はノベルティ効果，後者をプライマシー効果とよびます．ABテストで知りたいことは本質的なユーザー変容であり，物珍しさや慣れを計測したいわけではありません（もちろん，それを検証したいケースもありえますが）．このようなABテストをする際は，これらの効果が消えるまで待ってから臨む方がよいでしょう．具体的な対処としては，ある程度の期間を置く（1カ月間分のABテストが必要ならば，1週間は慣らしの期間として検定対象のデータとしては除外するなど）か，各ユーザーのファーストアクセスのデータを除外するなどがあげられます．

4・5・7　複数グループ・指標でのABテスト

検証したい内容が複数あり，非施策グループAと施策グループBの2グループでのABテストだけではなく，非施策グループAと施策グループB，施策グループC，施策グループD，…と複数グループでABテストを実施することがあると思います．あるいは，CVRとCTRと顧客平均単価など複数指標でABテストをしたいこともあるでしょう．このケースで検定するときは**多重比較**という統計学的なアプローチを用いるとよいでしょう．ここでは詳細を割愛しますが，ボンフェローニ法などを調べてみてください．

4・5・8　シンプソンズパラドックスと施策範囲の拡大[20]

データ全体とセグメントに分けた場合とで施策効果が異なるケースがあります．難しい内容なので，まずはケーススタディを見ながら考えていきましょう．

ECサイトで，新規開発したレコメンドをある商品一覧のページとマイページに設置したとします．ABテストを実施したところ，表4・7のような結果になりました．購入率でみると，施策グループよりも非施策グループの方が高いことが見てとれます．ここから"レコメンド施策の効果はなかった（むしろマイナスだった）"と考えてよいでしょうか．

表4・7　ABテストの実施例

	購入者数	訪問者数	購入率
施策グループ	350	500	70.00 %
非施策グループ	355	500	71.00 %

表4・7は"商品一覧ページ"と"マイページ"の購入者数と訪問者数を合算したものでした．こ

---

20)　この節の内容は難易度が高いため，いったん飛ばしても構いません．

れをページごとに分離してみると，表4・8のようになりました．

表4・8　ABテストを実施し，ページごとに分離した例

		購入者数	訪問者数	購入率
マイページ	施策グループ	270	300	90.00 %
	非施策グループ	320	400	80.00 %
商品一覧ページ	施策グループ	80	200	40.00 %
	非施策グループ	35	100	35.00 %

　各ページともに，施策グループの方が非施策グループよりも購入率が高くなっています．しかし，各ページを合算した結果で見ると，非施策グループの方が，購入率が高くなっています．各ページとも施策グループの方が，購入率が改善しているにも関わらず，このようにデータを不用意に合算すると，まるで施策効果はマイナスだったように見えてしまいます．これがシンプソンズパラドックスの一つの例です．狐につままれたような不思議な事例でした．しかし，このようなことが現実問題としてそこまで起こりうるのでしょうか．"二つのページで同じ施策を実施する"というのはシンプソンズパラドックスを説明するためだけに非現実的な例を持ち出しているだけにすぎないと思われるかもしれません．

　シンプソンズパラドックスが実務で現れる最たる例は"施策範囲の拡大"でしょう．革新的な施策を行う場合，いきなり多くのユーザーに施策を実施すると大きな問題が発生してしまう懸念があります．そのため，ごくわずかのユーザーに絞ったABテスト（これをプレテストとよびます）を実施し，そのうえで問題なければ徐々に施策範囲を広げていく（最終的に，全ユーザーを対象にしてABテストを行う）という方式をとることはよくあります．このアプローチ自体はよいのですが，その場合の意思決定について注意が必要です．このケースは大変理解しづらいため，具体的な数値例を見ながら進めていきましょう．

　まず，新施策は影響が大きいため，プレテストとして1万人のユーザーのうち9500人を非施策グループに，残り500人を施策グループに割り当てた結果，表4・9となりました．

表4・9

	購入者数	訪問者数	購入率
施策グループ	425	500	85.00 %
非施策グループ	7,600	9,500	80.00 %

　施策グループの方が購入率が高いという結果になり，クレームなどもこなかったため，施策グループと非施策グループを5000人ずつ割り当てて再度ABテストを実施した結果が表4・10です．

表4・10

	購入者数	訪問者数	購入率
施策グループ	3,250	5,000	65.00 %
非施策グループ	3,000	5,000	60.00 %

　このABテストでも施策グループの購入率は，非施策グループより高いことが示されました．ここ

で有意差があるかどうかを判定するため，検定を行うことにしました．検定を行う担当者は統計学の教科書を独学で読み進めており "サンプルサイズは多い方がよい" と学んでいたため "プレテストとABテストの結果を合算して検定を行おう" と考え，表4・9のプレテストと表4・10のABテストの結果を合算することにしました．その結果が表4・11です．

表4・11

	購入者数	訪問者数	購入率
施策グループ	3,675	5,500	66.82 %
非施策グループ	10,600	14,500	73.10 %

　プレテストでもABテストでも施策グループの方が，購入率が高かったにも関わらず，不用意な合算をしてしまうと，施策グループの購入率が低いという結果に見えてしまいます．

　このように，シンプソンズパラドックスは思わぬところに潜んでいます．不用意な合算を避けて，このケースであればプレテストの結果は除外し，ABテストの結果だけを用いて検定すればよいでしょう．

● コラム 4・3　施策実施ページと計測ページを合わせよう ●

　ここでは，意外と頻繁に発生するABテストの落とし穴事例を紹介します．これはさまざまなバリエーションで発生しがちなので気をつけてください．落とし穴にはまらないよう，回避策についても後で紹介します．ここでは臨場感をもたせた書き方をしてますので，皆さんも "これは何が問題だろう，どうすれば防げるだろう" と考察・推理しながらお読みいただければと思います．

　ECサイトの商品一覧ページでレコメンドを実施したときのことです．ABテストのCVRを計測する際，ABテスト実施者が "より購入に近いページで計測した方が，ノイズは入りづらく，クリアな検証結果が得られるはず" と考えました．そして，実際に施策を行った "商品一覧ページから購入に至ったCVR" ではなく，商品一覧ページからレコメンドされた先の "商品詳細ページから購入に至ったCVR" で有意差検定をしようとしました．言い換えると，CVRの定義を "商品を購入したUU/商品一覧ページ訪問UU" から "商品を購入したUU/商品詳細ページ訪問UU" に変更したということです．レコメンドされた商品をユーザーが実際に見るのは商品詳細ページなので，この発想に至ったようです．このABテスト実施者の発想は，一理あると考えることもできるでしょう．そうして，ABテストが終わり，その結果を振り返ってみると，有意差が出るどころか施策グループの方がCVRを悪化させてしまい，そのレコメンドはリリースに至りませんでした．

　今回の検証方法には問題があります．それはどこでしょう．しばし考えてみてください．正解は "RCTに正しく則っていない" ことです．どういうことか一つ一つ説明していきます．まず，ABテストとしてはRCTになるように設計されていました．より詳しくいうと "商品一覧ページのユーザーのグループ分けはRCTになっていた" ということです．しかし計測は商品詳細ページで行いました．これが何をもたらすでしょうか．実は，施策グループと非施策グループで商品一覧ページに訪問したUUは同一規模ですが，商品詳細ページに訪問したUUは大きく異なっていたのです．施策グループではレコメンドを実施していたため，商品詳細ページを訪問するUUが増加したのでした．

　さて，話が複雑になってきたため，具体的な数字を出しながら説明しましょう．商品一覧ページに訪問したUUは各グループ1万人で同数としましょう．しかし，商品詳細ページの訪問UUはグループ間で大きく異なりました．なぜなら，施策グループではレコメンドを実施しているため，商品詳細ページへの遷移率が高かった（言い換えるとCTRが高かった）のです．結果，商品詳細ページの訪問UUは，施策グループが3000人，非施策グループは2000人でした．そして肝心の購入UUは施策グループが1200人，非施策グループは1000人です．この場合，商品詳細ページをベースとしたCVRは，施策グループが1200/3000 = 40%，非施策グループが1000/2000 = 50%となります．これ

だけみると，確かに施策グループの CVR は非施策グループより低く見えます．しかし，元々 AB テストの施策実施ページである商品一覧からの CVR を考えると，施策グループは 1200/10000 ＝ 12％，非施策グループは 1000/10000 ＝ 10％で，施策グループの方が CVR は 2％高いことになります．ここまでの話を整理するために，表 4・12 のようにしてみると見通しがよくなるでしょう．

表 4・12

指　標	施策グループ	非施策グループ
商品一覧 UU	10,000	10,000
商品詳細 UU	3,000	2,000
購入 UU	1,200	1,000
商品一覧 CVR	12 %（＝ 1200/10000）	10 %（＝ 1000/10000）
商品詳細 CVR	40 %（＝ 1200/3000）	50 %（＝ 1000/2000）

　そもそも施策効果を検証するのであれば，施策実施ページで計測すべきでしょう．そうしていれば，レコメンドの効果があったと正しく解釈して売上貢献できました．検定手法云々ではなく，実験計画こそが重要であるとはまさにこの例が示しているでしょう．

　では，このような落とし穴にハマらないようにするにはどうすればいいでしょうか．AB テストは RCT にするのが大原則です．そのため，計測する母集団がグループ間で異ならないようにしましょう．異なっていないかを確認するポイントは計測する母集団です．今回の実験計画では，特別な事情がない限り，施策グループと非施策グループの訪問 UU は同じになるように設定していることでしょう．それなのに，商品詳細 CVR で計測する場合は，訪問 UU，ここでは商品詳細 UU がグループ間で大きく異なっています．このように，実験計画で設定した値通りになっているかを確認することで，この手の RCT になっていないケースを検知することができます．

　今回はまだわかりやすい例だったので名推理が働いたかもしれません．しかし，実務では実に複雑な落とし穴が多々発生します．それは実験計画のミスであったり，計測システムの仕様に認識違いがあったり，集計が間違っていたり …と多種多様な落とし穴があります．これらに気づけるようにするには，実験計画を事前にしっかり立てることに尽きます．とはいえ，では具体的にどう実験計画を立てればよいのかという話になると思いますので，次の節で参考情報を説明します．

4・6　施策実施のための実験計画表

　ここまでで施策実施のためのさまざまな知見を学びました．あまりに多くの確認事項があり，混乱したかもしれません．そこで，この節では施策実施のために確認すべき項目をリストアップしたものを掲載します（表 4・13，表 4・14）．このような表を施策ごとにフォーマットを決めて作成すると，施策のレビュワーや決裁者が施策内容を確認しやすくなり，それもまた実験計画の精緻化に役立ちます．皆さんが施策を実施する際，この実験計画表を参考にして，実情にあったオリジナルの実験計画表を作成するとよいでしょう．

4・7　ま　と　め

　本章では施策実施の流れ，また，施策の効果検証の方法について学びました．この 4 章までの内容で，API を利用した簡易なレコメンド施策が実施できるようになりました．

　続く 5 章から，より堅牢かつ柔軟なデータ活用基盤へと進化させることで，これまで以上に自由度の高い施策が実施できるようになります．

表4・13　施策実施チェック表

No.	大項目	中項目	小項目	内　容	例
1	施策全体	サマリー：詳細は後に記載するので、ここでは各項目1～3行以内に収まるようにするとよい	背景	施策を実施する背景（理由・事情）	商品数が多すぎて、ユーザーが自分好みの商品を見つけづらくなった。昨年度の商品数に対して今年度の商品数は約3.5倍になっている
2			課題	施策を実施するにあたり、解決すべき課題	好みの商品を見つけやすくする
3			アプローチ	課題を解決するアプローチの概要	ユーザーの過去閲覧履歴や閲覧情報から、機械学習を用いて好まれそうな商品をピックアップし、それを商品一覧ページにてレコメンドする
4			成果	施策成功時に見込める成果	①商品一覧ページCVRの2%改善 ②①に伴う年間売上貢献規模：1億円
5		ターゲット	セグメント	施策対象のユーザーやアイテムのセグメント	①ユーザーセグメント：全ユーザー ②商品セグメント：セール・キャンペーンを除く商品（顧客単価減少のおそれ、また、セール・キャンペーンに関しては別途セール・キャンペーン訴求ページがあるため）
6			改善指標	改善する想定の指標	商品一覧ページCVR
7		体制	施策主担当者（PM）	施策をリードする主担当者。プロジェクトマネージャー	AAAさん
8			施策担当者	施策の担当者。プロジェクトメンバー	API開発：BBBさん、CCCさん フロントエンド開発：DDDさん
9			レビュアー	施策のレビュアー	EEEさん
10			決裁者	施策決裁者。承認・否認を実施する	XXXさん
11			依頼者	施策依頼者	XXXさん
12			情報共有	メーリングリストやチャットルームなど、施策の情報を相談・共有する手段	フロー情報：社内チャットツールの item-reccomend-2022 チャンネル ストック情報：社内 wiki の item-reccomend-2022 ページ配下 システム障害情報：サービス全体障害報告メーリングリスト CRM情報（ユーザークレームなどを想定）：サービス全体 CRM メーリングリスト
13			体制図	誰が何を担当するかや指揮権を記載	（例としては割愛）

（表4・13 施策実施チェック表 つづき）

No.	区分	項目	説明	記入例
14	体制（つづき）	会議	いつ・誰が・どんな目的で会議するかをとりまとめたもの／最低限定例を設定し、必要に応じてキックオフ（施策開始時）、決裁会議、障害対応会議などを設定するとよい	定例：毎週水曜15〜16時実施。内容は進捗確認がメイン。施策担当者全員参加／決裁会議：適宜実施。決裁者・施策主担当者参加
15		成功定義	何が達成できればこの施策として成功なのかを明記します／単にCVR改善や売上増などポジティブなことだけではなく、障害が発生したりすることを想定し、この程度のネガティブなことがあっても○○が達成していればこの施策としては成功であることをあらかじめ決めておくとよい。ここがぶれてしまうと施策の方向性自体を誤ってしまうことにつながります	①商品一覧ページのCVR2%改善 ②プロジェクトとして半年以内に終了すること（期限内のABテストはベンジは可能）③レコメンド起因と思われるクレームが月5件以下に抑えられること ④ABテストの結果を振り返り、CVRが著しく（10%以上）下がるようなユーザーセグメントがないこと（ただし売上全体比率5%以下のセグメントは無視してよい）⑤リリース後の運用工数が0.1人/月以下に抑えられること
16	コスト	工数	施策実施に必要な工数。主担当者だけではなく、関係者全員の見積もりであることに注意	開発：2人/月／施策実施：0.2人/月
17		費用	人件費だけではなく、クラウド費用やソフトウェア費用などを含む	クラウド費用：40万円（詳細見積もりは別途資料にて）
18		調達	施策実施のために必要な調達（ソフトウェアや外部データの購入など）するもの／調達方法や調達可能性、また、それを踏まえて調達実施に関する決裁を検討するために必要	特になし
19	スケジュール	ロードマップ	大規模施策（目安1年以上）の場合策定するとよい	―
20		マイルストーン	中規模施策（目安3カ月以上）の場合策定するとよい	（例としては割愛）
21		WBS	work breakdown structure：作業分解構成図 施策実施に伴う作業を細かく分解し、それに基づいて作業を可視化したもの	（例としては割愛）

（表 4・13 施策実施チェック表 つづき）

	資　料	本施策資料	
22	施策全体（つづき）	本施策資料	施策に関する資料の置き場を記載	社内 wiki の item-reccomend-2022 ページ配下
23		関連施策資料	本施策と関連する施策の資料置き場を記載	社内 wiki の item-reccomend-2022 ページ配下の関連施策ページ
24	アプローチ	サマリー	課題解決のアプローチについての概要	各ユーザー（ユーザー ID ベース）の過去購買・閲覧履歴を元に、以下のケースに分けて最大5種類の商品レコメンドを実施する ① 過去購買履歴が豊富（5種類以上）なユーザー（以下、ヘビーユーザーと呼ぶ）：購買履歴に関する NMF（Non-negative Matrix Factorization と呼ぶ）レコメンドでよく用いられる機械学習手法）を用いてレコメンド ※ レコメンドでよく用いられるユーザー登録以上にある商品以上に関する NFM を用いてレコメンド ② 過去購買履歴が5種類未満かつ閲覧履歴が5種類以上あるユーザー（以下、ライトユーザーと呼ぶ）：閲覧履歴に関する NFM を用いてレコメンド ③ 閲覧履歴が5種類未満あるいはユーザー登録をしていないユーザー（以下、ビギナーユーザーと呼ぶ）：直近一週間の売上ランキング上位商品をレコメンド ※ 何らかの事情によりレコメンド商品が5種類に満たない場合、UI 上で取捨選択を行う
25		モデル	何を予測・出力するか おもに機械学習モデルを作る際に記載	ユーザーごとに購入期待値が高い商品を5件予測する そのため、ユーザーごとで各商品に対して購入度合い評価値（高い方がより購入されやすいとみなされる値）を算出する。仕様として、過去購入したものはレコメンドしないとする（決裁者相談済み）
26		説明変数	どんなデータをもとに予測・出力するか おもに機械学習モデルを作る際に記載	① 購買履歴（購買商品 ID） ② 閲覧履歴（閲覧商品 ID。"閲覧"の定義は個別商品説明ページを訪問したか）
27		データ定義	どのようなデータを用いるか	① 直近1年間（2021-10-01 ～ 2022-09-30）の購買履歴 　table: raw_k_and_r.dwh.purchase ② 直近1年間（2021-10-01 ～ 2022-09-30）の閲覧履歴 　table: raw_k_and_r.dwh.access
28		データ抽出・加工定義	どのようなデータ抽出・加工を行うのか 文章による概要と SQL の両方を記載するとよい	SQL は添付資料 "item_reccomend.sql" を参照
29	分　析	定性・定量調査	施策実施に関するアンケート、インタビューなどの調査結果	実施せず

(表4・13 施策実施チェック表 つづき)

No	大項目	中項目	小項目	説明	例
30	アプローチ（つづき）	分析（つづき）	分析結果	データ分析の結果 いきなり機械学習モデルを作るのではなく，ユーザーごとの購入回数の分布や異常に高額な商品が紛れ込んでいないかという観点も含めて確認するとよい（データに誤りがないかなどを確認するとよい）	（例としては割愛）
31			評価指標	予測などがどれだけうまくいっているかを確認するために制定した指標の定義を記載 複数設定することもある 精度だけではなく，処理にかかる時間（学習・予測ともに）などについても評価するとなおよい	評価指標としてはAUCを採用する 詳細については添付資料 "performance_evaluation.ipynb" を参照
32	性能		性能評価	評価指標で計測した性能 施策を実施するのに問題がないことを示すため，どの程度の性能水準を達成すればよいかを理由とつきで記載するとなおよい	本アプローチのAUCは0.74 ベースラインとして "売上ランキングTOP5を全ユーザーに表示" を設定 ベースラインのAUCが0.65 本アプローチのAUCがベースラインを上回っていることを確認したことから，最低限売上ランキングTOP5をそのままレコメンドするよりも高いパフォーマンスが得られると期待できる セグメントごとにAUCとCVRの相関を確認したところ，相関係数が0.78であり，AUCの改善がCVRの改善につながる可能性が示唆されている また，AUCが0.1改善するとCVRが4％向上するという検証結果が出ている（"performance_evaluation.ipynb" 参照）
33	成果物定義（コード含む）			APIのエンドポイントや中間成果物として作成されたCSVファイルやテーブル，まだ，開発に用いたコードなどを記載する	API: xxxxxxx 分析結果: yyyyyyy コード: zzzzzzz
34	ABテスト	ABテスト設計	グループ分けの設定	どのようにグループ分けするかの概要	商品一覧ページ訪問者をユーザーIDごとにランダムで施策グループと非施策グループの二つにグループ分け
35			AAテスト	AAテストを実施したか，その結果について記載	AAテストを実施し，CVR・顧客単価・離脱率について各々有意差がないことを確認済み

（表4・13 施策実施チェック表 つづき）

No.					例
36	AB テスト（つづき）	AB テスト設計（つづき）	サンプルサイズ	AB テストに必要なサンプルサイズ	1グループ当たり 10万 UU
37			有意水準	施策決裁者や依頼者と相談の上決定した有意水準　この有意水準をクリアする p 値であれば AB テストで施策グループが有意に指標改善できたと取り決めておく	5%
38			指標設定	ゴール指標、ガードレール指標を明記する	ゴール指標：CVR　ガードレール指標：顧客平均単価　ドライバー指標：CTR
39			AB テスト実施期間	AB テストを実施する期間　この期間に何か外部影響（セール・キャンペーンをするなど）がないかなどを確認しておく	2022-11-07～2022-11-20 の 2 週間　当該期間のセール・キャンペーンがないことを確認済み
40	運用（AB テスト中）		運用体制図	本番リリース時と違って一時的な運用担当者を立てていることが多い	（例としては割愛）
41			リスク	想定されるリスクを記載します　AB 中のパフォーマンス劣化（CVR や離脱率などの指標が悪化する）、システム障害、クレームなどについてケース分けして明記しましょう	①システム障害：API のダウン・処理遅延など　②クレーム　③業績指標低下：CVR 低下
42			対応策	リスクが顕在化したときに、どのような対応フローを実施するか	①システム障害　②クレーム：クレーム対応担当チームである CRM チームから重大インシデントであると連絡を受けた場合、AB テストを停止する　③精度劣化：機械学習モデルの再構築　④顧客単価低下により、CVR 改善以上の売上減少が見込まれる場合、レコメンド施策の停止検討会議実施
43			運用主担当者	AB テスト中の問い合わせやトラブルなどに対して一次対応する担当者　一次対応をこの担当者が行い、実際の対応についてはこの担当者が適宜振り分ける（本担当者が目力対応することも当然ある）	AAA さん

（表 4・13 施策実施チェック表（つづき））

No.			項目	内容	記入例
44	AB テスト（つづき）	運用（AB テスト中）（つづき）	連絡網	トラブルが発生したとき、また、対応策の実施・完了について、誰がいつまでに何を連絡するか	① システム障害系：システム運用担当チームによる障害検知、1営業日以内に障害連絡メーリングリストにて報告。詳細は SLO 表にて ② クレーム：CRM チームにてクレーム一次切り分け実施。1営業日以内に施策依頼者・施策主担当者に個別メールで連絡。具体の対応については適宜実施。対応完了後はサービス全体 CRM メーリングリストにて対応結果の共有 ③ 精度劣化：精度モニタリングツールから精度劣化を日次で検知しだい、発生事象を社内チャットツールの item-reccomend-2022 チャンネルに自動投稿 ④ 業績指標低下：業績指標モニタリングツールから業績指標低下を日次で検知しだい、発生事象を社内チャットツールの item-reccomend-2022 チャンネルに自動投稿
45	システム	SLO		SLO をまとめた資料置き場を記載	表 4・14 SLO 参照
46		構成図	システム構成図	システムを主体として記述する構成図	（例としては割愛）
47			データフロー図	データフローを主体として記述する構成図	（例としては割愛）
48		API	エンドポイント	API にアクセスする URI	https://purchased-items-xxxxxxxxx-an.a.run.app/item_reccomend
			IF	API の IF	input：user_id output：{"recommend_item_list"：["item1", "item2", "item3", "item4", "item5"]}
49			データ更新頻度	API のデータがバッチ処理の場合はバッチの頻度を、リアルタイム処理の場合はリアルタイムである旨を記載	日次バッチ更新（午前 6 時ジョブ開始）
50		運用（おもに本番リリース後）	運用体制図	施策が AB テストで成功し、本番系としてリリースされた際の運用体制を、リアルタイムでの運用体制であるかどうかを記載 AB テストで高いパフォーマンスを上げたものの、運用できる体制が整っていないためにリリースできないことがありうるため、事前に取り決めておきましょう	（例としては割愛）

（表4・13 施策実施チェック表 つづき）

			誰がどのように何をモニタリングするか	
51	システム（つづき）	運用（おもに本番リリース後）（つづき）	モニタリング	① システムモニタリング：システム運用担当者が既存モニタリングツールを用いてリアルタイム確認（営業時間内） ② 業績指標モニタリング：施策主担当者が営業日朝10時に業績指標モニタリングBIツールで確認
52			リスク 想定されるリスクを記載　システム障害、クレーム、精度劣化などについてケースを分けてどうなるとよいでしょう	① システム障害：APIトラブル ② クレーム：月に5件以上のクレーム ③ 精度劣化：週次平均モニタリングにて精度指標AUCが0.8を切る ④ 業績指標低下：顧客単価低下
53			対応策 リスクが顕在化したときに、どのような対応フローを実施するか	① APIトラブル：運用チームによる復旧、障害対応フロー ② 月5件以上のクレーム：レコメンドの停止策の検討会議実施 ③ 精度劣化：機械学習モデルの再構築 ④ 顧客単価低下により、CVR改善以上の売上減少が見込まれる場合、レコメンド施策の停止検討会議実施
54			連絡網 リスクが顕在化したとき、また、対応策の実施・完了までについて、誰がいつまでに連絡するか	① システム障害系：システム運用担当チームによる障害検知、1営業日以内に障害連絡メーリングリストにて報告。詳細は表4・14にて ② クレーム：CRMチームにてクレーム一次切り分け実施。1営業日以内に施策依頼者・施策主担当者に個別メールで連絡。具体の対応については適宜実施。対応完了後はサービスCRMメーリングリストにて対応状況・対応結果の共有 ③ 精度劣化：精度モニタリングツールから精度劣化を日次で検知し、発生事象を社内チャットツールのitem-reccomend-2022チャンネルに自動投稿 ④ 業績指標低下：業績指標モニタリングBIツールから業績指標低下を日次で検知しだい、発生事象を社内チャットツールのitem-reccomend-2022チャンネルに自動投稿

表4・14 SLO表

No.	要件分類	項目名	項目定義	目標水準	水準設定理由	評価タイミング	水準達成確認担当	目標未達成時対応	備考
1	可用性：どれだけ利用対象者がサービスを利用できるか	全体稼働率（APIオンライン稼働率）	評価期間内における当該システム全体稼働率。自動再実行で出力時間・出力時間が目標水準を満たす場合、稼働しているとみなす。＝評価期間内出力正常完了日数/評価期間日数	90％以上	設定水準以上であればROIが1を超えるため	月次	施策主担当者	保守起案	自動アラート対応
2		バッチ稼働率	評価期間内バッチ実行時の出力正常完了回数率＝評価期間内出力正常完了回数/評価期間内バッチ実行回数	80％以上	同上	月次	施策主担当者	保守起案	自動アラート対応
3	信頼性：どれだけ停止せずに動き続けるか	平均故障間隔	障害が復旧してから次の障害が発生するまでの平均日数＝Σ（評価期間内障害発生日時（t）－評価期間内障害発生日時（$t-1$））	7日以上	同上	月次	施策主担当者	保守起案	
4		最大連続故障日数	障害発生時、最大で何日連続バッチ停止を許容するか	7日以内	同上	月次	施策主担当者	保守起案	
5		対障害弾力性	障害発生時、バッチのリランを最低何回自動実行するか	1回	同上	月次	施策主担当者	保守起案	
6	保守性：どれだけ早く復旧できるか	監視間隔	監視担当者がどの条件・頻度で監視するか	営業日に監視系からアラート発生毎時	監視系による自動通知のため	月次	施策主担当者	保守起案	アラートレベルの設計が必要
7		障害通知時間	障害発生時からどの程度の時間内に通知対象者に通知するか	即時	監視系による自動通知のため	月次	施策主担当者	保守起案	
8		障害復旧平均時間（故障に対処する即応性）	障害発生時からの復旧完了までの平均日数（障害発生時を0日目とする）＝復旧までの経過日数/障害件数	5営業日以内	設定水準以上であればROIが1を超えるため	月次	施策主担当者	保守起案	
9		実行環境冗長性	コールドスワップ環境確保/ホットスワップ環境確保	設定しない	障害復旧平均時間設定が緩いため不要	月次	－	－	

（表4・14 SLO表 つづき）

No.	区分	項目	定義	目標値	設定根拠	測定頻度	施策主担当者	保守起案	自動アラート対応
10	保守性（つづき）	ヘルプデスク	ユーザーからの問い合わせ対応で最初に返信するまでの時間	翌営業日以内	社内ヘルプデスクでの標準水準のため	月次	施策主担当者	保守起案	
11	確実性：復旧時に何を担保するか。どこまでリカバリするか	リカバリ遡及	復旧時に何日前まで再実行するか	復旧時最新日。遡及無し。	—	—	—	—	
12	性能：応答性	バッチ処理正常完了平均時間	日次平均処理速度＝評価期間内出力正常完了バッチ実行時間総計/評価期間内日数	3時間以内	設定水準以上であればROIが1を超えるため	月次	施策主担当者	保守起案	自動アラート対応
13		バッチ処理正常完了最大時間	日次最大処理速度＝評価期間内出力正常完了バッチ実行時間の最大	8時間以内	設定水準以上であればROIが1を超えるため	月次	施策主担当者	保守起案	自動アラート対応
14	拡張性：外部環境変化に対する耐性	最大リクエスト件数	日次で処理可能な最大リクエスト件数	20万件まで	—	—	施策主担当者	保守起案	
15		最大ユーザー数	日次で処理可能な最大ユーザ数	設定しない	—	—	—	—	
16		最大商品数	日次で処理可能な最大商品数	設定しない	—	—	—	—	
17	機密性：情報セキュリティレベル	アクセス権限管理	出力結果にアクセスできるユーザー・システムの権限管理	設定しない	—	—	—	—	
18	完全性：環境変化による一貫性	データの一貫性	保守発生時や時系列変化による入力と出力の一貫性	設定しない	—	—	—	—	
19		バージョン管理	バッチのバージョン管理（GitHub利用）	変更毎（コミット単位）	—	適宜	施策主担当者	—	
20		バックアップ	バッチを含む当該システム全体（各種設定ファイルなどを含む）のバックアップ	データ活用基盤定義に従う	—	適宜	データ活用基盤運用担当者	—	

(表 4・14 SLO 表 つづき)

21	完全性（つづき）	ログ保存	中間生成物やバッチの実行履歴、ロガーによる出力結果の保存	データ活用基盤定義に従う	—	適宜	データ活用基盤運用担当者	—
22	精度：DS特有要件	精度保証	指定指標が指定水準を指定期間以上継続して下回らないこと	指定指標：AUC 指定水準：70%以下 低下期間：7日以上継続	設定水準以上であれば売上貢献できる試算があるため	月次	施策主担当者	機械学習モデル再構築

第 2 部　データ活用システムの発展

　ここでは "最低限機能するデータ活用基盤を, より柔軟で堅牢なシステムにする" ための説明とハンズオンを行います.

　第 2 部は高度なエンジニアリングについて学ぶため, メインの対象読者はエンジニアとなります.

　5 章ではデータパイプライン・ワークフローエンジンの説明と開発を行います. 第 1 部ではデータを収集・活用する際, 手動実行だったり何かトラブルが発生したときの対応を考慮していなかったりするようなシステムに留めていました. ここでは高度な自動化や, できる限りトラブルが発生しないような, あるいはトラブルが発生したときに検知できたり, 迅速に復旧できるようなシステムとはどのようなものかを学びます. ハンズオンでは, よく利用されるクラウドの機能や OSS を用いてデータパイプライン・ワークフローエンジンの開発を行います.

　6 章ではデータレイクとデータウェアハウスの説明と開発を行います. 2 章をより発展させた内容です. データをより活用しやすくするための構造として, データレイク・データウェアハウス・データマートという三層モデルを学びます. また, それに付随してデータの加工や更新についても言及します. ハンズオンでは, 三層モデル, 特にデータウェアハウスに重点を置いた開発を行います.

　7 章では 3 章の API 基盤を発展させた内容について説明と開発を行います. 3 章ではシンプルな API, たとえば EC サイトで商品の売上ランキングを (どのカスタマーでも同じように) 返すような API について学びました. それに対し, カスタマーごとの特性や検索条件に沿って適切なおすすめ商品を返すような API, さらには, リアルタイムにおすすめ情報を更新できるような API があれば, より柔軟なデータ活用が可能でしょう. 7 章ではそのために必要な仕組みを学びます. ハンズオンではカスタマーの購入履歴を考慮した売上ランキングを返す API, また, リアルタイムで機械学習を用いた API の開発を行います.

　第 2 部まで実践すれば, 柔軟性と堅牢性を兼ね備えたデータ活用基盤を構築できることでしょう.

5

データパイプライン・
ワークフローエンジン

本章の目的

　継続的なデータ加工とシステム間連携を実現するために必要なデータパイプラインという機能と，データパイプラインを実装するために必要なツールであるワークフローエンジンについて学ぶ．

本章の到達目標

- データパイプラインとは何かを説明できる．
- データパイプラインの設計ポイントを理解する．
- ワークフローエンジンとは何か，なぜ必要かが説明できる．
- ワークフローエンジンに必要な要件がわかり，**OSS** や **Cloud Service** の選定ができる．
- サンプルデータパイプラインを作ることができる．

5・1　は じ め に

　第 1 部では，データ活用を実施するための最初の一歩として必要な知識とその実装例を見てきました．2 章ではデータの保存場所となるデータベースを中心としたデータ収集・蓄積・加工の方法を，3 章では加工されたデータを API に連携することで顧客に価値を届ける方法を，4 章では利益貢献につなげるためのプロセスを学びました．

　さらにデータ活用を持続的に推進するためには，新たに発生したデータに対しても同様に加工やシステム間連携といった処理を継続的に行わなければなりません．第 1 部では cron を用いて定期的なデータ処理を行っていましたが，cron の機能だけではデータ活用を継続する際にさまざまな問題が発生します．

　本章では，継続的かつ安定的なデータ加工とシステム間連携を実現するために必要なデータパイプラインという機能と，データパイプラインを実装するために必要なツールであるワークフローエンジンを紹介し，cron で作るデータパイプラインより優れた安定性を実現するために必要な技術について学んでいきます．

5・2　データパイプライン
5・2・1　データパイプラインとは

　ビジネス上で得られたデータはさまざまな形で応用されます．たとえば，以下のようなものが考え

られます.

- ウェブサイトのアクセス履歴データから，おすすめの商品を提示する.
- 会員の商品購入履歴データを集計し，割引クーポンを会員に付与する.
- 全国の店舗売上データを日次で集計し，計画通り推移しているかデータをモニタリングする.

　例であげたようなデータ活用施策を実施するためには，2章で見たような収集した生データや集計などの加工が施されたデータを管理するためのデータベースが必要です. また，3章で見たようにデータ処理した結果を最終的にユーザーに対して配信するAPIが必要になることもあるでしょう. さらにデータの状況に合わせてユーザーに対してメール配信するシステムや，管理されているデータがどのような値で推移しているのかを可視化するためのモニタリングシステムが必要になることもあるかもしれません.

　このように，データ活用施策を実施するためにはデータの管理や配信・可視化などさまざまな役割を担うシステムが必要であることがわかります. しかし，実際にはこれらのシステムだけでは十分ではありません. システム間でデータを連携したり，連携先のシステムにおける要件に応じてデータを加工したりするシステムも必要となります.

　このように，データの加工やシステム間連携を通じて，サービスを運営するうえで生成・収集された生データからビジネスの目的となる成果物を作るに至るまでの一連のデータ処理を担うシステムを総じて**データパイプライン**とよびます（図5・1）.

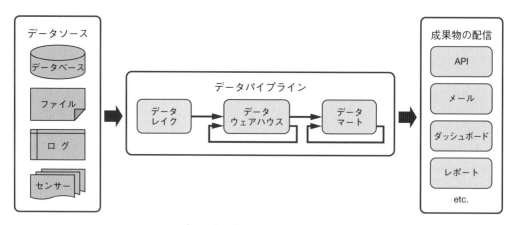

図5・1　データパイプライン. 矢印はデータ処理の方向

　図5・1では，データの供給元と提供先となる周辺のシステムと合わせて表現しています. 左からデータソース，データパイプライン，成果物を配信するためのシステムで構成されています. データソースにはアプリケーションのデータベースやファイル，アプリケーションログ，IoTなどのセンサーデータなどが該当します.

　データパイプラインでは，データソースから受取った生データを蓄積するデータレイク，各種データ処理を行った結果を管理するデータウェアハウス，データ施策として利活用しやすいデータへと集約したデータマートというデータ基盤によって構成されています. 2章で説明した通り，必ずしも最初からデータレイク/データウェアハウス/データマートというようにデータを分割しておく必要はなく，組織の成長過程に応じてデータの分割レベルを変更します. 成果物は，APIやメールシステム，ダッシュボード，レポートなどのシステムを通じて，最終的にサービスのユーザーに提供されます. 矢印は各種データ処理を表しており，後の節にて説明します.

5・2・2 データパイプラインの種別

データパイプラインは実行頻度や処理するデータサイズに応じて，バッチ処理とストリーム処理に大別されます（表5・1，図5・2）．

表5・1 データパイプラインの種別

	バッチ処理	ストリーム処理
実行頻度	定期的に実施（1時間や1日に1回など）	データが発生するたび
データ鮮度	定期実行時まで更新されない	数秒～十数秒
処理データサイズ	中規模～大規模（数MB～数TB）	1レコード～小規模（数KB）

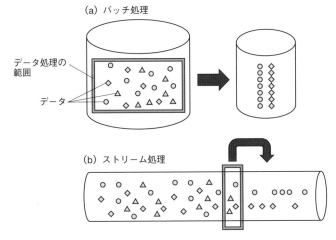

図5・2 バッチ処理（a）とストリーム処理（b）

a. バッチ処理　　バッチ処理は，1日ごとや1時間ごとのような定期的にまとまったデータに対してデータ処理を適用するデータパイプラインです．ある期間（たとえば1日1回のバッチであれば直近1日分，直近1週間分など）に蓄積された分のデータセット，もしくは過去分を含むすべてのデータセットを処理するユースケースが多く，非常に大きいデータ量になる場合があり，負荷の高い処理となることが多いです．実行時間に関する制約はそれほど強くないので，大規模で複雑な処理を行うのに適しています．

たとえば，ECサイト上のすべての商品のユーザーの閲覧履歴から，各商品がどの商品と一緒に閲覧されているか集計し，その結果から商品間の関連性を推論するような例があげられます．

バッチ処理では，データパイプラインの中でデータレイク，データウェアハウス，データマートといった保存領域に，定期的に実行された処理結果を必要に応じて保存して，後続の処理に利用する形式をとります．そうすることで，過去のある時刻に遡って処理結果の確認や分析が行えたり，保存された処理結果を他の複数のデータパイプラインに再利用できたりするなどのメリットが生まれます．

b. ストリーム処理　　ストリーム処理は，データが発生するたびにデータ処理を適用するデータパイプラインです．処理するデータセットの範囲は，1個のデータのみの場合もあれば，直近に発生した n 個のデータの場合や直近 n 秒以内の期間に発生したデータの場合など，データ活用の目的に合わせてさまざまなパターンがあります．バッチ処理とは対照的に，データが発生してからデータ処理が完了するまでの実行時間に関する制約が強い場合に導入が検討されるデータパイプラインとなります．

　たとえば，EC サイト上の商品を閲覧するユーザーに対して，直近で閲覧された n 個の商品に基づいてリアルタイムにユーザーの嗜好を推論して，おすすめ商品を提示するような例があげられます．

　ストリーム処理では，基本的にはデータパイプラインの成果物を配信するためのシステムに連携するまでに，特定の保存領域に処理結果を保存しないまま，抽出・加工・転送の一連の処理が一気に実行されます．そうすることで，データがデータパイプラインに届いてから成果物を配信するまでの遅延を最小限に止めることを可能にします．

　一方で，リアルタイム性が真に必要な状況は限られており，多くの場合はバッチ処理による結果で事足りることが多いと筆者は考えています．ストリーム処理を実現するために必要なインフラ基盤は，バッチ処理と比較すると運用難易度が高いです．その理由として，以下のような例があげられます．

- 本番環境のインフラ構成を手元の PC などのローカル開発環境で完全に再現することが難しいため，デバッグ作業や変更影響の確認作業が難しい．
- インフラ基盤に一時的な障害が発生した際に，障害の影響を受けたデータの特定が難しい．
- 常時データ処理が行われ続けているため，システムメンテナンスなどを目的とした計画停止，およびその期間のリカバリー対応が難しい．

　そのため，データパイプラインを設計する際にストリーム処理が本当に必要な要件であるかを確認し，初めのうちはバッチ処理で代替して，データ活用のための施策が実施できないか検討してみることをおすすめします．

　以上，実行頻度や演算対象となるデータセットの大きさが異なるバッチ処理，ストリーム処理という2種類のデータパイプラインを説明しました．また，バッチ処理とストリーム処理では，それぞれのデータパイプラインの中で処理結果を特定の保存領域に保存しながらパイプラインを形成するかどうかの違いについても見てきました．

　一方でこのような違いがあるものの，基本的にはどちらのデータパイプラインでも同じようなデータ処理が適用されます．次節では，具体的にデータパイプライン上でどのようなデータ処理が行われるのかを把握し，データパイプラインのイメージをより明確にしていきます．

5・2・3 データ処理の種別

　データパイプラインではどのような種別のデータ処理が行われるでしょうか．データパイプラインにおけるデータ処理の種別は大きく抽出，加工，転送の3種類に分けられます．さらに加工はさまざまな処理に分けられます．ここでは，典型的に行われるデータ処理について整理していきます（図5・3）．

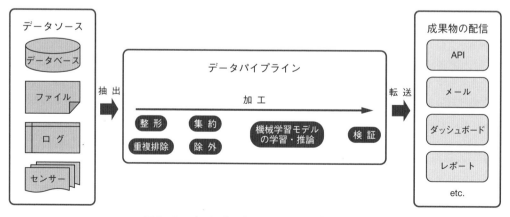

図5・3　データパイプラインにおけるデータ処理

a. 抽　出　　2章でも説明したように，データ活用に利用するデータソースからデータを収集し，そのデータに対して何も加工をしていない状態で，データパイプライン中の保存領域に保存・蓄積すること，もしくは保存せずに後続の加工・転送処理に直接渡す処理のことを抽出とよびます．

b. 整　形　　収集されたデータは，ばらばらな形式で保存されることが多く，データ活用を実施するには扱いにくい形式となっている場合があります．たとえば，同じ数字を表現しているデータでも，数値もしくは文字列として保存されている場合や，同じ時刻を表現しているデータでも，タイムゾーンがUTCもしくはJSTとして保存されている場合などです．ばらばらな形式のデータに統一的なフォーマットを適用し，後から分析しやすい形式へと変換することでデータ活用を推進しやすくなります．整形処理は，バッチ処理およびストリーム処理のどちらにも適用可能です．

c. 重複排除　　規則的に送られてくるデータであっても，同等のデータが重複してデータベースに保存される場合があります．たとえば，利用者がサービスの使い方を誤って二重にデータが登録されたり，システムのバグや通信状況によってデータが複製されて保存されたりするなどの理由が考えられます．重複したデータは保存領域を多く使う以上に，誤った分析結果につながることに注意しなければなりません．特定のデータを一意に識別するIDを利用して排除したり，同等のレコード値であることを利用して排除します．

　重複排除処理は，バッチ処理であれば一度に処理する任意のデータの範囲内で適用可能ですが，ストリーム処理での重複排除では一度に処理するデータの範囲が非常に狭いため，適用するためには工夫が必要です．各データを一意に識別できるIDのような情報をストリーミングデータに付与しておき，そのIDに基づいて自前に一意性を担保する処理を実装するか，ストリーム処理のツールに備わっている機能を利用する方法などが考えられます．いずれにせよ，どのIDのデータが処理済みであるかを内部で保持する必要があり，保持された分だけが一意性の担保の範囲となります．またストリーム処理の場合，各データを一意に識別できるIDをどのタイミングでどのように付与するべきか，適切に設計する必要があることに注意しましょう．

d. 集　約　　データ活用では収集された生データをそのまま利用するだけでなく，意味のある単位や軸で集計して，データ分析者や利用者が理解しやすいデータへと変換することがよく行われます．たとえば，ユーザーのECサイト上の購買ログから商品ごとの日次売上高を集計したり，同じ商品を購入しているユーザーに対して別のユーザーがよく購入している商品を集計したりするなどが例としてあげられます．また，複数種類のデータを組合わせて新たなデータを生成することもよく行われます．たとえば，ユーザーのECサイト上の購買ログと購入したユーザーのプロファイル情報を組合わせて，性別，年代別に商品ごとの日次売上高を集計するなどです．

　集約処理は，バッチ処理およびストリーム処理のどちらにも適用可能です．また，どちらもデータ処理の範囲の時間を重複するようにずらして集約することもできます．たとえば，バッチ処理でいうと1日おきに直近1週間分のデータを集約する，ストリーム処理でいうと1レコードのデータを受取るたびに直近5レコード分のデータを集約する，などです．

e. 除　外　　抽出した生データに対して整形や集約などの処理を行った結果，特定の条件を満たしているかどうかによって一部のデータをデータ処理の対象外とする処理が行われることがあります．たとえば，外れ値による分析結果への影響を取り除くことを目的として，ECサイト上の購買ログから集計した商品ごとの日次売上高のデータのうち，売上高が100万円以上の商品の購買ログをデータ活用施策の対象外にするなどです．データ活用の目的に合わせて適宜データの取捨選択が行われます．除外処理は，バッチ処理およびストリーム処理のどちらにも適用可能です．

f. 機械学習モデルの学習・推論　　データ活用のより発展的な応用として，収集されたデータや加工されたデータを用いて機械学習モデルの学習や推論が行われることがあります．たとえば，EC

サイト上のユーザーの行動ログからおすすめの商品を推論したり，画像投稿サイトの画像特徴量から類似する画像を推論したりするなどです．この場合，データパイプラインでは機械学習で利用されるアルゴリズム処理に対応可能なスペックをもつコンピューティングリソースを用意する必要があります．

　機械学習モデルの推論処理は，バッチ処理およびストリーム処理のどちらにも適用可能です．ただし，学習処理に関してはストリーム処理で利用できる学習モデルもしくは学習アルゴリズムが限定されることに注意しましょう．

　g. 検 証　　日々膨大な量のデータが生成される中で，収集されたデータが常に期待する値であるわけではありません．サービス上でユーザーが想定外の行動をしたり，システムのバグによって異常値が生成されたりすることもあります．データパイプラインの各処埋の入力となるデータが期待するデータであることの検証をあらかじめ行うことで入力データの異常を検知することができます．また，データパイプラインの各処理の出力となるデータに対しても同様に検証することで，より信頼度の高いデータパイプラインとなることが期待されます．検証処理は，バッチ処理およびストリーム処理のどちらにも適用可能です．

　h. 転 送　　何かしらの加工が施されたデータやそのデータから生成された成果物を目的となるシステムに連携することで，サービスを利用するユーザーにデータから作られる価値を提供することができます．データパイプラインではさまざまなシステム間で加工されたデータの転送が行われます．たとえば，ユーザーに付与する割引クーポンに関するデータを集計した結果をメール配信システムのデータベースに転送したり，おすすめの商品を機械学習モデルによって推論した結果を API のデータベースに転送したりする例などがあげられます．

　以上のように，データパイプライン上ではさまざまな種類のデータ処理が行われます．データ量やデータの種類が増えることで，適用すべきデータ処理の数も増えてデータパイプラインが複雑化していきます．すると，データパイプラインを適切に管理・運用することが難しくなっていきます．次節では，データパイプラインを適切に管理・運用していくために必要な設計指針を学びます．

5・2・4　データパイプラインの設計指針

　データドリブンな意思決定を続けることでデータ活用施策の実施数やユースケースは急速に拡大します．そのような変化の激しい領域において重要な機能を担うデータパイプラインを設計するにあたり，あらかじめ意識しておくべきポイントをまとめます．

　a. 自動的かつ継続的なデータ処理　　ビジネスを運営するうえで生成・収集される生データはビジネスを運営し続けるかぎり発生し続けます．新しいデータに対しても加工・システム間連携を実施し続けなければ，最新のデータに基づいた成果物をエンドユーザーに提供できません．また，サービスを運営している限りサービスのトランザクションデータは昼夜を問わず発生するため，人力による一連のデータ処理の実施は現実的ではありません．自動でデータの加工・連携を行うことが重要となります．

　b. データパイプラインの一元管理　　1 種類のデータであってもデータ活用の目的が複数あれば，その目的の数だけデータパイプラインが必要となります．ビジネスの成長とともにデータの種類やデータ活用先が増加することでさらにデータパイプラインが増えていきます．これらのデータパイプラインが適切に管理されていないと，どの成果物がどのデータパイプラインから生成されたものなのかを把握することが難しくなってきます．組織全体でどのようなデータパイプラインが動作しており，各成果物がどのデータパイプラインから生成されているのか，各データパイプラインにおける処理が成功しているか，データパイプラインの処理がいつもより遅延していないか，などを一元的に管

理できる状態が望ましいでしょう.

c. データ量・種類の増加への対応　　ユーザー行動ログやサーバーログ, センサーログ, 画像データ, 音声データなど, さまざまな種類や形式のデータが蓄積されていきます. ビジネスが拡大するとともに, データの量も種類も爆発的に増えることが予想されます. したがって, データ活用施策を実施するうえで構築するデータパイプラインは, データの多様性の広がりとデータ量の増加という変化に耐えうるシステム設計にすることが重要です.

d. データ活用の複雑化への対応　　データ活用の応用レベルが進むにつれて, データ処理の複雑さも増していきます. 単に生データの集計が行われるだけでなく, さまざまな種類の加工済みデータを統合したり, 加工済みデータを機械学習モデルの学習や推論に利用したりすることもあります. また, 同一の処理に異なるパラメータを与えて複数の処理が行われる場合もあります. すると, データ処理は単一の独立した実行ではなく, 複数のデータ処理間で, 順序性や並列性などの依存関係をもたせる必要が出てきます. こうした柔軟なデータ処理制御を実現できる機能が重要となります.

e. データ活用の影響範囲拡大への対応　　レコメンドなどのデータ活用施策の成功体験が増えるほど, さまざまな場面でデータ活用施策が実施されることになります. すると, データ活用施策がビジネスに与える影響範囲は非常に大きくなっていきます. また, ビジネス上の意思決定の支援に使うために, モニタリングダッシュボードやレポーティングを通じて社内のステークホルダーに届けられる場合もあります. その結果, データパイプラインが停止したときの影響も自ずと大きくなることが想像できます. したがって, データパイプラインは信頼性の高い設計にすることが求められます. また, データ処理が失敗したときにすぐに検知できる機能やリカバリーがすぐにできる機能を備えていることが重要となります.

　この節では, データパイプラインの概要や, バッチ処理・ストリーム処理といったデータパイプラインの種別, さらにデータパイプラインで行われる具体的なデータ処理内容について確認しました. そしてデータパイプラインの設計時の考慮ポイントについて説明しました.

　§5・2・2で説明した通り, データ活用の施策を実施するにあたっては, データパイプラインでストリーム処理が必要となるケースは限定的であり, バッチ処理でもともとの要件を満たせるケースや, 多少のデータ処理の遅延を許容できるケースが多々あります. そのため, まずは構築・運用が比較的容易であるバッチ処理によるデータパイプラインを組織に導入することを検討し, データ活用を実施することをおすすめします.

　よって, 本章では次節以降, バッチ処理によるデータパイプラインをメイントピックとして扱い, これを実現するために必要なツールである**ワークフローエンジン**について説明していきます.

5・3　ワークフローエンジン
5・3・1　ワークフローエンジンとは

　ワークフローエンジンは, サーバー上で実行可能な処理を自動的に実行するための制御機能を提供するツールです. 手動で実行されていた処理を自動化し, 処理全体の高速化と安定化を実現することができます.

　ワークフローエンジンは, たとえば業務上の申請・承認プロセスや新規参画者のオンボーディングプロセスといった非エンジニアの業務プロセスの自動化や, システムへの変更反映プロセスやシステムが正常に稼働していることの検査プロセスといったエンジニアの業務プロセスの自動化など, さまざまな業務プロセスの自動化に応用することが可能です.

　ワークフローエンジンにおいて, 定型化された一連の業務プロセスの処理のまとまりをワークフ

ローとよび，ワークフローは一つ以上のタスクとよばれる処理単位によって構成されます．ワークフローエンジンは，ワークフローおよびタスクの実行制御や管理を行います（図5・4）．

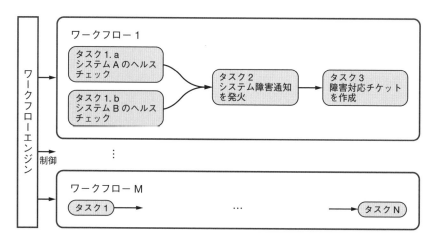

図5・4　ワークフローおよびタスクの実行制御

5・3・2　データパイプラインへの導入

　データ活用施策に必要な個々のデータ処理をタスクとしたワークフローをワークフローエンジンによって実行制御させることで，自動化されたデータパイプラインを実現することができます（図5・5）．

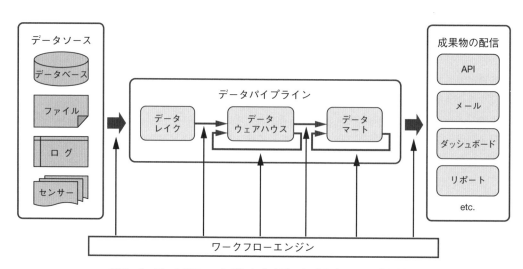

図5・5　ワークフローエンジンによるデータパイプラインの実行制御

　図5・5の各種データ処理を個々のタスクとして実装し，データパイプラインとして表している一連のデータ処理の流れをワークフローとして定義することで，データパイプラインをワークフローエンジンによって実行制御するイメージです．具体的に，データパイプラインにおける一連のデータ処理の流れをワークフローとタスクとして定義する例を図5・6に示します．

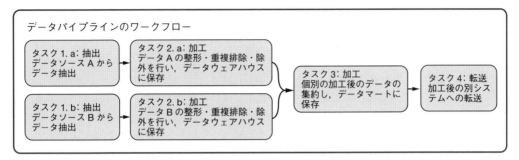

図5・6　データパイプラインのワークフロー

　第1部で紹介したようなcronを用いたとしてもワークフローエンジンと似たように定期的な処理を行うことはできますが，cronの機能だけではたとえば以下のような問題が発生する可能性があります．

- 複数の処理が必要となる業務プロセスにおいて，個々の処理の実行結果に依存をもつ場合の実行制御が難しい．
- 処理が失敗した場合に通知する機能はないため，失敗したことを検知しにくい．
- 処理が失敗した場合に自動でリトライするような機能はないため，失敗した際のリカバリー対応に漏れが発生する．

　ワークフローエンジンではこれらの問題を補い，前節で説明したようなデータパイプラインの設計指針を実現するために必要な機能性を備えています．

　近年では大規模なデータ処理やデータパイプラインの安定運用を行うために，データパイプラインに特化された機能を提供するワークフローエンジンも出てきました．次節では，ワークフローエンジンをデータパイプラインに導入するにあたって，知っておくべきワークフローエンジンの機能性について学んでいきましょう．

5・3・3　ワークフローエンジンの機能性

　ここでは，適切なデータパイプラインを実現するために必要なワークフローエンジンの機能要件・非機能要件を整理していきます．

a.　機 能 要 件

i）スケジューリング実行：定められた日時でワークフローを定期実行

　データパイプラインでは常に蓄積し続けるデータを一定間隔で処理することで，各時刻のデータの断面を利用した集計や分析が可能です．前節のビジネスの応用例で見たような日次で集計すべき要件もあれば，数時間・1カ月おきにデータを更新する必要がある場合もあります．つまり実施したいデータ活用施策の要件に応じて自由に設定できる必要があります．日次であれば同一のワークフローは同一の時刻，週次であれば同一の曜日・時刻，月次であれば同一の日・時刻に処理が開始されることを期待されるため，手動でこれに対応するのは現実的ではありません．

ii）手動実行：任意のタイミングで手動によりワークフローを実行

　データパイプラインでは，ワークフローエンジンのスケジューリング実行や，後で説明するリトライ機能だけでは実際の運用ニーズを満たすことはできません．本番運用として定期実行させる前に，ワークフローの新規登録や仕様の修正を行う度に動作確認を行いたい場合があります．また，何かしらの外部原因によってワークフローが異常終了した際に外部要因が解消されたことを確認したら，す

ぐに実行させたい場合や，数日にわたって異常があった際に過去の日付を指定して実行させたい場合もあります．これらを行うためにはスケジュール実行やリトライ実行だけではなく，手動でワークフローを動作させることができる機能があることが望ましいです．

iii）リトライ機能：処理が失敗した場合に自動で再実行

　ワークフローが失敗する原因はさまざまです．たとえばワークフローで実行される実装が間違っている場合や，ワークフローエンジンにマシンリソース不足による不具合が発生した場合，もしくはワークフローエンジンを実行しているインフラに不具合が発生した場合などが例としてあげられます．これらは何かしらのアクションを起こさない限り継続的にワークフローが失敗し続ける場合もあれば，一時的な不具合であり，すぐに復旧する場合もあります．一時的な不具合によって失敗したワークフローは，復旧後に再実行することで成功するため，失敗したすべてのワークフローに対して手動再実行によって対応することもできます．しかし，一時的な不具合は日中に起こるとは限らず，深夜に発生したり，業務が忙しく手を離せない場合に発生することも当然ありえます．そのため少なくとも1回は失敗した後に自動で再実行が行われるような機能があると，一時的な不具合によって失敗したワークフローへの対応が自動化され，大幅に運用負荷が軽減されます．

iv）依存関係の定義：ワークフロー内で実行されるタスクの実行順序の制御

　データパイプラインでは，一連のデータ処理を単一のタスクだけで構成する場合もあれば，複数のタスクで構成する場合もあります．たとえば，データソースにあるデータを抽出し，次に何かしらの加工処理を行い，最後に別のDBに転送するようなデータパイプラインを考えてみましょう．ワークフローエンジンを使って，これらのデータ処理を複数のタスクに分割することで，抽出や転送といった他のデータパイプラインに対しても再利用性の高いタスクを作ることができたり，最後の転送処理が失敗した際に失敗した処理から再実行することができたりします．この例のように単純な構成のデータパイプラインだけではなく，より多くのタスクでデータパイプラインが構成されることもあるでしょう．複数のタスクによって構成されるデータパイプラインでは，それぞれのタスクが並行して実行できるパターン，シーケンシャルに実行すべきパターン，もしくはその両方が混在して実行されるパターンなど，さまざまなタスクの実行パターンがあります．先ほどの例では，抽出・加工・転送はシーケンシャルに実行すべきパターンでした．複数のタスク間の実行すべき順序関係をタスクの依存関係とよびます．タスクの依存関係をワークフロー内で定義できることで，データの依存関係に基づいた処理を行うことができるようになり，複雑なデータパイプラインの実現も容易になります．

v）成功/失敗通知：処理が正常終了もしくは異常終了した場合に，
ワークフロー管理者に実行ステータスの通知を送る

　ワークフローが失敗した場合，そのワークフローが果たしていた役割が一時的に停止することになります．その状態を検知する手段として，最終的な成果物の更新状況を確認することで検知する方法もありますが，毎回のすべてのワークフローの成果物に対して確認を行うことは骨の折れる作業です．また，成果物の更新状況をすぐに確認できない，もしくは確認しても異常が発生しているかどうかを判断できないものもあります．さらに，停止している機能によってはすぐに復旧しなければビジネスに多大な影響を及ぼす場合もあります．そこでワークフローが適切に実行を終えたかどうかをワークフロー管理者に通知によって知らせることで，成果物の更新が適切に行われたかどうかを判断できるようにする機能があることが重要です．

vi）管理画面：ワークフローの依存関係や実行履歴の可視化が可能な管理画面

　管理しているワークフローの数が増えたり，単体のワークフローがより複雑になるほど，ワークフローの実行状況が可視化されていることの重要性が高まります．たとえば，ワークフローエンジンにシステム障害が発生した場合に，管理しているワークフローのうちどれが障害の影響を受けたのかを

すぐに調査する必要があります．管理画面がない場合は，失敗通知のみに頼ることになりますが，失敗通知だけでは一覧性に欠けるため調査漏れや対応漏れが発生するリスクが高まります．また，システム障害の内容によっては通知機能さえ停止してしまうことも十分にありうるため，より調査が困難になります．失敗したワークフローの最新の実行ステータスや過去の実行履歴が管理画面上で一覧化されていると，こうした障害時の調査に便利です．また，ワークフローは対応するデータ施策の複雑度が増すことによってタスクの依存関係も複雑になることがあります．こうした場合，適切な依存関係で処理が実行されることをあらかじめ管理画面上で可視化して確認できるようになっていると便利です．また，現在どの程度ワークフローが実行中であるかを知ることができれば，ワークフローエンジンのアップグレード対応などによる計画停止の影響を簡単に把握することができます．

vii）ログ閲覧：ワークフローの実行ログを確認するための機能

ワークフローの各タスクで実行されたログを確認することで，意図した通りにデータ処理が行われたことや，失敗した場合に何が原因だったかを確認することできます．特にデータパイプラインの場合，あらかじめ処理することになるデータをすべて予測することは困難であるため，想定外のデータの入力によりデータ処理がエラーとなる場合も少なからず発生します．このとき，エラーメッセージとしてどのようなデータが入力として与えられ，どこでエラーが発生したのかを明示的にログに流しておくと，問題発生時にすぐに問題を特定することができます．問題発生時の調査とリカバリーはデータ活用施策によっては早急に対応しなければならない場合があります．そのためログをストレージなどに出力しておくだけでなく，管理画面上から見られる機能があることが望ましいです．

viii）コード管理：ワークフローをコードで管理する機能

データパイプラインの複雑化に伴って，ワークフローも複雑化していきます．複雑化したワークフローは，設定の正しさの担保や，新規参画者が仕様を把握することを難しくします．ワークフローをコード管理することによってレビュー可能な状態にし，ワークフローの設定の正しさをデータパイプラインの管理チームによって担保できるようになったり，コードを読むことでワークフローの仕様を把握できるようになります．また，コードのバージョン管理をすることで，変更失敗時の切り戻し作業も安全に行うことができます．

ix）条件分岐：タスクの実行ステータスによる制御

ワークフロー内に二つ以上のタスクをもつ場合，前段に実行されるタスクの実行ステータスによっては，後段の実行されるタスクを実行すべきではないケースがあります．たとえば，生データを加工した結果を一時テーブルに保存する前段タスクと，一時テーブルに保存された結果を別システムに転送する後段タスクをもつワークフローの場合，前段のタスクの処理が何らかの理由で失敗した場合は後段のタスクを実行すべきではありません．逆に，前段のタスクが失敗したとしても後段のタスクを実行したいケースや，前段のタスクが失敗したときにだけ実行する後段タスクをもつワークフローを作りたいケースも少なからずあります．タスクの依存関係の定義とセットで，タスク間の実行ステータスによる実行制御が可能な機能があると，複雑な要件にも対応可能となります．

x）イベントフック：任意の外部イベントによってワークフロー実行を制御

データ活用施策によっては，スケジューリング実行機能だけでは足りないケースがあります．たとえば，EC サービスに新しくユーザー登録されたときに，そのユーザーのプロファイルデータを利用してレコメンド結果を生成したり，外部データベースの更新を検知したときにその外部データを自社データベースに転送することなどが例として挙げられます．このような機能を使うことでスケジューリング実行よりもリアルタイム性のあるデータ連携が可能となります．プッシュ型のイベントフックとしては，HTTP リクエストやメッセージングによるフックなどが使われ，プル型のイベントフックとしてはデータベースやストレージのデータをポーリングして変更を検知したフックなどが使わ

れます.

xi）タイムアウト：一定の時間が経過した場合に実行中のワークフローを停止する機能

　データパイプラインにおけるワークフローはさまざまな理由によって，実行時間が伸びる可能性があります．たとえば，処理対象のデータ量が想定以上に大きくなった場合や，機械学習アルゴリズムによる学習曲線の収束に想定以上の時間がかかった場合などです．データ処理のコードを変えなくても，入力となるデータが変わればワークフローにおけるふるまいが大きく変わる可能性があるのがデータパイプラインの特徴となります．しかし，データパイプラインでは一つのワークフローの結果を別のワークフローで利用するなど，実行時間に制約があるケースも考えられます．そうした制約がある中で，実行時間が想定以上に伸びている場合は途中で処理を強制終了させて，別のデータパイプラインを動作させるなどの代替手段が必要になる場合があります．このようなケースでは処理完了の遅延を検知して，ワークフローを強制終了させる機能が便利です.

xii）外部ツールインテグレーション：パブリッククラウドや SaaS ツールとの連携機能

　データパイプラインでは，データの抽出元や転送先のクラウドデータベースや，データを連携するSaaS ツールなど，さまざまな外部ツールを利用しながら生データから目的となる成果物まで伝播させていきます．したがって，それぞれ外部ツールのインターフェースである API や SDK を利用してデータパイプラインを実装する必要がありますが，ワークフローエンジンによってはこれらの実装がネイティブに組込まれており，そのラッパーとなる機能を提供するものもあります．そのようなワークフローエンジンを選定すれば，実装コストやバグ混入のリスクが軽減され，目的となるビジネスロジックの構築に集中することが期待できます.

b. 非 機 能 要 件

i）スケーラビリティ：データ処理を行うサーバーが水平スケール可能

　データパイプラインの増加に伴って，ワークフローエンジンが担うデータ処理の数も増加していきます．また，営業時間帯前や日付が変わった瞬間など，同じような時間帯に多くのワークフローが並行でスケジューリング実行されるケースが多く，一般にデータ処理の負荷は時間帯によってばらつきがあり，一時的に負荷が大きく集中することもあります．負荷の増減に合わせてデータ処理を行うサーバーが水平スケールできるような機能があると，データパイプラインやデータ量の増減にも対応することができるようになります.

ii）可用性：ワークフローエンジンの可用性

　ワークフローエンジンはデータパイプラインの信頼性を決定する最重要ツールです．ワークフローエンジンに不具合が発生し，機能が停止した場合，データパイプラインによって実現している成果物が得られなくなり，データによるビジネス価値の損失につながります．データパイプラインが大きくなるほどその影響が大きくなります．そのため，ワークフローエンジンでは高い可用性が求められます.

iii）ハードウェアアクセラレータの利用：データ処理を行うサーバーで GPU や TPU が利用可能

　画像処理や自然言語処理などで用いられる手法である深層学習のような高い処理性能が要求される場合，ワークフローを GPU や TPU といったハードウェアアクセラレータ上で実行し，大規模なデータを高速に処理する機能が求められます.

　データパイプラインのユースケースは非常に多岐にわたりますが，その幅広いユースケースに対応できるようにするためにワークフローエンジンにはさまざまな機能が実装されています．しかし，データパイプラインのユースケースをあらかじめすべて予想することは難しいため，ワークフローエンジン導入時に十分だった要件も将来的には不十分になる可能性がありえます．したがって，機能要件・

非機能要件ともに，拡張性をもつ設計思想やアーキテクチャであるワークフローエンジンを選定することが大事です．

5・3・4　ワークフローエンジンのアーキテクチャ

　ここでは具体的なツールごとのアーキテクチャを見る前に，一般的なワークフローエンジンのアーキテクチャについて説明します．

　a. コンポーネント　　ワークフローエンジンでは，具体的なツールによって名称や役割に多少の差異はありますが，典型的には以下のコンポーネントによって構成されています．

i）スケジューラー

　スケジューラーはワークフローの実行制御を行うコンポーネントです．具体的には定められた日時やオンデマンドの要求によって登録されているワークフローを起動することや，ワークフローを構成するタスクを設定された依存関係に従って実行すること，個々のタスクで要求されるマシンスペックに応じて実行すべきワーカーを選ぶことがおもな役割となります．ワークフローを実行制御するための重要なコンポーネントであるため，スケジューラーが何かしらの問題（たとえばリソース不足によるシャットダウン）で機能が停止してしまうとワークフローを起動することができなくなり，ワークフローエンジン全体としての機能も停止してしまいます．したがって，ワークフローエンジンの可用性はスケジューラーの可用性に依存します．

ii）ワーカー

　ワーカーは個々のタスクの処理が実行されるコンポーネントです．ワーカーはワークフローエンジン全体として1台以上のマシンリソース上で起動しており，複数台で構成される場合もあります．バッチ処理のデータパイプラインの場合は，処理するデータ量やデータ処理のアルゴリズムによって大小さまざまなスペックのマシンリソースが要求されます．また，データパイプラインでは時間帯によって並行して実行されるデータ処理が増減することがあります．実際，筆者の経験ではデータパイプラインは深夜時間帯の0時〜3時や営業時間帯前の5時〜10時に実行が集中する場合が多いため，負荷が大きい時間帯には多くのマシンリソースが起動し，それ以外の時間帯では必要最低限のマシンリソースが起動するようなオートスケーリングする構成であることが望ましいでしょう．

iii）データベース・ストレージ

　データベースは，ワークフローの設定やワークフローの実行ステータス，実行履歴などのデータを保存するコンポーネントです．ストレージはデータパイプラインの各タスクにおける実行ログやアウトプットなどの実行後の成果物を保存するコンポーネントです．ここに保存される成果物を確認することで，各データパイプラインのデータ処理が意図通りの挙動であるか，想定通りの結果が得られているかを確認することができます．ただし，具体的なツールによってデータベースやストレージに保存するデータの種類やフォーマットが異なるため，利用するツールのドキュメントを参照して，どのようなデータが保存されたり，どのようにデータが利用されたりしているかを確認しましょう．

iv）Web サーバー

　Web サーバーは，ワークフローエンジンの管理画面としての機能を担うコンポーネントです．登録されているワークフローが一覧化され，ワークフローのタスク依存関係が可視化されたり，ワークフローの最新の実行ステータスや実行時間，過去の実行履歴，実行ログなどを閲覧する機能を提供します．また，特定のワークフローが失敗していることを検知した際に，管理画面からワークフローを手動実行する機能を備えていることも多いです．データパイプラインが増えるほど管理画面によって一覧化して可視化することの重要性が大きくなります．

それぞれのコンポーネントが一つのツールにすべてパッケージングされている場合もあれば，外部ツールを組合わせて構成する場合（たとえばデータベースにクラウドのマネージドデータベースを利用するなど）もあります．以上のコンポーネントを踏まえて，ワークフローエンジンの構築や運用の軸から見たときのアーキテクチャパターンを紹介します．

b. アーキテクチャパターンと管理手法　　本節では，ワークフローエンジンの環境構築や保守運用の軸から見たときのアーキテクチャパターンと管理手法の二つの観点から，それぞれどのようなパターンがあるのかを説明します．

i）アーキテクチャパターン

① シングルホスト：ワークフローエンジンのすべてのコンポーネントを一つのサーバー上にホストするパターンです．一つのサーバー上に構成するため，docker-compose などのツールを利用することによって簡単に環境構築することができます．しかし，このパターンでは二つの問題点があります．

- データ処理の負荷が大きくなった場合，サーバー上のすべてのコンポーネントの利用リソースが枯渇する．
- サーバーに障害が発生した場合，サーバー上のすべてのコンポーネントが障害の影響を受ける．

このため，本番運用としてはシングルホストでの利用は推奨しません．このパターンは，ローカル PC 上での動作検証用に利用することで，開発効率を上げる手段として利用する場合に有用です．

② マルチホスト：ワークフローエンジンのコンポーネントごとにサーバー，もしくはマネージドサービスを用意して，コンポーネントごとのリソースを分離するパターンです．さらにデータ処理の実行部であるワーカーコンポーネントのサーバーは複数台利用することもあります．このパターンでは，データ処理の負荷が大きくなることが事前に予測できるとき，ワーカーコンポーネントのサーバー台数をあらかじめ増やしておくことで，負荷の増加に対応することができるようになります．基本的なアーキテクチャパターンであり，本番環境で運用する構成としても利用することができます．ただし，このパターンではデータ処理の負荷に合わせてサーバー台数の管理が必要になる可能性があるため，急激なデータ処理負荷の変化に対応できないなどの課題が残ります．

③ マルチホスト＋オンデマンド：マルチホストのパターンに加えて，ワーカーコンポーネントが利用するサーバーをデータ処理が実行されるたびに新たに起動して，実行終了時に起動したサーバーを削除するパターンです．ワークフローエンジンの中でも最も負荷が高くなるワーカーコンポーネントのリソースをオンデマンドで調達することによって，負荷の増加した場合でもリソースの枯渇が起きないように工夫したパターンとなります．このパターンでは，データ処理が行われている時間のみリソースを利用することになるので，コスト効率が高くなることも期待されます．また，オンデマンドに調達するサーバーのマシンスペックを柔軟に切り替えることができるため，個別のタスクのデータ処理負荷に応じて適切なサーバーの起動が可能となります．オンデマンドにサーバーを調達するためには，パブリッククラウドの利用が便利でしょう．

④ マルチホスト＋オンデマンド＋冗長化：マルチホスト＋オンデマンドのパターンに加えて，スケジューラーコンポーネントや Web サーバーコンポーネントなど，一部コンポーネントを冗長構成にすることで耐障害性をもたせる高度なパターンです．特にスケジューラーコンポーネントは，障害の影響を受けるとワークフローを起動できなくなってしまうため，高い可用性があることが望ましいです．ただし，冗長構成をもたせるためには，ワークフローエンジン自体に

　ワークフローの重複起動を発生させないといった制御ができる機能がある必要があるため，ツール選定時に確認する必要があります．

　ここで紹介した実行環境のアーキテクチャパターンは，アーキテクチャの複雑さ（≒環境構築・保守運用のしやすさ）と，スケーラビリティおよび可用性に関してトレードオフの関係になっているといえます．下に行くほど複雑な構成になりますが，スケーラビリティおよび可用性が高くなります．しかし，必ずしも最初からスケーラビリティおよび可用性を高くする必要はなく，ワークフローエンジンの導入フェーズによっては，障害によって一時的に機能しなくなることを許容し，複雑な構成よりシンプルな構成を選ぶことも検討する価値はあるでしょう．

　一方で，クラウドサービスのマネージドツールを選択することによって，上で述べたような複雑な構成を簡単に構築・運用し，スケーラビリティおよび可用性の高いアーキテクチャを実現することもできます．アーキテクチャの構築・運用といった管理手法について確認していきましょう．

ii）管理手法

① セルフマネージド：各コンポーネントをセルフで構築し，運用もセルフで実施するパターンです．各コンポーネントが動作するインフラの構築と運用も必要となります．セキュリティレベルの高い実行環境を構築するためには，プライベートなネットワーク設計と認証認可機能を備えたアクセシビリティを担保する必要があります．ワークフローエンジンとしては，スケジューラーの高い可用性が求められます．スケジューラーの一部に問題が発生してもワークフローエンジン全体としては機能停止しないようにインフラ層・コンポーネント層がともに冗長化されていると望ましいでしょう．また，実行するデータ処理の負荷の大きさに合わせてマシンリソースを選べるようにし，同時実行数をスケールさせることができるようなインフラ層のアーキテクチャ選定が望ましいでしょう．

　　一方で，マネージドサービスを利用しないことでベンダーロックインの回避につながります．また，コンポーネントレベルのバージョンの最新化を任意のタイミングで行うことができるため，新しくリリースされた機能を早期に取り入れたり，チームの開発計画に合わせてアップデートタイミングを制御できたりすることができます．ただし，これらのアーキテクチャを自ら設計・運用するために必要なスキルセットは多岐にわたることに注意してください．オンプレ環境にも導入することができるため，外部ベンダーのサービス上でデータを扱うことが難しい場合はこのパターンを選ぶ必要があります．

② フルマネージド：各コンポーネントやインフラ層の構築や保守運用が自動化されているパターンです．ユーザーがやることはワークフローを登録するだけであり，すぐにワークフローエンジンとして使い始めることができます．インフラ・コンポーネントが冗長化された状態で自動構築されるツールもあるため，冗長化のための設計を行わなくても済む場合があります．また，構築される環境のセキュリティレベルも選択できるため，セキュリティが担保された状態で運用を開始することができます．

　　ただし，ツールによっては詳細なデバッグ作業や障害時の問題特定を実施するにあたって，インフラやコンポーネントに採用されている技術スタックへの一定の理解が必要になることに注意しましょう．また，フルマネージド特有の機能に依存する場合は，そのツールを提供するベンダーロックインが発生することになることにも留意が必要です．

　データパイプラインを組織に導入する際，フルマネージドなワークフローエンジンツールを採用することで，ワークフローエンジンの開発・運用に掛かる工数が大きく下がり，その分データパイプラインの設計に集中できることが大きなメリットとなります．外部ベンダーのサービス上でデータを扱うことが難しいというような制約がない場合は，まず初めにフルマネージドなツールの利用を検討することをおすすめします．

5・3・5　ワークフローエンジンのツール例

前節で説明したアーキテクチャパターンに基づいて代表的なツールを比較します．開発チームのスキルセットや求める機能性を考慮してツール選定を検討してみましょう．

a. Apache Airflow　Apache Airflow[1]は Apache ソフトウェア財団によって管理されている OSS のワークフローエンジンです．Apache Airflow はワークフローを Python SDK によって定義することができます．インフラとして Google Compute Engine のような VM や Docker コンテナ，Kubernetes[2]といわれるコンテナのオーケストレーションツール上で動作させることができます．Apache Airflow は §5・3・3 a で説明した機能要件をすべて満たしていますが，§5・3・3 b で説明した非機能要件に関しては採用するアーキテクチャパターンによって変わります．たとえば，Airflow バージョンの2系を使い，Kubernetes 上で動作させ，Airflow Executor として Kubernetes Executor を使うことで，マルチホスト＋オンデマンド＋冗長化のパターンを実現することができ，スケーラビリティや可用性の高い設計とすることが可能です．ただし，いずれのアーキテクチャパターンで構築するにしても，インフラ構築も含めて Apache Airflow が動かせる状態まで初期構築するにはインフラ構築と運用の知識も必要であり，データパイプラインの増加に合わせてスケールさせていくための設計運用スキルも求められるため，初めてワークフローエンジンを導入する場合は後述するマネージドサービスを利用するのがよいでしょう．

b. Argo Workflows　Argo Workflows[3]は Cloud Native Computing Foundation によって管理されている OSS のワークフローエンジンです．Argo Workflows はワークフローを YAML フォーマットによって定義することができます．Argo Workflows は Kubernetes 上で動作させることを前提に設計されたクラウドネイティブな特性をもちます．クラウドネイティブな特性とは，簡単に説明するとクラウドコンピューティングの機能やリソースを活用して，運用の優秀性と変更容易性に強みをもつようなシステム特性のことをさします．その結果，Argo Workflows は初めから §5・3・3 b で説明した非機能要件を満たしています．一方で，§5・3・3 a で説明した機能要件のうち，成功通知/失敗通知機能や外部ツールインテグレーション機能といったワークフローの実行制御以外の機能についてはもたないため，それらの機能は自身で実装する必要があります．Argo Workflows の導入には，Kubernetes に対する理解や，Kubernetes を運用管理するためのインフラに対する理解が必須となります．各種クラウドベンダーから Kubernetes のマネージドサービスが提供されているため，これらのサービス上に Argo Workflows を構築することを検討するとよいでしょう．

c. Kubeflow Pipelines　Kubeflow Pipelines[4]は Kubeflow[5]という Google 社内で機械学習基盤として使われていたツール群の中の一つで，ワークフローエンジンの機能を担うコンポーネントです．現在は OSS として公開されています．Kubeflow Pipelines も Argo Workflows と同様に Kubernetes 上で動作させることを前提に設計されています．また，Kubeflow Pipelines の内部は Argo Workflows によって実装されているため，機能性としては Argo Workflows と大きな違いはありません．一方で，Argo Workflows と異なり，ワークフローは Python SDK によって定義します．また，Kubeflow が機械学習関連のさまざまな機能をもつコンポーネントを組合わせてできたツールであるため，Kubeflow Pipelines 単体で動かす場合でも大量の依存パッケージがインストールされ，Argo Workflows よりも導入や運用のハードルが高いという難点があります．しかし，Google 社内で機械学習基盤として使

1) https://airflow.apache.org/
2) https://kubernetes.io/
3) https://argoproj.github.io/argo-workflows/
4) https://www.kubeflow.org/docs/components/pipelines/
5) https://www.kubeflow.org/

われていた実績もあり，データサイエンティストにとっては使いやすい機能が含まれているため，機械学習を扱うワークフローエンジンを構築する場合は一考の余地があるでしょう．Kubeflow Pipelines をデータパイプラインとして導入したい場合は，後述するマネージドサービスを利用するのがよいでしょう．

d. Google Cloud Composer　Google Cloud Composer[6]（以下，Cloud Composer）は Google Cloud が提供している Apache Airflow のマネージドサービスです．インフラの構築および Apache Airflow の導入までの初期構築はすべて自動で行われます．Google Cloud のコンソール画面からいくつかの項目を埋めるだけで環境構築できるため，Airflow をすぐに始めるには大変よいツールとなります．Apache Airflow の項で説明した通り §5・3・3a で説明した機能要件をすべて満たしており，なおかつ Cloud Composer 2 系ではスケジューラーの冗長化やワーカーのオートスケーリングにも対応しているため非機能要件に関しても満たしています．そのため，長期的に運用していくうえでも運用性に優れています．しかし，自動構築されるインフラは Kubernetes のマネージドサービスである Google Kubernetes Engine が採用されているため，詳細なデバッグ作業や障害時の問題特定を実施するには Kubernetes の知識が要求されることをあらかじめ認識しておきましょう．

本章後半のハンズオンでは，Cloud Composer を利用したデータパイプラインの構築を行います．具体的なアーキテクチャや利用方法について説明しているので，Cloud Composer の詳細はそちらをご覧ください．

e. Vertex AI Pipelines　Vertex AI Pipelines[7] は Google Cloud が提供している Kubeflow Pipelines のマネージドサービスです．Vertex AI Pipelines では，Kubeflow Pipelines が動作する Kubernetes の設計や運用は Google が管理しており，また Kubeflow Pipelines の導入や運用も Google が管理しているため，利用者はすぐに使い始めることができ，なおかつインフラの運用を意識することなく使い続けることができます．また，Vertex AI Pipelines はワークフローの実行で利用した分だけが課金対象となるため，費用を最小限に抑えやすいツールでもあります．

一方で，Google が管理している Vertex AI Pipelines に何か問題が発生した場合に，その問題の特定が難しいというデメリットがあります．また，Google が所有するネットワークのインフラ上で処理が行われるため，自分たちが管理しているインフラのネットワークセキュリティやデータ要件しだいでは，Vertex AI Pipelines 上で処理するためのデータ転送が難しい場合もあります．自組織の要件を確認したうえで検討することをおすすめします．

ここまでで，データパイプラインとワークフローエンジンの基礎について学んできました．本章の後半では，ハンズオンを通してより具体的にデータパイプラインを構築する方法を学んでいきましょう．

5・4　ハンズオン

この節では，ハンズオンを通してデータパイプラインとワークフローエンジンの具体的な実装を理解します．

5・4・1　ワークフローエンジンの選定

ここでは，Cloud Composer を利用してワークフローエンジンの構築を行っていきます．
Airflow では，Python で DAG（有向非巡回グラフ）を記述し，Workflow を定義することができます．

---

6) https://cloud.google.com/composer
7) https://cloud.google.com/vertex-ai/docs/pipelines

図5・7にDAGの例を示しています．このDAGは，二つのデータをそれぞれ加工した後に結合し，結合されたデータを元に機械学習モデルの学習と評価を行い，生成した学習済みモデルを保存する，という一連のワークフローを定義しています．このようにDAGで各タスクの依存関係を定義することができます．

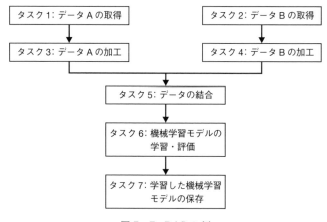

図5・7　DAGの例

ワークフローエンジンのコアとしてAirflowを採用した理由としては，

① 機能が豊富でAirflow単体でワークフローエンジンの要件の大部分を賄うことができる．

② PythonでDAGを記述するので，データサイエンティストや機械学習エンジニアにとっても導入しやすい．

③ OSSなのでベンダーロックインが発生しにくい．

④ 各クラウドにマネージドサービスが存在するなど，人気があり開発が活発である[8]．

といったところになります．

　今回はCloud Composerを採用することで，Airflow自体の機能に加えて，可用性やワークフローの同時実行数のスケールなど，非機能要件を担保します．

5・4・2　データパイプラインの構築

　それでは，実際にデータパイプラインを構築していきましょう．

　a. データパイプラインのアーキテクチャ　このハンズオンでは，図5・8のような構成でデータパイプラインの構築を行います．

　ワークフローエンジンはCloud Composer[9]を使用します．GitHub Actionsを利用してCI/CDパイプラインを構築し，所定のGitHub repositoryにPythonで記述したDAGをプッシュすると，自動でAirflowにそのDAGがアップロードされるようにします．ワークフローエンジンから所定のワークフローを実行することで，前章までに構築した分析用DBやAPIの更新を行います．

　b. Cloud Composerの注意点　Cloud Composerにはいくつか注意点があるので，セットアップに先立って説明します．

---

8) ワークフローエンジンについてまとめたGitHub repository (https://github.com/meirwah/awesome-workflow-engines) によると，OSSのワークフローエンジン中スター数が最多です（2022年9月現在）．

9) ここではCloud Composer内部のアーキテクチャについて解説はしませんが，詳細を知りたい方は公式ドキュメントをご参照ください．https://cloud.google.com/composer/docs/composer-2/environment-architecture

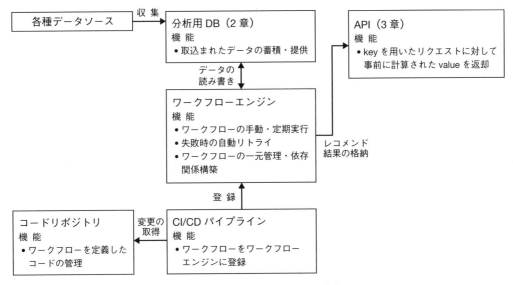

図 5・8　データパイプラインの構成

i）Cloud Composer 1 と 2 の二つのバージョンが存在する

　Cloud Composer は 2022 年 9 月現在，二つのバージョンをもっています[10]（以下 1 系，2 系）.

　1 系では Standard モードの Google Kubernetes Engine（GKE）クラスタ上に Airflow がデプロイされており，ワークフローの増加に伴う GKE ノードの水平スケールは手動で行う必要があります．それに対して，2 系では Autopilot モードの GKE クラスタ上にデプロイされており，ワークフローの増加に伴い自動で水平スケールが行われます．また，Autopilot モードの GKE クラスタは自動アップグレードによって，セキュリティ上の脆弱性から保護されます．ただし，1 系が優れている点として GPU が使用できるノードで GKE クラスタを組めることがあげられます．本書では 2 系を採用しますが，たとえば深層学習の手法を利用したモデルの学習を定期的に実施するようなワークフローを定義したい場合，1 系の使用を検討した方がよいでしょう．

ii）ワークフローの実行に影響を及ぼすメンテナンスウィンドウ[11]

　Cloud Composer には，週 12 時間のメンテナンスウィンドウを設定する必要があります．このメンテナンス中は，ワークフローの実行が失敗するおそれがあります．そのため，使用要件に応じて重要なワークフローを実行しない時間を設計し，ワークフローエンジンの使用者やワークフローの結果を利用する Web アプリケーションの運用者などの関係者に周知し，合意を得る必要があります．このメンテナンスウィンドウはすべてのメンテナンス事項を実施するのに十分な時間として 12 時間を確保しており，一度のメンテナンスが必ず 12 時間かかる，というわけではありません．また，毎週メンテナンスが実施される，というわけでもありません．

iii）デフォルトの設定が OSS 版 Airflow と異なる点がある

　たとえば，core.dags_are_paused_at_creation フラグは OSS 版では True になっているのですが[12]，Cloud Composer ではデフォルトで False になっています．このフラグは DAG を登録した際に実行フラグをオフにするか否かを決めるものです．Cloud Composer ではヘルスチェック用の DAG が作

10）詳しい比較については公式ドキュメントを参照してください．https://cloud.google.com/composer/docs/composer-2/composer-versioning-overview

11）https://cloud.google.com/composer/docs/composer-2/specify-maintenance-windows

12）https://airflow.apache.org/docs/apache-airflow/stable/configurations-ref.html#dags-are-paused-at-creation

成時に登録されますが，この DAG を自動実行するために False にしていると推察されます．ただし，このフラグが False の状態だと予期せずワークフローが走り出してしまう（例：トライ＆エラーの段階で登録したテスト用 Workflow が勝手に実行されてしまう，など）ことにつながるので，セットアップの時点で True に書き換えます．

c. セットアップ　では，Cloud Composer のセットアップを行っていきます．

① Cloud Composer API を有効にします．

② Cloud Composer のページに行き，"環境の作成" をクリックします．Composer 2 を選択し，環境設定に移ります．

③ ロケーション・イメージのバージョン・サービスアカウントを設定します．今回は表 5・2 のように設定しました．

表 5・2　Cloud composer のロケーション，イメージ，サービスアカウント

ロケーション	イメージのバージョン	サービスアカウント
asia-northeast1（Tokyo）	composer-2.0.4-airflow-2.2.3 （Airflow：2.2.3，Python：3.8.12）	default のもの

④ メンテナンスウィンドウの設定を行います．前述の通り，要件に合わせてウィンドウの設定をする必要があります．今回は，月曜・水曜・金曜日の日本時間午前 2 時に 4 時間ずつメンテナンスウィンドウを設けることにします．

⑤ 次に Airflow 構成のオーバーライドを行います（図 5・9）．以下の 2 点をデフォルトの設定から変更します．

- core.dags_are_paused_at_creation を True にする．

　前述の通り，予期せぬワークフロー実行の原因になると考えられるので True にします．

- scheduler.catchup_by_default を False にする．

　Catchup は，過去に実行していない DAG をさかのぼって実行する機能です．たとえば，2022 年 2 月 18 日に，一日に一度実行したい DAG A を追加したとしましょう．DAG A の start_date を 2020 年 2 月 18 日に設定していたとすると，過去 2 年間分をさかのぼってすべての日の DAG の実行がスケジューリングされてしまいます．これをデフォルトで設定してしまうと，予期せず大量の DAG の実行が発生してしまう可能性があるので，False にします．

図 5・9　Airflow 構成のオーバーライド

⑥ ワークロードの構成とネットワークの構成を確認します．今回は最小のワークロード構成と，デフォルトのネットワーク構成で作成しますが，組織のルールやワークフローエンジンの要件に応じて適宜設定を変更してください．

⑦ 最後に"作成"ボタンをクリックします．しばらく待つと，Cloud Composer の環境が立ち上がります（図5・10）．

図5・10 Cloud Composer のセットアップ完了

d. GUI の 確 認　Cloud Composer 環境一覧の右側，"Airflow ウェブサーバー"のリンクから Airflow の GUI に遷移することができます（図5・11）．

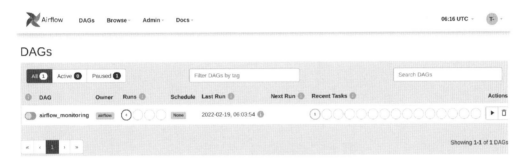

図5・11 Airflow の GUI

airflow_monitoring という DAG が登録されていることがわかります．これは Cloud Composer のヘルスチェック用に定義されている DAG です．これをオフにしたままですと常にヘルスチェックに失敗している状態になってしまうので，左端のボタンをクリックしてをオンにしておきましょう．

簡単に GUI の見方を説明します．トップページでは，DAG が一覧で表示されています．各 DAG の項目ではオーナーや実行の成功・失敗回数，スケジュールや実行された・される日時などが表示されています．また，右側の再生ボタンを押すと，DAG を即座に実行することが可能です．

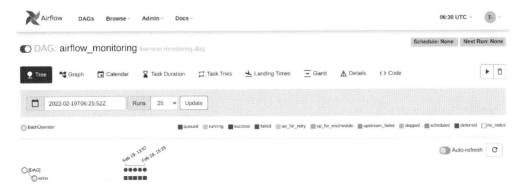

図5・12 DAG の 実 行 結 果

次にairflow_monitoringのDAG名をクリックしてみましょう．DAGの詳細に飛ぶことができます．詳細画面では，DAG内の各タスクの成功・失敗や実行時のログ，DAGを定義しているPythonコードを閲覧することができます（図5・12）．

e. モニタリング・環境設定　　Google Cloudのコンソールに戻りましょう．各Cloud Composer環境の詳細画面に遷移すると，Cloud Composerのステータスがモニタリングされていることがわかります．また，まだプレビュー版ではありますが[13]，Airflowのログを一覧で見ることができたり，AirflowのGUIに遷移せずともDAGを確認することもできます（図5・13）．

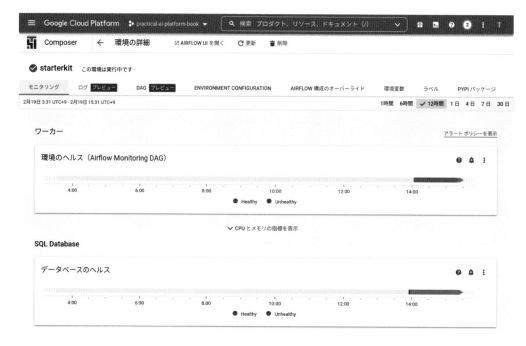

図5・13　Cloud Composerのリソースモニタリング

f. サンプルDAGの実行　　それでは，DAGを定義し，Airflowに登録して実行してみましょう．今回は，以下のタスクを順に実行するシンプルなDAGをsample.pyというファイル名で定義します．

① ログに"Hello world!"を出すPythonの関数greeting()を実行
② ①と同時に，10秒だけsleepするBashコマンドを実行
③ ①，②の終了を待ってからBashでecho goodbyeを実行

Pythonのairflowライブラリを読み込み，DAGを定義します．

chapter5/dags/sample.py

```
import logging

import pendulum
from airflow import models
from airflow.operators import bash_operator, python_operator
```

---

13) 2022年9月現在．

```
def greeting() -> None:
    logging.info("Hello world!")


with models.DAG(
    dag_id="composer_sample_simple_greeting",
    start_date=pendulum.datetime(2022, 5, 8, tz="Asia/Tokyo"),
    schedule_interval="30 16 * * *",
) as dag:
    hello_python = python_operator.PythonOperator(
        task_id="hello",
        python_callable=greeting,
    )

    sleep_bash = bash_operator.BashOperator(
        task_id="sleep",
        bash_command="sleep 10",
    )

    goodbye_bash = bash_operator.BashOperator(
        task_id="bye",
        bash_command="echo Goodbye.",
    )

    [hello_python, sleep_bash] >> goodbye_bash
```

まず，airflow.models.DAG の引数に注目してください．

- start_date にはこの DAG が最初に実行される日を pendulum.datetime() または str 型で入力します．Airflow のタイムゾーンはデフォルトで協定世界時（UTC）になりますが，start_date にタイムゾーン "Asia/Tokyo" を渡した場合，start_date の時刻および schedule_interval が日本標準時（JST）になります．

- schedule_interval には，この DAG が実行される間隔を cron 式または datetime.timedelta() で入力します．今回の例では，start_date のタイムゾーンとして日本標準時を渡しているため，日本時間の午後 4 時 30 分に実行されます．

次に，各オペレータに注目します．

- PythonOperator の python_callable 引数に定義した関数 greeting を渡します．

- 二つの BashOperator の bash_command 引数にそれぞれ sleep と echo の Bash コマンドを渡します．

最後に，最終行に注目してください．

- Airflow では，DAG の依存関係の定義のためにビット演算子（右シフト >>，左シフト <<）がオーバーロードされています．

- Task1>>Task2 で Task1 の実行後 Task2 が実行されることになります．

- 今回の例では使用していませんが，Task1>>Task2 と Task2<<Task1 は等価になります．

- また，オペレータのメソッドとして，set_upstream()，set_downstream() が存在します．Task1.set_downstream(Task2)，Task2.set_upstream(Task1) と Task1>>Task2 は等価です．

- 依存タスクを複数定義したい場合，リストを用います．

- 今回の例では,hello_python と sleep_bash を実行した後,goodbye_bash を実行することになります.
- 余談になりますが, Airflow は DAG を取込む際に, その DAG に閉路がないかを確認します. 閉路がある場合は DAG の取込みに失敗し, GUI 上にエラー表示がされます.

定義した DAG ファイルを, Cloud Composer に登録します. 方法としては以下の二つがあります.

① GCS バケットの所定のフォルダに置く.

② gcloud コマンドを使用する.

今回は, ①の方式を採用してみます. Google Cloud の GCS コンソールにアクセスすると,<ロケーション名>-<Cloud Composer の環境名>... といった構成の GCS バケットが作成されていることがわかると思います. たとえば, 図 5・14 では asia-north-east1-starterkit-... というバケットが確認できます. このバケット配下の dags フォルダに Python コードを格納します.

図 5・14　Cloud Composer の GCS バケット

少し待つと, Airflow の GUI 上で定義した DAG が登録されたことがわかります (図 5・15)

図 5・15　DAG composer_sample_simple_greeting が取込まれている

登録された DAG の左側のトグルをクリックし, しばらく待つと DAG が実行されます. 正常に実行されることを確認しましょう (図 5・16).

図 5・16　DAG の 実 行 確 認

g. CI/CD によるワークフローのデプロイ　　Cloud Composer を構築しただけでは，Airflow への DAG の登録が手動になってしまいます．そこで，GitHub Actions[14) を使い CI/CD パイプラインを構築することで，コードを GitHub にプッシュすると，自動で DAG が Cloud Composer に登録されるようにします．

ⅰ）GitHub repository の準備

　DAG を定義した Python コードを格納するための GitHub リポジトリを用意し，以下のようなディレクトリ構成にしてください（# 以下は説明の便宜上つけたコメントになります）．

```
.
├── .git
├── .github
│       └── workflows
│               └── deploy_dags.yaml # DAG をデプロイする workflow の設定ファイル
├── .gitignore
├── README.md
└── chapter5
        └── dags # この直下に DAG ファイルや，DAG から読み込む SQL ファイルを置きます
                └── sample.py
```

ⅱ）GCP サービスアカウントの作成

　GitHub から GCP にアクセスし，GCS に DAG ファイルを置くために，サービスアカウントの秘密鍵を GitHub secret[15) に登録します．デフォルトサービスアカウントを選択し，秘密鍵を JSON フォーマットでローカル PC に保存します（図5・17）．この秘密鍵を，作成した GitHub repository の secret として登録します．ここで，Secret 名は GCP_CREDENTIALS としています（図5・18）．

図5・17　秘 密 鍵 の 作 成

---

14) GitHub Actions の詳しい使用方法については，公式ドキュメントを参照ください．https://docs.github.com/ja/actions
15) 秘密鍵や API Key などの外部公開してはいけない情報は GitHub リポジトリにプッシュしないようにしましょう．

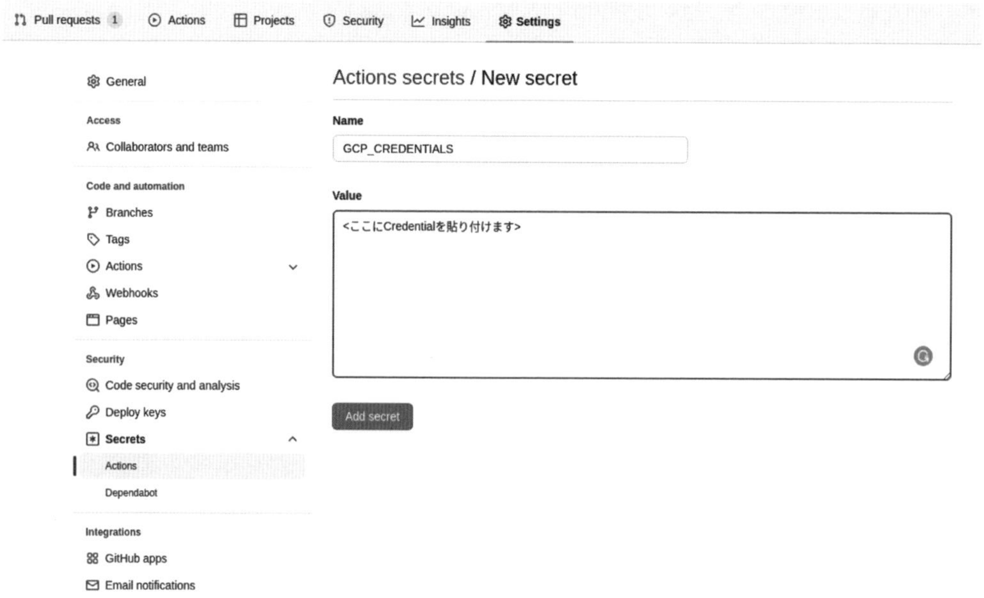

図 5・18　秘 密 鍵 の 登 録

ⅲ）GitHub Actions の設定

　GitHub Actions で動かすワークフローの定義を Yaml 形式で記述します.

.github/workflows/deploy_dags.yaml

```
name: Manage DAGs

on:
    push: # main ブランチで chapter/dags 以下にファイルが追加されると実行されます
        paths:
        - "chapter5/dags/**"
        branches:
        - "main"

jobs:
    get-updated-dags:
        runs-on: ubuntu-20.04
        outputs:
            dags: ${{ steps.get-dags.outputs.dags }}
        steps:
        - name: Checkout
            uses: actions/checkout@v2
            with:
                fetch-depth: 0


        - name: Get created or updated DAGs
            id: get-dags
```

```
      shell: bash
      run: | # 変更があったファイルを検出し，後段の deploy-dag job に渡します
         DAGS="$(git diff --name-only --diff-filter=AM HEAD^ | grep⏎
'^chapter5/dags/' | sed 's|^chapter5/dags/||' | uniq || true)"
         echo $DAGS
         echo "::set-output name=dags::$(jq -ncR '[inputs]' <<< $DAGS)"


  deploy-dag:
      runs-on: ubuntu-20.04
      needs: get-updated-dags
      if: ${{ needs.get-updated-dags.outputs.dags != '[]' && needs.get-⏎
updated-dags.outputs.dags != '[""]' }} # 変更ファイルが一つ以上ある場合，この Job が
実行されます
      strategy:
         matrix:
            dag: ${{ fromJson(needs.get-updated-dags.outputs.dags) }}
         defaults:
            run:
               working-directory: chapter5/dags


      steps:
      - name: Checkout
        uses: actions/checkout@v2

      - name: Auth GCP # GCP にログインします
        uses: google-github-actions/auth@v0
        with:
          credentials_json: ${{ secrets.GCP_CREDENTIALS }}

      - name: Setup cloud SDK
        uses: google-github-actions/setup-gcloud@v0

      - name: Deploy DAG
        env:
        composer_name: starterkit
        run: | # Cloud composer 用の GCS バケットにファイルをコピーします
           GCS=$(gcloud composer environments describe ${composer_name} \
              --location asia-northeast1 \
              --format="get(config.dagGcsPrefix)")
           gsutil cp ${{ matrix.dag }} $GCS
```

　実際に動かしてみましょう．以前作成した sample.py を dags ディレクトリ以下に移し，GitHub repository にプッシュします．GitHub Actions の処理が正常に終了していれば成功です（図 5・19）．

　h. CI/CD による DAG の削除　　続いて，不要な DAG を GitHub リポジトリから削除すると，Cloud Composer 上でも自動で削除されるように CI/CD パイプラインに追加を行います．deploy_dags.yaml に以下のコードを追加します．

Merge pull request #16 from ml-r-books/feature/try-delete-sample-dag Manage DAGs #25

図 5・19　DAG の追加の成功

.github/workflows/deploy_dags.yaml

```
name: Manage DAGs

on:
    push:
        paths:
        - "chapter5/dags/**"
        branches:
        - "main"

jobs:
    get-updated-dags:
        # ... 省略 ...

    get-deleted-dags:
        runs-on: ubuntu-20.04
        outputs:
            dags: ${{ steps.get-dags.outputs.dags }}
        steps:
        - name: Checkout
            uses: actions/checkout@v2
            with:
                fetch-depth: 0

        - name: Get deleted DAGs
            id: get-dags
        shell: bash
        run: | # 削除されたファイルのみを検出し, 後段の delete-dag job に渡します
            DAGS="$(git diff --name-only --diff-filter=D HEAD^ | grep⏎
```

```
'^chapter5/dags/' | sed 's|^chapter5/dags/||' | uniq || true)"
        echo $DAGS
        echo "::set-output name=dags::$(jq -ncR '[inputs]' <<< $DAGS)"

  deploy-dag:
      # ... 省略 ...

  delete-dag:
      runs-on: ubuntu-20.04
      needs: get-deleted-dags
      if: ${{ needs.get-deleted-dags.outputs.dags != '[]' && needs.get-↵
deleted-dags.outputs.dags != '[""]' }}
      strategy:
          matrix:
              dag: ${{ fromJson(needs.get-deleted-dags.outputs.dags) }}
      defaults:
          run:
              working-directory: chapter5/dags

      steps:
      - name: Checkout
          uses: actions/checkout@v2

      - name: Auth GCP
          uses: google-github-actions/auth@v0
          with:
              credentials_json: ${{ secrets.GCP_CREDENTIALS }}

      - name: Setup cloud SDK
          uses: google-github-actions/setup-gcloud@v0

      - name: Delete DAG
          env:
              composer_name: starterkit
          run: | # Cloud composer 用の GCS バケットからファイルを削除します.
              GCS=$(gcloud composer environments describe ${composer_↵
name} \
                  --location asia-northeast1 \
                  --format="get(config.dagGcsPrefix)")
              gsutil rm $GCS/${{ matrix.dag }}
```

　先ほど登録した sample.py を削除してみましょう. 削除した commit を main ブランチにマージすると, GitHub Actions が稼働し DAG が削除されたことがわかります (図5・20).

5・4・3　他基盤との接続
　a. データ格納のワークフロー化　　2章で実装した, CSV ファイルを BigQuery に格納するスクリプトをワークフロー化します.

図5・20　DAG の 削 除 の 成 功

chapter5/dags/chapter2_01_data_export.py

```python
# ... 省略 ...

def download_from_gcs(
    bucket_name: str, source_blob_name: str, destination_file_name: str
) -> None:
    storage_client = storage.Client()

    bucket = storage_client.bucket(bucket_name)
    blob = bucket.blob(source_blob_name)
    blob.download_to_filename(destination_file_name)

def upload_bq(filename: str, table_id: str) -> None:
    # ... 省略 ...


with models.DAG(
    dag_id="data_uploader",
    start_date=pendulum.datetime(2022, 5, 8, tz="Asia/Tokyo"),
    schedule_interval="0 3 * * *",
) as dag:
    items_downloader = PythonOperator(
        task_id="items_downloader",
        python_callable=download_from_gcs,
        op_kwargs={
            "bucket_name": BUCKET_ID,
            "source_blob_name": "items.csv",
            "destination_file_name": "./items.csv",
        },
    )
```

```
items_uploader = PythonOperator(
    task_id="items_uploader",
    python_callable=upload_bq,
    op_kwargs={
        "filename": "./items.csv",
        "table_id": "items",
    },
)


# ... 省略 ...

items_downloader >> items_uploader
transactions_downloader >> transactions_uploader
users_downloader >> users_uploader
```

　2章で実装した関数upload_bqを使用し，ワークフローを作成します．データが定期的にアプリケーション DB から取得され，ローカル PC ではなくオブジェクトストレージ（今回の場合，Google Cloud Storage になります）に置かれることを想定し，upload_bq の前段に GCS からのデータ取得タスクを挟んでいます．三つのデータ（items, transactions, users）のタスクは依存関係をもたせていないので，並列に実行されます．この DAG をデプロイする前に，サンプルデータを GCS 上に置きましょう．今回の例では，practical-ai-platform-rawdata という名前のバケットに三つの CSV ファイルを置くことにしています．

　b. データ集計コードのワークフロー化　　2章で実装した，BigQuery 上のテーブルを集計し，新しくテーブルとして書き出す処理をワークフロー化します．

chapter5/dags/chapter2_03_create_category_ranking.py

```
# ... 省略 ...

DATASET_ID = "k_and_r"  # "raw_k_and_r" ではないことに注意
DESTINATION_TABLE_ID = "category_ranking"
SQL_PATH = Path(getenv("DAGS_FOLDER")) / "chapter2_02_ranking.sql"


def create_table_from_sql(
    sql_path: Path,
    table_id: str,
    target_date: date,
) -> None:
    client = bigquery.Client()
    table_ref = client.dataset(DATASET_ID).table(table_id)
    job_config = bigquery.QueryJobConfig(
        query_parameters=[
            bigquery.ScalarQueryParameter(
                name="target_date",
                value=target_date,
```

```
                    type_=bigquery.enums.SqlParameterScalarTypes.DATE,
                ),
            ],
            write_disposition=bigquery.WriteDisposition.WRITE_TRUNCATE,
            destination=table_ref,
        )
        query = sql_path.read_text()
        job = client.query(query, job_config=job_config)
        job.result()  # 新しいテーブルの作成


with models.DAG(
    dag_id="create_ranking",
    start_date=pendulum.datetime(2022, 5, 8, tz="Asia/Tokyo"),
    schedule_interval="30 3 * * *",
) as dag:
    create_sales = PythonOperator(
        task_id="create_sales",
        python_callable=create_table_from_sql,
        op_kwargs={
            "sql_path": SQL_PATH,
            "table_id": DESTINATION_TABLE_ID,
            "target_date": date(2021, 12, 31),
        },
    )
```

　2章からのおもな変更としては，SQL_PATH のとり方を変更しています．Cloud Composer では，Cloud Storage FUSE を使用し，DAG などが格納されている GCS バケットを File system のように扱えるようにしています．DAG が格納されている GCS バケットの Cloud Composer 上のマウントポイントは環境変数 DAGS_FOLDER で参照することができるので，上記のように記述することで同じ場所に置いた SQL ファイルを読み込むことが可能になります．なお，target_date に渡している日付けですが，本来であればワークフローの実行日に合わせた値を渡すべきですが，サンプルデータの都合上，固定値を渡しています．

　c. key-value API 作成コードのワークフロー化　　3章で実装した，BigQuery から Firestore にデータを格納する処理をワークフロー化します．

chapter5/dags/chapter3_api_data_uploader.py

```
# ... 省略 ...

def main(bigquery_table: str, firestore_collection: str, key: str) ->
None:
    # ... 省略 ...


with models.DAG(
    dag_id="api_data_uploader",
    start_date=pendulum.datetime(2022, 5, 8, tz="Asia/Tokyo"),
    schedule_interval="0 4 * * *",
```

```
) as dag:
    api_uploader = PythonOperator(
        task_id="uploader",
        python_callable=main,
        op_kwargs={
            "bigquery_table": "k_and_r.category_ranking",
            "firestore_collection": "category_ranking",
            "key": "category",
        },
    )
```

3章で実装した main 関数を，Airflow の PythonOperator の引数として渡します．ここで main 関数の三つの引数を，PythonOperator の op_kwargs 引数にディクショナリ型で渡していることに注意してください．

このワークフローをデプロイする前に，Cloud Composer の Python 環境に必要なパッケージをインストールします．下記コマンドを実行してください．

```
$ gcloud composer environments update starterkit \
    --location asia-northeast1 \
    --update-pypi-package google-cloud-firestore>=2.4.0
```

5・4・4 ワークフローエンジンの課題

このハンズオンで構築したワークフローエンジンは完璧なものではありません．たとえば，以下のような課題が残されています．ぜひ改善してみてください．

① ワークフロー成功/失敗時の通知

Airflow のオペレータとして，Email を送信する機能があります．また，slack API と組合わせることで slack に通知を送ることも可能です．

② イベントトリガーを組込む

Airflow は DAG をスケジューリングするのが基本的な使い方ですが，特定のデータが発生した場合に DAG を実行する，などのイベントトリガーは Airflow の API を外部から呼び出すことで実現できます．

5・5 ま と め

本章では，まずデータパイプラインについて説明しました．データパイプラインの概要とその必要性から始まり，どのような処理を行うかを説明しました．また，データパイプラインの設計方針についても解説しました．

次に，データパイプラインを実現するためのワークフローエンジンについて説明しました．ワークフローエンジンがどのようなもので，どのようにデータパイプラインと関係しているかを説明し，ワークフローエンジンの要件とアーキテクチャについて解説しました．

ハンズオンでは，ワークフローエンジンの導入から入り，ワークフローの登録を自動化する CI/CD の設定，そして分析用 DB と API 基盤との接続を行い，データパイプラインの構築を行いました．

データパイプラインを構築することで，データの処理とシステム間の連携を自動化することができ，より複雑な処理・連携の実現と，ヒューマンエラーによる障害の低減が可能になります．

次章ではデータレイクとデータウェアハウスについて解説しますが，本章のデータパイプラインと

組合わせてデータの加工・格納を自動化することで，より安定したデータ基盤を実現することができるでしょう．

6

データレイクと
データウェアハウス

本章の目的

　データ活用を拡大するため，データレイク・データウェアハウス・データマートを通じてデータ基盤を発展させる．

本章の到達目標

- データレイク・データウェアハウス・データマートの三層について，それぞれの意義を理解できる．
- 三層モデルに従った最小限のデータ基盤を，データ活用チームの成長とビジネス状況に応じて発展させていくことができる．

　本章では，データ活用チームの利用拡大期においてデータ活用施策を幅広く推進するために，どのようにデータ基盤を整備していくべきかを解説します．

　チームで多様なデータを活用していくためには，適切にデータを整理して，分析・活用しやすい状態に保つ必要があります．2章，3章のハンズオンのように，データ活用チームの立ち上げ期で，扱うパイプラインやデータの数が少ないうちはよいのですが，いろいろな種類のデータを活用していくようになったり，チームメンバーが増えるほど，さまざまな問題が発生するでしょう．

- **似たような集計コードが乱立する**：適切に整理されないデータを利用すると，メンバーが複数になったときに，何度も同じ処理を行ってしまう可能性が高まります．その過程でバグが発生したり，微妙に集計結果が異なってくる危険があるため，複数人のチームで一貫したデータ分析を行うには，データ処理は再利用可能な形で管理されている必要があります．
- **分析に使いづらい**：本番システムにあるデータはシステムの都合に合わせて作られたデータであるため，現実にはフォーマットが揃っていなかったり，必要なデータがあちこちに散在しているなど，必ずしも分析利用に適した形にはなっていません．

　このような問題を解決するために，2章でも紹介した**データレイク・データウェアハウス・データマート**という三層に分けてデータを管理していくことがよいことが知られており，本章では，データの三層モデルを構築する段取りを解説します．特に，データレイクとデータウェアハウスを，ワークフローエンジンによって適切に管理するための考え方に比重をかけて説明していきます．

　まず§6・1で，2章で解説したデータ基盤の全体像と成長プロセスについて振り返りを行います．次の§6・2では，データ活用チームが最初に作るべきデータレイクに関して，その意義と，ワーク

フローエンジンを活用した構築方法について考え方を解説します．§6・3でデータマートについて導入した後，データ活用チームの利用拡大フェイズにおいて，データウェアハウスを利用してデータ基盤をより効率的にする方法について§6・4で紹介します．最後に§6・5のハンズオンでは，ダミーデータを利用して，実際にデータレイク・データウェアハウスを作り，ワークフローエンジンによって自動化するための実際的な例を説明していきます．

　本章で紹介する方法で適切にデータを管理することができれば，データの活用が容易になり，ひいてはデータの活用によってサービス改善につなげる文化をチームに根付かせる助けとなるでしょう．

6・1　データ基盤の全体像

　本章ではデータの三層モデル，特にデータレイクとデータウェアハウスの解説を重点的に行います．最初に，2章において紹介した，データ基盤の全体像と，データ活用チームの成長過程について概要を振り返ってみます．

　データ活用施策の最終的な成果物を手にするため，往々にして複雑なデータ処理が必要になります．また，チームメンバーが増えたときのことを考えて，データ基盤の管理のしやすさも重要です．このため，多数のデータを三つの層に分け，それをワークフローエンジンによって管理する構造を目指しましょう．

- **データレイク**：構造化データ・非構造化データを問わず，活用したいすべてのデータが加工されずに蓄積されている状態を作ります．データを加工しないことで加工ロジックに影響されない，唯一の正しい情報源として利用することができます．
- **データウェアハウス**：データ活用を効率的に行うためのものです．データレイクのデータを整理し，深い事前知識がなくとも幅広い用途に分析利用できるような中間データを用意されていることで，データ利用に関わる手間を削減します．
- **データマート**：データ活用施策の目的に応じて作成され，そのまますぐに施策利用できるようなデータを格納します．SQLであれば，データマートを非常に単純なクエリで読み取るだけで，そのままダッシュボードに表示すべき情報が得られるようなテーブル，というイメージです．

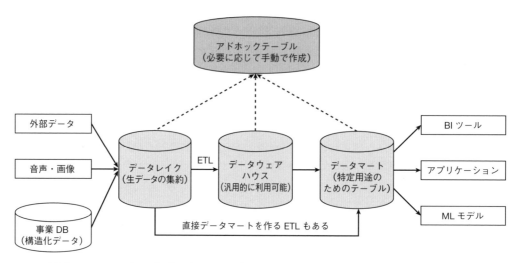

図6・1　フェーズ2：利用拡大期におけるデータ基盤の全体像　アドホックテーブル以外のすべてをワークフローエンジンで管理する．

この三層に分けてデータを整理するために，多段階のデータの連携・変換処理が必要になってきます．具体的には，事業 DB などからデータレイクへデータ連携を行い，データレイク・データウェアハウス・データマートの順番にデータ処理を進めていく必要があります．依存関係をもった多数のタスクを自動的に定期実行するため，ワークフローエンジンを利用してデータパイプラインを構築・管理する必要があります．

一方で，データ活用チームの立ち上げ期から，三層すべてを完成させる必要はありません．典型的には下記のようにフェーズを分けてデータ基盤の整備を進めることになるでしょう．

- **フェーズ 1：立ち上げ期**においては，まずデータレイク，およびデータマートを作成します．
- **フェーズ 2：利用拡大期**においてデータ活用施策の数が増えていくにしたがって，徐々に共通部分を切り出してデータウェアハウスの整備を行いましょう（図 6・1）．

重要な点として，上記のプロセスは一度実施して終わりではなく，ビジネス要件やデータ組織の成熟度の変化とともに，データレイク・データウェアハウス・データマートを相互に行き来しながら改善していくことが必要です．

データ基盤を作るにあたっては最初にデータレイクを作ることが必要になりますが，データレイクの意義や，データパイプラインを利用してデータレイクを構築する考え方について §6・2 で解説します．

6・2　データレイク：生データの集約

データ活用を行うためには，まずデータを入手する必要があります．2 章では売上ランキングを作成するために，本番 DB に直接ログインし，mysqldump によって売上データをデータレイクに取出す例を紹介しました．本節では，なぜこのようなデータレイクが必要とされるのかを解説し，より一般的なデータに対しての，自動的なデータ連携方法を解説します．

さて，2 章で利用した以外のさまざまなデータに目を向けると，これらのデータは MySQL のような RDBMS のみならず，ログファイルやファイルサーバーなどいろいろな形態で存在しているでしょう．これらのデータをデータ処理用にそのつど手に入れるための作業は必ずしも簡単ではありませんし，さらに，どこにどのようなデータがあるのかを探すのは大変です．

このようなデータを効率的に活用していくためには，まず，あちこちに散らばったデータを取出し，そのままの形でデータレイクに集約します．この処理をワークフローエンジンによって自動化しましょう．データレイクには必要なデータが自動的に集約され，データ活用施策を行うときにはデータレイクさえ参照すればよい，という状態を目指しましょう．

6・2・1　データを蓄積する

データを分析しようとするたびに本番サービスからそのつどデータを取出そうとするのは難しいことが多いため，あらかじめ必要なデータを取出しておき，データレイクへ蓄積しておくことで，データをずっと利用しやすくすることができます．データの抽出・連携には具体的には次のような難しさがあるでしょう．

- **システム的な問題**：データが巨大であると転送に時間がかかり（特にトランザクションデータはその傾向が強いです），その分本番サービス本体に負荷をかけてしまうことになり，サービスの障害を起こす危険があります．さらに，本番システムは大量のデータを蓄積する目的では作られていないので，古い過去のデータは本番サービス側からは削除されている可能性があります．
- **データソースの多様性**：また，データは MySQL のみならず，サービスを動かすための各種のデータベースシステムや，Web サーバーや Google Analytics のログ，さらには営業担当者の顧客リストのような，業務で生じるさまざまなローカルファイルなど，多様な種類のデータソースに格

納されています．これらはデータの扱い方・取出し方が全く異なるので，データ分析の担当者がそのつどデータ連携を行うのは相当な苦労を要するでしょう．

- **組織的な問題**：データ基盤と本番サービスとで異なる組織によって運営されている場合は，データ連携するための調整や交渉をそのつど行うのは現実的でないこともあります．サービスを守るために，データソースへのアクセス権限がきわめて狭い範囲の人物にしか与えられていないと，データ分析者は直接データソースのデータを見ることができません．分析のたびに，データの所在をそのつど聞きまわり，必要な権限申請をし，データ連携の交渉・調整と開発を行う必要があるでしょう．このような状況では，データを手に入れるためのコストが高すぎ，組織的・継続的にデータ活用によって価値を生んでいくことができなくなってしまいます．このような問題から，データレイクという取出しやすい場所にデータを蓄積しておくことが必要になります．

もちろん，データ連携のためにこれらの苦労をするのは必要なコストではあります．一方でデータ連携の自動化を行い，連携したデータをデータレイクに蓄積し再利用できるようにすることで，データ連携を行う苦労は最初の1回だけで済みます．自動更新されるデータをデータレイクに蓄積することで，データ連携のための難しい操作から開放され，データ分析・活用に専念できるようになるでしょう．

6・2・2　データレイクのもつべき性質

データレイクを作るにあたっては，蓄積されるデータと保存先が次の性質をもっていることが重要です．本節ではこれらの性質について掘り下げて解説していきます．

- **一切加工されないデータを蓄積すること**：データレイクに格納されているデータは，データソースの状態を正しく表すような，論理的に完全なコピーになっているのが望ましいです．このためには，データを抽出したあとで一切加工をしない，"生"のままのデータが蓄積されている必要があります．
- **データが一元的に集約されていること**：すべてのデータが一元的に集約・蓄積されていることが大切です．分析のためにあるデータを参照したくなったとして，データの所在や閲覧権限を求めて右往左往することなく，データレイクさえ探せば必要なデータがすぐに手に入る，という状況が望ましいです．

a. 一切加工されないデータを蓄積すること　データレイクの重要な性質として，本番DBなどのデータソースから取出したデータはなるべく加工しない形で格納することが挙げられます．もちろん，何も加工を行わないデータは直接はあまり役に立たないため，実際にデータ活用をするためにはクレンジングなどのいろいろな処理を行う必要があります．しかし，まずはデータレイク層を設けて，そこに一切の加工をしていない状態のデータを集約しておくことが重要です．

データを加工せずに保存することのメリットを考えるために，まずデータレイクを利用しない場合の例として，図6・2（a）で示したような"データレイクを使わない"パターンを考えてみましょう．このときワークフローエンジンで動作させるのは，単一のタスクだけからなるパイプラインです．単一のタスクで，mysqldumpにより本番DBから抽出したデータを集計し，売上ランキングとして保存するまでのすべての処理を実施します．この構成は非常にシンプルでよいのですが，いくつかの問題があります．

- **データの再利用の難しさ**：本番DBから取出したデータは，メモリ上や一時ファイルとして保存されるだけという形になりがちです．この場合は外部からの参照がしづらくなり，本番データの再利用ができません．同じデータを別の用途に利用したい場合は，データ連携処理をそのつど用意する必要があり，冗長になってしまいます．

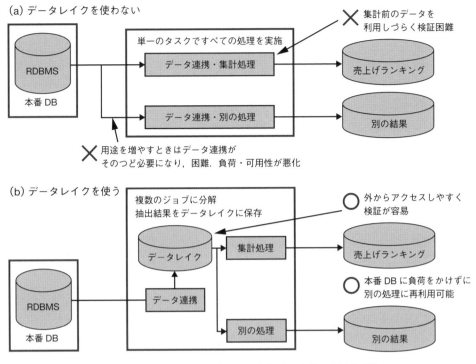

図6・2　データレイクを使わない場合（a）と使った場合（b）

- **正しさの検証が困難**：データ連携と同時にデータに何かの処理をしてしまうと，データ処理にバグがあった場合に，処理の正しさを検証することが困難になります．この例だと，本番 DB から実際に取出した売上データを入手できない状態で，売上ランキングの正しさを検証することは不可能です．

そこで，図6・2（b）の"データレイクを使う"のように，単一のタスクからのみ構成されていたパイプラインを分割し，

① まず，抽出した売上データを変更を加えずにそのままデータレイクに蓄積する．
② 次に，データレイクの内容を元に売上ランキングの集計を実行する．

という2段階のタスクにすることで，上記の問題を解決することができます．

　データレイクにある未加工のデータを参照することで，わざわざ何度もデータ連携を行わずとも，サービスのデータが得られる状態を作ることができます．データ連携の部分さえきちんと作り込んでおけば，データが必要になったらとにかくデータレイクを参照しに行けばよい，という状況を作り出すことができます．これによって，あるデータをさまざまな用途に利用することも容易になり，このとき本番 DB の負荷を増やさずに済みます．また，データ処理のデバッグも簡単になるでしょう．

　b. データが一元的に集約されていること　　上記に加えて，すべてのデータが1箇所に集約されていることが必要です．

　データ分析者がデータレイクのデータを利用したくなったら，データレイクへの参照権限を一度付与するだけで，データ活用に利用できるデータが一通り揃っているのが一覧でき，自由にアクセスできるようになると便利です．

　データを一覧できることで，どこにどのようなデータがあるのかの見通しが効くようになります．加えて，データを1箇所にまとめておくことで，複数のデータを組合わせた知見の発見を容易にする

効果もあります．たとえば，商品閲覧ログを利用して，ユーザーに興味をもたれている商品の傾向を調べたいとします．通常このようなログには商品やユーザーの情報は ID しか記録されていないことが多いため，商品のジャンルや値段といった商品の属性に応じた性質を調べたい場合は，別途商品のマスターデータを組合わせる必要があります．このとき，商品マスターデータが商品閲覧ログと同じ場所に集められていなければ，データを統合する作業は困難です．

　次節からは，データレイクに入れるデータを手に入れるための，データ連携処理の一般的な実装方法について見ていきましょう．

6・2・3　データ連携の自動化

　サービスのデータは常に変化し続けるものなので，データレイクのデータも定期的に（あるいは常時）更新される必要があります．また，今後データレイクのデータをもとにした処理が増えていきますので，データレイクが更新されるに応じて，後続のデータ処理も動かす必要があります．

　データの種類や処理内容が増えていくことを考えると，人の手でデータ連携を行い続けるのは現実的ではありません．したがって，ワークフローエンジンを活用してこれら処理を自動的に実行する必要があります．

　a. データ連携の実装　　データ連携処理を実装するにあたっては，§2・2・2で紹介したような方法を参考にするとよいでしょう．連携元のデータソースやシステム構成によって，適した手法が異なるためケースバイケースの判断が必要なものの，おおむね次のような優先順位で考えることをおすすめします．

ⅰ）パブリッククラウド機能の利用

　GCP，AWS のようなパブリッククラウドが提供するマネージドサービスの多くでデータ連携の機能が提供されており，これらを利用することで少ない開発・運用工数でデータ連携を実現できます．

- たとえば GCP の多くのデータベースサービスにはオブジェクトストレージである GCS（Google Cloud Storage）にデータを書き出す機能が備わっています．
  - GCP のログ管理サービスである Cloud Logging を利用すると，収集したログを Google Cloud Storage や BigQuery に出力することができます．
- BigQuery には，Cloud SQL に直接接続して内容をクエリする機能があります[1]．

ⅱ）OSS（Open Source Software）の利用

　Fluentd[2]，Logstash といったログデータ収集用の OSS が提供されており，これらを活用してデータ連携処理を実装するという選択肢もあります．バッチでのデータ連携のためには Embulk[3] が知られています．

ⅲ）自分で実装

　上記の選択肢を検討して，ふさわしい機能が提供されていない場合は，2 章で紹介したような方法に従いつつ，自分たちで実装することになります．マネージドサービスや OSS を利用する場合よりも，開発・運用工数は高いものとなるでしょう．

　b. 全体連携と差分連携　　データ連携において，日々更新されていくデータのどの部分を抽出し，データレイクに連携するのかについて，大きく分けて全体連携と差分連携という，2 通りのやり方があります．データの種類や量によってどちらかを選択しましょう．

---

1) https://cloud.google.com/bigquery/docs/working-with-connections?hl=ja
2) Fluentd. https://www.fluentd.org/
3) Embulk. https://www.embulk.org/

i）全体連携

　洗い替えとよばれることもあります．データソースにあるすべてのデータが抽出の対象となります．図6・3で示したように，データレイクのデータはすべて新しいものに置き換えられます．あるいは，過去のデータは消さずに毎日追記していき，日次の履歴を保持することもあります．

　全体を読み取るだけなので，おおむねどんな構造のデータに対しても適用することができます．一方でデータ全体を転送する必要があるため，トランザクションデータのような，時間を追うごとにどこまでも量が増え続けるようなデータに利用するのはあまりおすすめしません．利用する場合でも，十分小さなトランザクションデータに対して，後述の差分更新を実装するまでのごく短期間のみの利用に留めるのがよいでしょう．

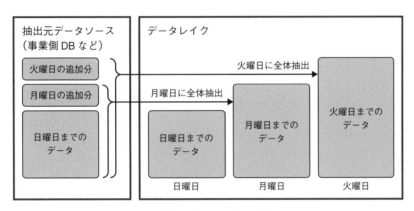

図6・3　全体連携の流れ

ii）差分連携

　データ連携を定期実行するときに，前回の実行時から追加・変更されたデータのみを対象にしてデータを転送する方法になります．図6・4で示したように，トランザクションデータを日時で連携する場合には，その日1日で増えたログのみをデータレイクに転送するようなやり方になります．将来的に上限なく蓄積され続けるようなデータであっても，毎日増えた分だけを連携することで，全体連携よりもデータ転送量を大きく抑えることができます．

　一方で，前回の連携以降新たに追加・更新されたデータがわかるようになっている必要があります．トランザクションデータであれば，ログのファイルやディレクトリを1日ごとに新しくする，という方法があるでしょう．一方でマスターデータの場合はデータの追加のみならず更新・削除も行わ

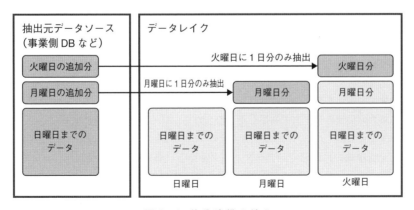

図6・4　差分連携の流れ

れるため，差分連携の実装は難しくなる傾向があります．

表6・1　データ連携方法の性質

	全体連携	差分連携
メリット	データの更新・削除にも対応できる	増え続けるデータにも利用できる
デメリット	データの転送量が大きく，増え続ける ログデータには不向き	新しく追加されたデータのみを取り出す構造が必要 既存データの更新・削除への対応は難しい
向いているデータ	マスターデータ	トランザクションデータ

c. バッチ連携とストリーム連携　　加えて，データの連携を行うタイミングに関して，5章で紹介したバッチ処理とストリーム処理の概念をデータ連携にも当てはめることができます．データ連携においてもほとんどのユースケースではバッチ処理を行えば事足ります．一方で限られたケースではありますが，後続のデータパイプラインにおいてストリーム処理が真に必要な場合は，データの抽出と連携もストリームで実施する必要があります．

i）バッチでのデータ連携

　たとえば1日1回動作する連携処理によって，1日の間に蓄積されたデータをまとめて転送し，データレイクに格納する処理になります．実装方法にあまり制約がないため，全体連携・差分連携の両方をバッチ処理で実現することができます．おおむねどんな種類のデータ連携も作ることができるので，通常はバッチでのデータ連携で十分でしょう．

　一方で，たとえば1日1回の定期的な処理になるため，その分データレイクのデータは最大1日分は古いものになるというデメリットがあります．もし，データ鮮度に関する要求が非常に厳しいユースケースがあるのなら，次のストリームでのデータ連携を検討する余地があるかもしれません．

ii）ストリームでのデータ連携

　データが発生するたびに，リアルタイムに近いかたちで（一般的には1分以下で）少しずつデータレイクにデータを転送する処理になります．本質的に差分連携が必要になるため，マスターデータの連携には向いておらず，もっぱらトランザクションデータの転送に用いられるものになります．後述のようにクラウドサービスやOSSを利用することで，ストリームでのデータ連携は容易になりつつあります．

　ストリームでのデータ連携によって，データレイクのデータが新鮮になり，即時性が求められる用途にも活用することができます．一方でストリーム処理には，データのごく一部しか利用せずに計算を行う必要がある，という制約があります．このため，データパイプライン全体をストリーム処理で行うのは，開発や運用の難易度が非常に高くなる傾向にあるため，あまりおすすめしません．本当にリアルタイムなデータ処理が必要なのか，バッチ処理で代用できないのかをよく吟味してから取組むのがよいでしょう．

　データ活用施策を進めるにあたっては，データレイクのデータを利用してデータの分析を進めていきましょう．新しい種類のデータを利用したくなったら，データ連携処理を増やしつつ，データレイクを育てていきます．

　さて，データ活用施策に応じて，データレイクをもとに多様なデータ処理を行うことになりますが，データ処理の結果となるデータが存在します．これまでの例においては，取引データから集計して作成した売上ランキングがそれに当たります．このようなデータは，次で解説するデータマートとして管理することになるでしょう．

6・3 データマート：用途固有の処理結果

本書におけるデータマートとは，データ活用施策の用途に応じて個別に作成され，そのまますぐに施策利用できるデータです．

データ活用施策を行うとき，データパイプラインによって処理を行った最終結果を，データマート層に書き込むようにするとよいでしょう．データマートの内容を参照することで，たとえば次のようなユースケースに対応することができます．

① EC サイトのビジネス状況をダッシュボードで可視化し担当者が確認する

ダッシュボードに，たとえば商品ジャンル別の売上やアクティブユーザー数などの集計結果を表示したいとき，ダッシュボードを表示するときにそのつど集計させるのではなく，あらかじめ集計した結果をデータマートとして保存しておくのがよいでしょう．可視化ツールからは，これらのデータマートを参照するだけですぐに必要な情報を得ることができます．

② 商品の売上ランキングを EC サイトに表示する

日付やジャンル別に売上の高い商品上位 10 件などを集計し保存したテーブルをデータマートとして扱い，内容をそのまま API などのシステムに転送することで売上ランキングを反映することができます．

③ ユーザーに商品を推薦する

トランザクションログから，誰がどんな商品を購入する可能性が高そうかの予測モデルを機械学習によって学習したとします．データマートには，全ユーザーに対して推薦候補となる商品を推論した結果を保存しておき，商品推薦の API からデータマートの内容を参照してユーザーに表示する，といった方法があります．

上記のようなユースケースでは（ダッシュボードを見るたびに集計し直したり，直接 API などに書き込んでしまうのではなく）データパイプラインの結果をデータマートとして保存しておくことでいくつかの利点を得ることができます．

① データ処理をやり直さずに高速に結果にアクセスできる

可視化のように何度も同じデータを参照するユースケースでは，ダッシュボードを表示するたびに複雑なクエリを実行する必要がなくなり，待ち時間を減らすことができます．

② データ処理結果に対して固有のアクセス制御ができる

たとえば，データレイクやデータウェアハウスのデータは個人情報を含んでいるので開示メンバーを絞りたいが，個人情報を取り除いた集計値をデータマートに保存したものは広い範囲に公開する，といったアクセス制御が可能になります．

施策を行う際には，データ処理の結果をデータマートとして切り出せないか，切り出すことで上記の利点を得られないかを検討するとよいでしょう．データマートはデータ活用のユースケースに紐付いて作成されるため，適切な設計が明らかである場合が多いです．このため，データ基盤がまだ成熟しない初期のうちからでも育てやすいといえるでしょう．

データ活用施策を行う際には，その目的・ユースケースに合わせて個別にデータマートを設計し，データパイプラインを構築していくことになります．また，新たな種類のデータが必要になれば，データレイクも一体的に拡充していきます．このような流れで，データ活用施策と，データパイプラインを順次増やしていくことができるでしょう．

一方で，多数のデータ活用施策を円滑に実施するには，冗長なデータ処理をなくしたり，アドホックなデータ分析やパイプライン開発を効率化していくことが必要になってきます．次節では，データレイクとデータマートの間の層として，新たにデータウェアハウスを導入し，データ施策を加速させるための考え方について紹介します．

6・4　データウェアハウス：汎用的に使える集計データ

　これまでの解説により，データレイクにデータが自動連携され，データ活用施策のための各種のパイプラインが動作し，必要に応じてデータマートが更新されるような状況を作ることができました．新たなデータ活用施策を行うときも，基本的にはデータレイクのデータを利用し，必要に応じて連携処理やデータパイプライン・データマートをワークフローエンジンに追加していくことで，データを活用したさまざまな価値を提供できるようになっていくでしょう．ところが，まだ改良すべきポイントがあります．データ活用のユースケースが少ないうちはここまでで十分かもしれませんが，規模の拡大に伴ってさらなる課題も生じます．

① **分析に向いていないデータ構造**：データレイクの抽出元である RDBMS などは，Web サービスを動かすためのシステム上の要件に最適化されているので，必ずしも一般的なデータ分析に向いている形になっておらず，したがってデータレイクのデータも分析には使いにくいかもしれません．

- たとえば商品の情報があちこちのテーブルに散在していたり，必要な情報を得るのに多数のテーブルを結合する必要があると，分析観点では利用しづらいデータとなってしまいます．
- データレイクの生データは，値のフォーマットが揃ってなかったり，集計に入れるべきでないデータが混ざっていたりしています（bot によるアクセスログなど）．このため，データのクレンジングとよばれる，ときとして煩雑な処理が必要とされることがあります．

② **冗長な中間処理**：また，データレイクのデータから価値を生み出すにはさまざまな処理が必要ですが，何度も似たような中間処理が必要になることがあります．

- 前述のクレンジングの処理は，データを利用する際には適切に実施する必要があります．
- また，いろいろな用途で何度も必要とされる汎用的な処理もあるでしょう．EC サイトの例であれば，たとえば商品別の売上額や購入数を集計した値は多様なユースケースで必要とされるでしょう．

　同じ処理を何度も同一のデータに行うのは，無駄であることに加えて，複数人のチームメンバーの間で完全に同一な処理を共有するのが難しいという問題があります．用途に応じた集計方法を厳密に管理しなければ，人によって集計結果が違ったり，正確な前処理方法を各自がキャッチアップするのが大変という問題が起こりがちです．このままではチームにデータ活用の文化を根付かせようとするのが難しくなります．前処理を再利用可能なかたちに保存することで，データ活用の学習コストを下げる必要があるでしょう．

　これらの問題を解決するため，データレイク・データマートを作る次のステップとして，データウェアハウスという新たな層が登場します．データウェアハウスは，生データを分析に適した構造に整理したり，よくある中間処理を共通化・永続化することで，データの活用を容易にするための場所です．

　データウェアハウスによって，分析者は煩雑な前処理を気にすることなくデータを利用できるなど，データ活用に必要なステップが減ったり，意思決定やモデリングに役立てることができるようになります．

6・4・1　分析に使いやすいテーブル設計とデータ統合

　データウェアハウスを設計する際には，まずは一般的なデータ分析全般に汎用的に役立つデータ構造を用意するところから始めるのがよいでしょう．

　a. スタースキーマ　　データウェアハウスの代表的なデータ構造として**スタースキーマ**があり，表6・2にその概要を示します．スタースキーマは，**ファクトテーブル**と**マスターテーブル**の，2種類のテーブルから成り立っています．

表 6・2　スタースキーマの概要

ファクトテーブル（購入・閲覧記録）

timestamp	ユーザー ID	商品 ID	event type	購入個数
2022-03-01 11:00:01	761	1431	閲覧	
2022-03-01 11:00:02	761	1431	購入	3
2022-03-01 11:00:05	341	1562	閲覧	

マスターテーブル（商品情報）

商品 ID	商品名	価格（円）
1431	しろねこ石鹸	480
1432	タヌキはぶらし	250

マスターテーブル（ユーザー情報）

ユーザー ID	name	性別	アクティブ	年齢
761	山田花子	female	yes	XXX
762	鈴木史朗	male	no	XXX

　中心にあるテーブルがファクトテーブルとよばれ，時系列で発生したできごとを表しています．一つ一つのイベントを記録したものもあれば，何らかの集計値（たとえば，毎時商品と店舗の単位で売上や PV 数などの統計量を集計したもの）である場合もあります．前者の場合は，トランザクションデータはそのままファクトテーブルとして考えることができます．

　ファクトテーブルはデータウェアハウスの中心的な存在となるテーブルで，業務システムで発生したできごとがすべて記録されるものになります．時間を追うごとに膨大な行数になりますし，分析に関係するあらゆる情報を追加していくことで，カラムの数も増えていく傾向にあります[4]．また，規模に応じてファクトテーブルを複数用意する場合もあります．

　ファクトテーブルにはユーザーや商品の ID が格納されます．これを利用して別途用意したユーザーマスターや商品マスターと結合できるようになっています．

　このように，ユーザー名や商品名といったマスターデータの内容を直接書き込むのではなく，ID によって外部テーブルを参照させる方法はデータベースの正規化とよばれます．こうする理由として，同一商品なのに異なった名前にならないことを保証できるなど，データの一貫性を保てる点と，ファクトテーブルには ID だけ保持すればよいため，ストレージの大きな節約になる点があげられます．その反面，分析する際にはいつもファクトテーブルとマスターテーブルを結合する一手間が必要，というデメリットもあります．

　また，スタースキーマをさらに発展させたスノーフレークスキーマとよばれるデータ構造もあります．これはマスターテーブルが複雑で，正規化されていないカラムをもっている場合に，マスターテーブルを複数の表に分割し，正規化したような構造です．

　b. ファクトテーブルの非正規化　近年はストレージコストが減少しつつあり，巨大なテーブルを扱うことも一般的になってきました．そこで，あえて正規化を行わず，すべての情報を格納した巨大なファクトテーブルを作るという考え方も主流になっています（表 6・3）．これによって大きなストレージが必要になるというデメリットはあるものの，単一のテーブルで幅広いデータを網羅でき，データの結合なしにさまざまな分析を行えるようになり，利便性の向上が狙えるでしょう．

4）筆者が関わった環境では，ファクトテーブルのカラム数は 100 を大きく超えていました．

表 6・3　非正規化された分析用ファクトテーブル

timestamp	ユーザーID	name	性別	アクティブ	年齢	商品ID	商品名	価格(円)	event type	購入個数
2022-03-01 11:00:01	761	山田花子	famale	yes	XXX	1431	しろねこ石鹸	480	閲覧	
2022-03-01 11:00:02	761	山田花子	female	yes	XXX	1431	しろねこ石鹸	480	購入	3
2022-03-01 11:00:05	762	鈴木史朗	male	no	XXX	1562	タヌキはぶらし	250	閲覧	

6・4・2　データのクレンジング

　データレイクに含まれているデータは何も加工を行っていない生のデータです．データの収集方法によっては，そのままデータ利用するのが難しい値が含まれていることがあります．これらのデータをチェックして，除去・修正する必要があります．このような処理をデータの**クレンジング**とよびます．

　どのようなデータにクレンジングを行うべきかは，データ活用の目的や用途に依存しますが，ここではクレンジングの考え方として代表的なものをいくつか紹介します．

　a. 型やフォーマットの修正　　データ連携・データレイクに格納する過程で，データの型が変わってしまうことがあります．特に JSON や CSV といったフォーマットを経由する場合は一度すべてのデータが文字列型に変換されます．データウェアハウスのデータは正しい型で格納されるように整理し直す必要があります．

① **日時は時間を表す型を利用する**：時刻を表すデータは，"2022-03-20T03:21:01" のような文字列で格納されている場合があります．データソースによって時刻を文字列によって表現する際のフォーマットが少しずつ異なったり，分析時にそれぞれの文字列をパースする必要があるなど，文字列型のままでは使いにくいため，日時を表す型に変換したほうが望ましいです．BigQueryなら Date，DateTime や Timestamp といった，時間を表す専用の型が存在するので，これらを利用するとよいでしょう．

② **欠損値の扱いを揃える**：NULL 値，空文字列，0 など，データが存在しないことの表現は複数ありますが，データパイプラインの過程でこれらが混在しがちです．これらの表現が混在しているとその後の利用に差し支えます．ユースケースに応じてどの値がどのような状態を表すのかを定義し，データウェアハウスに格納される値は定義どおりの表現になることを保つとよいでしょう．

　たとえば，(あくまで一例として) ユーザーの名前がユーザーによる自由入力であったとして，ユーザー名が空文字列のときと NULL 値であるときを特に区別する必要がない場合があります．このようなときは空文字列をすべて NULL 値に変換してしまうことで，有効な値が入っていないユーザー名にはすべて NULL 値となるように統一できます．

③ **とりうる値の範囲チェック**：データによってはとりうる値に制約があります．たとえば都道府県を表す値には 47 種類の値しか入らないはずですが，都道府県とは全く関係ない文字列が入っていないかチェックする方がよいでしょう．サイト本体のシステムでこのようなデータが記録されないようにケアしてもらうのが理想なものの，それを行う過渡的な対応としては，このような制約違反がないかを検査したうえで，データ処理を停止してアラートを上げるか，あるいは処理は継続しつつ，どのような制約違反があったのかをアラートを上げるのかを，深刻度に応じて決めるとよいでしょう．

b. 不要なデータの判定　　データレイクには，重複データなど，分析には不要なデータが含まれている場合があり，データウェアハウスではこのようなデータを除外できるようにする必要があります．

① **重複データの判定・除去**：いろいろな原因で，データに重複が発生することがあります．たとえば Web サイトにおける，JavaScript による計測タグから得られるようなトランザクションデータには，劣悪な通信環境のユーザーが画面を再読み込みするなどしてデータが重複するような現象が起こることがあります．このような重複ログを分析時に取り除く必要があります．

　　Google Analytics などの製品を使っている場合は，このようなログは自動的に除去されたり判定する仕組みが用意されていますが，自分たちで計測の仕組みを用意している場合はこのような重複を排除する必要があります．

　　一般的な方法としては，ログを計測する際に，全体で一意になるような ID（uuid などがよく利用されます）を発番しておきます．クレンジングの際に，重複した ID があれば一つを残して残りを重複データとして除去してしまうのがよいでしょう．

② **トランザクションのキャンセルや取り消し**：たとえば商品の購入が後にキャンセルされるような場合に，そのような購入記録を売上の集計に含めたくない，といった状況があるかもしれません．このような場合も，重複データの判定と同様に，事前にトランザクションに ID を発番しておき，購入記録が後でキャンセルされたかどうかを判定する処理を入れましょう．キャンセルされたログをデータウェアハウスから除外してしまう方法と，（is_canceled のような名前の）フラグを新たに追加し，取り消しの有無がわかるようにするという方法があり，ユースケースに応じて適切な方法を選択してください．

　　具体的には，後者の方法には，ユーザーのキャンセル行動に関する分析が可能になるというメリットもありますが，is_canceled フラグの存在を十分理解しない利用者が，うっかりキャンセルログを含めた状態で売上の集計を行ってしまうリスクがあります．このため，もしキャンセルログの分析が行われる予定がないのであれば，キャンセルされた購買ログは単純に除外してしまう方が，使いやすいテーブルを作ることができるでしょう．

③ **非人間によるアクティビティ**：また，bot やスクレイピングなど，人間のユーザー以外によるアクセスログが発生することもあります．これらを含んだデータで分析や意思決定を行うのは（bot の挙動を知りたいような場合を除いて）あまり良くないといえます．ユーザーエージェントや IP アドレスを利用したルールを作り，不審なアクティビティを除去する必要があります．一般的に非人間のアクセスを厳密に判断するのは困難なものの，いくらかの基準によってある程度は取り除くことができるでしょう．

- 主要な検索エンジンのクローラーは使用するユーザーエージェントが公開されている[5]ので，それを利用してデータを除外することができます．
- CDN（Contents Delivery Network）事業者によっては bot によるアクセスかどうかを判断する機能を提供している[6,7]ため，これらが利用可能かどうかを検討できるかもしれません．
- 異常に高頻度にアクセスしてくるユーザーを分析から除外する，という基準も設けられるかもしれません．

④ **論理削除データを除去**：RDBMS におけるテーブル設計として，データは物理削除でなく論理削除されている場合があります．つまり，削除されたデータはレコードごと削除せず，（"is_deleted" のような名前の）削除されたことを表すカラムの値を変更することで削除されたこと

---

5) たとえば Google の場合は次の URL. https://developers.google.com/search/docs/advanced/crawling/overview-google-crawlers?hl=ja
6) Akamai Bot Manager. https://www.akamai.com/ja/products/bot-manager
7) Cloudflare ボット管理. https://www.cloudflare.com/ja-jp/learning/bots/what-is-bot-management/

になる仕組みです．このままデータ連携すると，論理削除されたデータもデータ基盤に含まれてくるため，分析時にも"is_deleted"カラムを必ず利用して，削除されていないデータのみ利用することになります．

　一方でキャンセルログの問題と同様に，"is_deleted"カラムに関する知識をテーブル利用者が適切に把握している必要があるため，論理削除されたデータはそもそもデータウェアハウスには格納しない方が多くの場合で安全に使いやすいテーブルを作ることができるでしょう．

c. データ保護　　個人情報などの保護に関しては，漏洩の際などに大きな問題が発生する可能性があり，非常に重要な項目です．センシティブな項目なので国のルールを確認したり，専門の方に相談した方が安全でしょう．

① **ハッシュ化**: たとえば個人のメールアドレスなどはそのままだと個人が完全に特定されてしまう情報ですが，これらをユニークな ID としてもっている場合は他のデータと突き合わせたい場合があります．その場合は，sha256 のような一方向性のハッシュ関数にかけることで，ハッシュ化した後の文字列からもとのメールアドレスの推測が困難になります．ただし，ハッシュ化の場合は計算アルゴリズムやソルト値がわかっていれば同じ文字列からは同じハッシュが生成されるので，個人情報を推測することで同じ情報が復元される可能性があるというリスクがあります．

② **プライバシーリスクの低い情報への変換**: 個人情報をより個人の特定のしづらい情報に変換する，といった方法です．たとえば生年月日をそのときの年齢に置き換える，生年までにするといった対応をとることで個人を特定されるリスクを低減できます

③ **個人情報の項目自体の除去**: 氏名など，個人を完全に特定でき，そもそも連携をする必要がない場合は個人情報を保持するリスクを避けるために連携自体をしないようにしましょう．

　これまで，型やフォーマットの修正・不要なデータの判定など，いくつかデータクレンジングの例を紹介しました．一方で，データ基盤の側でできることには限界があり，サイト本体の側で手を入れる必要がある場合も多いことには注意が必要です．個人情報の保護は必要ですし，情報が足りなかったり，制約が満たされていないデータを，データ基盤の側で修正することはできません．たとえばトランザクション固有の ID を発番してログに記録したりするなど，サイト本体のシステム側でもデータの品質を担保してもらう必要があります．したがって，データ基盤の開発はデータ分析者だけではなく，サイト本体の開発者の協力を得ながら進めるのが理想です．

6・4・3　汎用的な処理の永続化

　スタースキーマ，あるいはスタースキーマを非正規化したファクトテーブルが，データウェアハウスにおいて中心的な役割を担いますが，必ずしもこれのみで十分というわけではありません．データウェアハウスに他の形態の"便利な"テーブルも追加していくことで，データ活用を効率的に実施できるようにすることができます．なるべく多くのユースケースに使い回すことができ，なるべく後続のデータ処理が簡潔になるようなテーブルがふさわしいでしょう．

　一方で，データウェアハウスに入れるべきデータ構造をあらかじめ明確に決めることは困難です．組織やプロジェクトなどのデータ基盤を取り巻く状況に応じて必要なデータは変化するため，事前に完全な予測をするのは難しいです．労力をかけてデータウェアハウスに便利そうなテーブルを追加したとしても，結局あまりユースケースが増えないということはよくありますし，一方で思いもよらぬデータがあとから必要になったりすることもあるでしょう．いろいろなデータ処理とパイプラインを構築する過程で，共通して出てくる処理を一つにまとめるなどして，全体の処理がシンプルになるような中間データを設計し，データウェアハウスに永続化するというプロセスをとるのがよいです．具体例をあげて考えてみましょう．

　データレイクにはファクトテーブルとして購入ログ（どのユーザーが，どの商品を何個購入したかが記録されています）とユーザー・商品マスターが格納されている状態で，ある日のカテゴリ別商品売上ランキングを作りたいとします．すると，図6・5のような段階を踏んで処理を行っていくことになるでしょう．

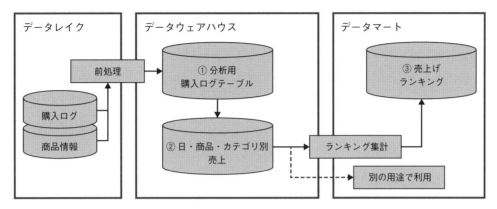

図6・5　売上げランキングのためのデータの流れ

① **分析用購入ログテーブルの作成**: まず，データレイクにある購入ログと商品情報に対して，これまで本章で解説した内容をもとにクレンジングや非正規化などの前処理を行い，データウェアハウスに分析用購入ログテーブルとして保存します．

② **日・商品・カテゴリ別の売上の集計**: 分析用購入ログテーブルをもとに，日・商品・カテゴリ別の売上を集計します．ここは必ずしもテーブルとして保存はされず，売上ランキングを集計する際のサブクエリとして存在するだけかもしれません．一方で，後述のように，ここをテーブルとして保存することで他の用途に利用可能になるメリットが得られます．

表6・4　日・商品・商品カテゴリ別の売上

日付	カテゴリ	商品 ID	売上
2022-04-01	食品	1431	2600
2022-04-01	雑貨	1432	3200
2022-04-02	食品	1431	8800

③ **売上ランキングの保存**: 集計した売上個数を利用して，ある日における売上上位の商品をカテゴリ別に取得します．

表6・5　売上ランキング

日付	カテゴリ	売れ筋商品上位
2022-04-01	食品	[1431,...]
2022-04-01	雑貨	[1432,...]

　これらの処理ステップにおいて，②の"日・商品・カテゴリ別の売上"という中間データは，他にもさまざまな用途を考えることができそうです．

- 1週間前の同じ曜日と比較して大きく売上を伸ばした商品を探したい．
- 商品別の売上のダッシュボードを作りたい．

- ある商品の明日の売上の予測を機械学習によって行いたい.

これらの用途で売上データを利用したい場合, 日・商品・カテゴリ別の売上を改めて個別に算出し直すのは手間も時間も必要ですし, 多段階のデータ処理の過程で集計の間違いやバグが発生する懸念があります.

そこで, 中間結果である ② のテーブルを, データウェアハウスにテーブルとして保存しておくとよいでしょう. これによって他のメンバーでも他の用途に日・商品・カテゴリ別売上情報を再利用できるようになり, 売上に関連したデータ分析が非常に簡単になります.

このような中間データは必ずしも明示的にテーブルとして保存されているわけではなく, ある一つのクエリの中のサブクエリという形で現れているかもしれません. その場合は, 長大なクエリの中から汎用性の高いサブクエリを取出し, 処理を一つに分離する一手間が必要になってきますが, 適切なデータをデータウェアハウスに入れることができれば, その手間は大幅に削減されるでしょう.

6・5 ハンズオン

ここまで, データ基盤を三層に分けて管理する方法について紹介してきました.

本章のハンズオンでは, データ基盤の三層モデルに則ってデータパイプラインを構築するための, ごく簡単な具体例を紹介します. なかでも, 特にデータウェアハウスの作り方について詳しく見ていきます. 2章のハンズオンでは, 商品の購買データを集計して売上ランキングを作成する様子を示しましたが, ここではもう少し複雑なデータから売上ランキングをつくる過程を紹介することで, データレイク・データウェアハウス・データマートという構造を具体的にどのように作っていくのかを解説します.

6・5・1 利用するデータについて

2章と3章において, transactions.csv, users.csv, items.csv というファイルを利用し, 売上ランキングを集計し, APIを構築する例を紹介しました. 2章で説明したように, これらのデータは商品やユーザー情報, あるいは売上記録を表しますが, これはハンズオンのために理想化されたデータで, 分析をするのにもクレンジングは不要で, 非常に単純なデータ処理のみで事足りるようになっています.

一方で, 本章でも紹介したように, 実際のデータはこれほど整然とした状態になっておらず, 分析の前に前処理が必要とされることが多いです. そこで, このハンズオンでは, より実践に近いデータ処理の様子を紹介するため, 人為的に少しだけ"汚した"データを利用することにします. スターターキットの data/ディレクトリに, raw_ という接頭辞をつけたファイル (raw_transactions.csv, raw_items.csv, raw_users.csv) として用意してあります.

a. raw_transactions.csv　　もともとの transactions.csv には存在しないカラムがいくつか追加されており, 利用に注意が必要なデータに変更されています.

① transaction_id: 商品の購入イベントに対して発番されるランダムな ID です. この値が異なれば異なる別々のイベントであることを示します.

② event_type: "purchase" (購入) と "cancel" (購入のキャンセル) があります. 単なる購入イベントのみの記録ではなく, 購入してもその後キャンセルされることがあることを表現しています. 商品が購入される際とキャンセルされる際とでは前述の transaction_id が同一になっています.

　商品が売れた数を数えるとき, キャンセルされた購入ログを含めるのは適切ではないかもしれません.

表 6・6　raw_transactions.csv

カラム名	データ型	説明
date	DATE	ユーザーが商品を買った日付
user_id	STRING	ユーザー ID
item_id	STRING	商品 ID
transaction_id	STRING	購入イベントの ID
event_type	STRING	"purchase"（購入）または "cancel"（購入キャンセル）

　このようなトランザクションデータは時間とともに増え続けるため，データレイクを作る際は差分連携するのが一般的になります．このため，データを 1 日ごとに分割し，データ連携ジョブからはその日 1 日分のファイルのみを参照するようにします．

　このような状況を再現するために，raw_transactions.csv には 2021 年 1 月 1 日から，2021 年 12 月 28 日までのデータが格納されており，12 月 29 日，30 日，31 日分のデータは，1 日分ごとに別のファイルに分割され，raw_transactions.20211229.csv，raw_transactions.20211230.csv，raw_transactions.20211231.csv に格納してあります．これらは，本番システムから毎日 1 日分だけのデータが連携されてきたものであるとみなすことができます．

　b.　raw_items.csv　　一部の商品のカテゴリ（category カラム）情報が空白の文字列に置き換えられています．空白のカテゴリが存在するのは，カテゴリ名が存在しない商品なのかもしれませんし，商品を登録するときの入力漏れかもしれません．カテゴリの名前が空白の文字列なのはあまり正しい状態ではないと考えられるので，欠損したカテゴリ名をどう扱うかを決め，データのクレンジングを行う必要があります．

表 6・7　raw_items.csv

カラム名	データ型	説明
item_id	STRING	（カテゴリのコード値）－（カテゴリ内で連番に振られる ID）で表現される商品 ID
category	STRING	商品のカテゴリ / 一部が空白文字列になっている

　c.　raw_users.csv　　ユーザーの生年月日が，"1970 年 1 月 1 日" のような日本語表現で記載されています．人の目には理解しやすい形式ですが，分析に利用するためにはあまり使い勝手がよくありません．このような時間の情報は，データベース製品に用意された日付や時刻を表すデータ型に変換するとよいでしょう．

表 6・8　raw_users.csv

カラム名	データ型	説明
user_id	STRING	ユーザー ID
gender	STRING	性別
birthday	STRING	生年月日 / "1970 年 1 月 1 日" のような日本語表現

　raw_items.csv および raw_users.csv はマスターデータであるため，本番 DB から全体抽出で取得されてきたデータであるとみなします．この 2 ファイルは，本番 DB にある商品テーブル・ユーザーテーブル全体を出力したファイルに見立てることができます．

以上が本章のハンズオンで利用するデータとなりますが，注意点として，これらのデータは少しだけ性質が悪くなったとはいえ，あくまでまだ“単純な”範囲であるということです．実際のデータ処理の現場においては，はるかに多数のカラムを含む複雑なデータであることがあるので，このハンズオンで取上げるデータもあくまでも解説のための例として考えて下さい．

6・5・2　BigQueryデータセットの事前準備

まず，BigQuery上にデータレイク・データウェアハウスを格納するためのデータセットの準備を行います．

これらのデータ基盤は，BigQueryなどのクエリエンジンに作成される必要は必ずしもありませんが，今回のデータ処理はすべてSQLを通じて実行するため，すべての層をBigQuery上に構築することにします．

今回も2章と同様に，次の名前で二つのBigQueryデータセットを作成します．今回は2章で利用したものとは使うデータがやや異なるため，データセットの名前の末尾に_chap6を付与してあります．

- raw_k_and_r_chap6：こちらにはデータレイクを構築します．この中には生データしか格納しないという意図を込めて，rawという名前になっています．
- k_and_r_chap6：ここにはデータウェアハウスとデータマートを作成していきます．

上記の名前のデータセットを作成しましょう．2章と同様にBigqueryのWeb UIから作成してもよいですが，ここでは新たにBigQueryのCUIを利用した方法のみ示します．

```
$ bq mk raw_k_and_r_chap6
```

このようにmkサブコマンドを利用することでデータセットを作ることができます．無事にデータセットを作成できると，2章で作成したものと合わせて，3個のデータセットが存在しているように見えます．

```
$ bq ls # データセットの一覧を表示できる
      datasetId
 --------------------
  k_and_r
  raw_k_and_r
  raw_k_and_r_chap6
```

BigQueryのWeb UIであなたのGCPプロジェクトを確認すると図6・6のように見えるはずです．

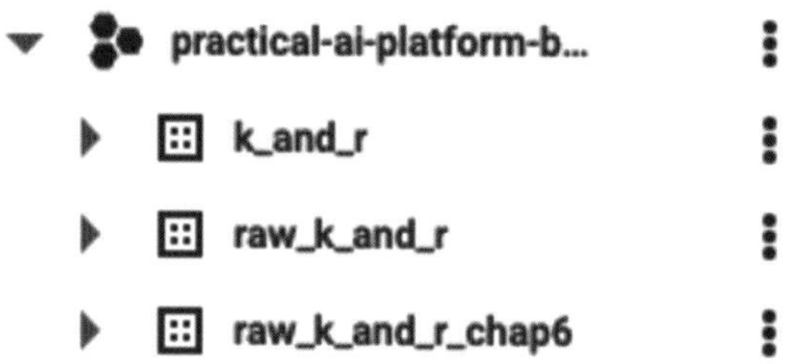

図6・6　作成されるデータセット

6・5・3 データレイクの作成

無事に空のデータセットを作ることができたので，まずデータレイクの構築から始めていきましょう．

データレイクを作り，分析環境を整えるためには，まずデータの連携を行う必要があります．一方で，データ連携の様子を真に再現するためには，連携元となるデータソースを用意することが求められます．具体的には，MySQLでデータベースサーバーを構築したり，ログ管理システムの再現をする必要がありますが，このハンズオンで実施するにはあまりに煩雑となり，コストもかかるためデータソースの再現は行いません．

代わりに，2章と同様に，あらかじめ用意されたcsvファイルのデータをBigQueryに取込むことで，擬似的なデータレイクを作成します．この中で，データレイクにおける望ましいテーブル構成やデータ連携の方法について解説します．

もちろん，実際にデータ連携処理を自分で作成する際には，このようなcsvファイルは用意されていません．しかし，csvファイルは本番DBから抽出されてきたデータであるとみなせば，本番DBからのデータ抽出処理さえ追加すればデータレイク作成につなげることができるでしょう．

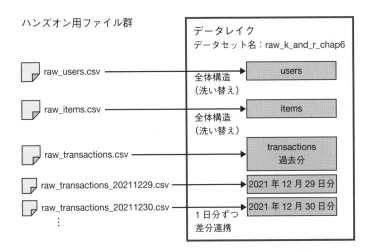

図6・7　csvファイルによってデータレイクを更新する様子

- raw_users.csv と raw_items.csv は，本番DBから全体連携されてきたマスターデータであるとみなして，それぞれ users テーブル・items テーブルに洗い替えで格納します．
- raw_transactions.<日付>.csv は，1日分ずつの差分が連携されてきたものであるとみなします．そこで，データレイクの transactions テーブルには1日分ずつの差分を追記していくことになります．

a. users, items　まず，マスターデータであるユーザー情報（users.csv）と商品情報（items.csv）を，raw_k_and_r_chap6 データセットの中に，テーブルとして取込みます．

```
$ bq load \
    --replace \
    --skip_leading_rows 1 --source_format=CSV \
    raw_k_and_r_chap6.items raw_items.csv \
    item_id:string,category:string
```

```
$ bq load \
    --replace \
    --skip_leading_rows 1 --source_format=CSV \
    raw_k_and_r_chap6.users raw_users.csv \
    user_id:string,gender:string,birthdate:string
```

　usersとitemsはマスターデータであるため，ワークフローエンジンを利用してマスターデータの連携を自動化しようとする場合，通常は全体連携を行うことになるでしょう．つまり，users, itemsのデータをまるごと抽出し，古いテーブルを新しいものにまるごと置き換える必要があります．このため，上記の bq load コマンドには，2章とは異なり --replace フラグを付けています．bigquery の場合は，上記のような --replace フラグを付けた bq コマンドを利用することで，古いテーブルを破棄して新しいマスターテーブルにまるごと置き換えることが可能になります．また，これによりこの処理は冪等になっています．

　もちろん，ここで利用している csv ファイルはあくまでハンズオン用のダミーデータで，実際の環境ではこのように csv ファイルがそのままデータの連携元であることは多くないでしょう．しかし，事業 DB の内容を書き出して，csv ファイルに毎日上書き保存するようなステップを行えば，あとは上記のコマンドでそのままデータ連携を実施できるようになります．ここの処理には，データ連携の節で解説したように，マネージドサービスのデータ連携機能を利用する方法や，Embulk といった OSS を利用する方法，あるいは mysqldump によるデータ連携を自分で開発する，といった方法があります．

b. transactions　　次に，transctions をデータレイクに用意していきます．前準備として，transactions.csv を BigQuery テーブルに取込みましょう．

```
$ cd data/
$ bq load \
    --replace \
    --skip_leading_rows 1 \
    --source_format=CSV \
    --time_partitioning_type DAY \
    --time_partitioning_field date \
    raw_k_and_r_chap6.transactions \
    raw_transactions.csv \
    transaction_id:string,event_type:string,date:date,user_
id:string,item_id:string
```

　これによって，表 6・9 のようなデータが BigQuery の raw_k_and_r_chap6 データセットに transactions テーブルとして格納されるはずです．この中には，date カラムが 2021 年 12 月 28 日以前のデータが格納されています．

表 6・9　**raw_k_and_r_chap6.transactions** テーブル

行	transaction_id	event_type	date	user_id	item_id
1	4ba9154a	purchase	2021-03-02	005391	000-001
2	22648261	purchase	2021-03-02	005911	000-001
3	30848b2a	purchase	2021-03-02	009991	000-002
4	86e1d549	purchase	2021-03-02	003929	000-003
5	99cc5938	purchase	2021-03-02	005517	000-003
6	b547cde0	purchase	2021-03-02	004192	000-003

c. パーティション分割テーブルの利用　　さて，このテーブルは**パーティション分割テーブル**[8]になっています.

パーティション分割テーブルとは BigQuery の機能で，テーブルを日付などの単位で小さく分割して扱うためのものです.巨大なテーブルを BigQuery で扱うためには相応のコストや時間がかかりますが，データを格納する日付に応じて分割して保存することで，特定の期間のデータに絞ったデータ処理を行うことができるようになり，コストや処理時間の削減につながります.

今回の transactions のような，常に増え続けるであろうトランザクションデータを連携するには差分連携を行うのが望ましいですが，このような場合に BigQuery ではパーティション分割テーブルを利用し，1 日分のデータのみを更新する，といった使い方ができます.

① まず，トランザクションデータの記録されたログファイルが，1 日ごとに分割されるようにし，1 日分の単位でデータを扱いやすくします.これはログ管理システム側の設定で分割方法を決められることが多いです.今回はハンズオンなので，2021 年 12 月 29 日からの 3 日分のファイルを例として用意してあります.

② 1 日単位で分割されたファイルを，1 日単位のパーティションに分割されたテーブルに取込みます.これには下のようなコマンドが使えます.BigQuery では，テーブル名の末尾に $ 記号と日付を書くことで，特定のパーティションのみに限ったデータ操作が行えるようになっています.

下記は 2021 年 12 月 29 日分のデータのみを更新するコマンドです.12 月 30 日・31 日分に対しても同様のコマンドを実行します.

```
$ bq load \
    --replace \
    --skip_leading_rows 1 \
    --source_format=CSV \
    --time_partitioning_type DAY \
    --time_partitioning_field date \
    'raw_k_and_r_chap6.transactions$20211229' \
     ./raw_transactions.20211229.csv \
    transaction_id:string,event_type:string,date:date,user_
id:string,item_id:string
```

ワークフローエンジンを通じて，上記のような処理を毎日実施することで，増え続けるトランザクションデータを効率的に 1 日ずつデータレイクに連携することができるでしょう.

6・5・4　売上ランキングのデータマートの作成

上記のようなデータレイクの内容から，商品カテゴリ別売上ランキングを作成していきましょう.2 章で紹介したように，transaction テーブルを単純に集計し，アイテムごとの販売数を求めたうえで，カテゴリ別に売上上位のアイテムを計算するのが基本方針です.一方で，今回のデータは少し複雑になっており，データの扱いをもう少し細かく決め，データのクレンジングを行う必要があります."汚い"データの扱いはデータ集計の用途や目的によって異なってくるので，状況によって扱いを決めていく必要があります.今回売上ランキングを集計するにあたっては，以下のように取扱うことにしましょう.

* キャンセルログの存在: 購入された（event_type="purchase"の行）ものの，後でキャンセルさ

---

[8] https://cloud.google.com/bigquery/docs/partitioned-tables?hl=ja

れた（event_type＝"cancel"）売上を売上ランキングの集計に利用するのはふさわしくないと思われるので，今回はキャンセルされなかった売上のみを集計することにします.

- 空白のカテゴリの存在：カテゴリ別の売上ランキングに，空白のカテゴリを表示したくないため，このようなカテゴリをもつ商品は集計から除外することにしましょう.

この場合，たとえば下記のようなクエリによって，キャンセルされた購入記録を集計から除去しつつ，商品カテゴリをもつ商品のみを対象にした，カテゴリ別売上ランキングを算出することができるでしょう.

chapter6/sales_ranking.sql

```
with
    /* 商品別の売上（うちキャンセルされていないもの）個数を集計する. */
    item_purchase_counts as (
        select
            purchased.item_id
            , count(*) as cnt
        from
            `raw_k_and_r_chap6.transactions` as purchased
            /*
            transactions には購入とキャンセルの 2 種類のイベントが含まれている.
            transaction_id で自己結合し，キャンセルされていない売上を調べる.
            */
            left join `raw_k_and_r_chap6.transactions` as canceled
                on
                    purchased.transaction_id = canceled.transaction_id
                    and purchased.event_type = "purchase"
                    and canceled.event_type = "cancel"
        where
            purchased.date between "2021-01-01" and "2021-02-01"
            and purchased.event_type = "purchase"
            and canceled.transaction_id is null
        group by
            item_id
    )
select
    category
    , array_agg(item_id order by cnt desc limit 10) as top_items
from
    item_purchase_counts
    inner join `raw_k_and_r_chap6.items` using(item_id)
/*
    カテゴリ名が空白になっている場合は集計に含めない.
 */
where
    trim(category) != ""
group by
    category
```

```
order by
    1
;
```

　この結果を保存すれば，カテゴリ別の売上ランキングのデータマートとして利用することができます．さらに，このクエリをワークフローエンジンから定期的に実行し，結果を売上ランキングテーブルに上書き保存するように設定するだけで，最低限のデータパイプラインが完成するでしょう．

　データ処理のユースケースが一つだけであれば，これであまり問題ないのですが，一方で，データレイクのデータはカテゴリ別売上ランキングの集計以外の用途にも利用していくことになるでしょう．今後汎用的なデータ分析を行いたい場合に備えて，データウェアハウスの整備を行っていきましょう．

6・5・5　データウェアハウスの作成

　今回の例において，データレイクから売上ランキングを集計するために，データの（美しくない）性質にきちんと対処するために，キャンセルされた売上を除くために自己結合をしたり，空白文字列カテゴリを取り除いたりなど，やや複雑なクエリを組立てる必要がありました．これらの処理を正しく行えない場合は，得られる結果も適切でないものとなってしまうでしょう．特に，データ分析メンバーが複数人いる場合には，メンバー全員がこのようなデータの性質をふまえなければ，人によって集計結果が異なる，といった事態が発生しがちです．

　データの性質とデータの処理方法をきちんとドキュメントに記載するのも重要ですが，ここでは本章で紹介したように，データウェアハウスを整備し，分析に利用しやすいテーブルを整備することで，データ分析を正しく効率的に行うことができるようになります．

　前節では，カテゴリ別売上ランキングを集計するのと同時に，キャンセルされた売上ログや空白カテゴリの商品などの不要のデータを除去する条件をクエリに増やしていました．ところが，このようなクエリは生データの前処理と集計処理を同時に行っており，拡張性に乏しく，他人が見ても深く理解するのは難しいものです．

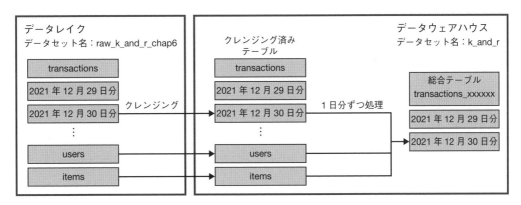

図6・8　データウェアハウス構築の流れ

　今回の場合，図6・8のような流れでデータウェアハウスを整理していくことになります．次のような2段階を踏んでデータウェアハウスの構築を行っていきましょう．

① まず，データレイクの各種類のデータに対してクレンジングを行う．
- transactions は1日分のパーティションのみ差分更新
- users, items は全体を更新

② クレンジングしたデータを統合し，分析しやすいテーブル構造に整形する．最新の users，items 全体と，1 日分の transactions を利用した差分更新を行う．

a. データクレンジング　　前節では，データクレンジングの過程で売上ランキングに不要なデータは除去していましたが，一方で，これらのデータをどう扱うべきかはデータ活用の目的や用途によって異なります．キャンセル率を分析したいときにはキャンセルされた売上ログは必須ですし，すべての商品の売上個数を調べたい場合には，カテゴリ名が欠損していようと集計から除外してしまうわけには行きません．汎用的なデータ分析に利用できるデータウェアハウスを整備したいという観点からは，今回は単純に除去してしまうのは適切ではなさそうです．どんなデータを残し，どのように加工すべきかは扱っているデータの性質を理解したうえで考える必要があります．

さらに，商品カテゴリ別売上ランキングではふれなかったユーザー情報についても，ユーザー属性を軸にした分析には必要になってくるため，データウェアハウスを整備する際にはまずクレンジングを行い，扱いやすくしたテーブルとして保存していきましょう．

i）transactions

キャンセルされた売上を利用したい場合に備えて，キャンセルされた売上を除去することはやめます．代わりにキャンセルフラグ（is_cancelled）を新たに設け，その売上が後でキャンセルされたかどうかをすぐにわかるようにすることにします．

chapter6/dwh_transactions.sql

```
select
    purchased.date
    , purchased.user_id
    , purchased.item_id
    , canceled.transaction_id is not null as is_canceled
from
    `raw_k_and_r_chap6.transactions` as purchased
    left join `raw_k_and_r_chap6.transactions` as canceled
        on
            purchased.transaction_id = canceled.transaction_id
            and purchased.event_type = "purchase"
            and canceled.event_type = "cancel"
where
    purchased.event_type = "purchase"
    and purchased.date = @target_date /* 1 日分を処理する */
```

さて，データレイクの raw_k_and_r_chap6.transactions テーブルは，パーティション分割テーブルであり，テーブルは 1 日分ずつのパーティションに区切られ，毎日データがパーティション単位で追加されていくようになっていました．このようなテーブルをもとにしてクレンジングを行うときも，その日に追加された 1 日分ずつのみを処理していくのがよいでしょう．

BigQuery の機能として，"@target_date" のように，@ マークで始まる名前で変数を表現することができます．これを利用すると，下記のようなコマンドで，毎日異なるパーティションのみを対象にしたデータクレンジングを行うことができます．

```
$ cd ../chapter6/
$ cat dwh_transactions.sql \
    | bq query \
        --time_partitioning_type DAY --time_partitioning_field date \
```

```
    --parameter=target_date:date:2021-12-29 \
    --destination_table='k_and_r.transactions$20211229' \
    --replace \
    --nodry_run
```

ワークフローエンジンからはこのようなコマンドを，日付のパラメーターを変えつつ毎日実行するように設定しましょう．こうすることで，トランザクションデータのクレンジングを毎日継続的に行うことができるでしょう．

ii）items

カテゴリが空文字列で入っているような商品を除去する代わりに NULL 値で置き換えることにします．これによって，本当に名前が空白文字列なカテゴリがあるわけではなく，カテゴリが存在しないという意図が明確になります．

chapter6/dwh_items.sql

```
select
    item_id
    , if(trim(category) = "", null, category) as category
from
    `raw_k_and_r_chap6.items`
;
```

iii）users

誕生日が "1970 年 1 月 1 日" といった文字列で入っているため，今後の分析利用を見据えて，きちんと日付型に変換しておきましょう．

chapter6/dwh_users.sql

```
select
    user_id
    , gender
    , parse_date("%Y 年 %m 月 %d 日 ", birthdate) as birthdate
from
    `raw_k_and_r_chap6.users`
;
```

users と items についてはマスターデータであるため，データレイクの生データは全体抽出を行い，テーブル全体をまるごと置き換えるように更新されていました．したがって transactions テーブルとは異なり，データのクレンジングもテーブル全体を置き換えます．

```
$ cat dwh_items.sql \
    | bq query --destination_table='k_and_r.items' --replace --nodry_run
$ cat dwh_users.sql \
    | bq query --destination_table='k_and_r.users' --replace --nodry_run
```

b. 分析に使いやすいテーブルの作成　　データクレンジングが完了したら，次は分析に使いやすいテーブル構造を考えていきましょう．

実は，現状のデータセットはすでに transactions テーブルを中心としたスタースキーマの構造になっています．transactions がファクトテーブル，items と users テーブルがマスターテーブルに対応

します．適切にテーブルを結合することで所望の分析を行うことができるでしょう．

　一方で，transactions テーブルには商品とユーザーの ID しか情報がないため，多くのユースケースでは，これらのマスターデータを結合して分析を行うことになるでしょう．そこで，あらかじめこれらのテーブルを結合したテーブルを作成・保存しておけば，毎度 JOIN 文を書かずとも，必要なすべての属性が 1 テーブルに収まっている状態を作ることができます．

chapter6/dwh_transactions_combined.sql

```
select
    item_id
    , user_id
    , date
    , is_canceled,
    , gender as user_gender
    , birthdate as user_birthdate
    , category as item_category
from
    `k_and_r.transactions`transactions
    left join `k_and_r.users` using(user_id)
    left join `k_and_r.items` using(item_id)
where
    date = @target_date
;
```

　このクエリによって，表 6・10 のように，transactions テーブルにユーザー情報と商品情報を付与したテーブルを作成することができます．

表 6・10　k_and_r.transactions_combined テーブル

item_id	user_id	date	is_canceled	user_sex	user_birthdate	item_category
014-064	005798	2021-03-30	false	male	2000-01-07	子供服
002-004	009126	2021-03-28	false	female	1987-01-31	家電製品
012-011	002583	2021-03-23	false	none	1981-10-26	婦人服
004-501	007924	2021-03-08	false	male	1965-03-09	寝具
006-008	007288	2021-03-16	false	female	1980-08-07	インテリア
000-021	005523	2021-03-22	false	female	1970-11-09	食品
017-002	009149	2021-03-17	false	female	1985-07-19	コスメ

　このテーブルは transactions テーブルをもとにしており，transactions テーブルは 1 日分のパーティションのみを対象にして更新すれば十分です．このためのコマンドは下記のようになります．

```
$ cat dwh_transactions_combined.sql \
    | bq query \
        --time_partitioning_type DAY \
        --time_partitioning_field date \
        --parameter=target_date:date:2021-12-29 \
        --destination_table='k_and_r.transactions_combined$20211229' \
        --replace \
        --nodry_run
```

　分析する際にファクトテーブルに各種マスターテーブルを結合するのは，一見大きな手間ではない
かもしれません．このくらいの規模ではあまり問題にはなりませんが，やがてデータの種類が増え，
データ基盤が複雑になればなるほど，transactions テーブルのどのカラムに対してどのテーブルを結
合すべきなのかを知るのが難しくなっていきます．この点では，データを非正規化することでサイズ
の増大を招くというデメリットはありつつも，あらかじめ必要なマスターデータをすべて結合した
テーブルを作ることで，この1テーブルを確認しさえすれば必要な情報が手に入る状態にすることが
できます．

　transactions_combined を利用して，売上ランキングテーブルは下記のように計算することができ
ます．

chapter6/sales_ranking_dwh.sql

```
with
    purchase_counts as (
        select
            item_category
            , item_id
            , count(*) as cnt
        from
            `k_and_r.transactions_combined`
        where
            not is_canceled
        group by
            item_category
            , item_id
    )
select
    item_category as category
    , array_agg(item_id order by cnt desc limit 10) as top_items
from
    purchase_counts
group by
    item_category
;
```

　データレイクを直接利用する場合よりも，キャンセルログの扱いやデータのクレンジングが非常に
単純化され，さらに商品カテゴリ名を取得するための JOIN 文も不要になっています．以前よりもク
エリがシンプルとなり，売上個数とそのカテゴリ別のランキング集計にのみ専念できるようになって
いるのがわかると思います．

　これまで売上ランキングは，データレイクから直接複雑なクエリによって作成されていました．デー
タウェアハウスが整備されたあとは，データウェアハウスを経由して売上ランキングを作成するよう
にデータパイプラインを改善しましょう．こうすることによって，冗長なデータ処理を減らし，簡潔
で再利用性の高いデータ基盤になっていくことでしょう．

6・5・6　他の用途への拡大

　さて，transactions_combined には，トランザクションデータをもとにして，items・users という
マスターデータの情報がすべて含まれており，このテーブルを利用することでかなり広範な用途の
データ分析を行うことができます．

a. ユーザー属性別の集計　もともと商品カテゴリ別の売上ランキングの集計から始まりましたが，ユーザー属性も利用できるようになりました．集計の軸として，たとえばユーザーの年齢や性別に応じた集計というのも，単純な group by 文で簡単に行えるようになります．下記はユーザーの性別ごとに売上個数を数える例です．

```
/* キャンセルされていない売上個数を性別に応じて集計 */
select
    user_gender
    , count(*)
from
    `k_and_r.transactions_combined`
where
    not is_canceled /* キャンセルされていない購入記録のみ */
group by
    1
;
```

b. キャンセル率の集計をする　また，is_canceled カラムを用意したことによって，たとえば，キャンセル率の計算を行うことができます．

```
/* 商品カテゴリ別にキャンセル率の集計をする */
select
    item_category
    , countif(is_canceled) / count(*)
from
    `k_and_r.transactions_combined`
/* is_canceled で条件づけられていないことに注意 */
group by
    1
;
```

このようにいろいろな用途に対して分析を行うことができます．このような集計結果は必要に応じてデータマートとして保存し，データ基盤を拡大していきましょう．

ここまで，データレイク・データマート・データウェアハウスの三層モデルを，実践に近い手順で育てていく様子を解説しました．今後新たなデータ施策を行うために，

- 用途に応じて，データレイクとデータウェアハウスをもとにしてデータマートを作成する．
- 冗長な処理があればデータウェアハウスを整備し，データ処理を効率化する．
- データレイクにないデータを利用したい場合は，データ連携処理を新規で追加する．

上記のような対応を通じて，データレイク・データマート・データウェアハウスそれぞれを相互に，らせん的に成長させていくことができるでしょう．

6・6　ま　と　め

本章では，徐々に複雑になるデータに対応するために，2章で紹介したデータレイク・データウェアハウス・データマートの三層モデルについて，意義と実装についてより具体的な解説を行い，データ活用チームの成長にともともにデータ基盤をどう発展させるべきかを紹介しました．また，ハンズオンにおいては，サンプルデータを利用して2章よりも実践的な基盤を構築する例を示しました．

　本章で紹介したようにデータ基盤を整備していくことは，継続的にデータから価値を生み続けるための足がかりとなるでしょう．

7

API 基盤の発展

■ 本章の目的

　実現したいデータ施策が高度化するのに伴って，高度な API 基盤を設計・実装・運用できるようになる．

■ 本章の到達目標

- 高度なデータ施策を実現するためにどのような API 群が必要になるかを理解している．
- 高度な API 群を設計・実装・運用するための実践的知識を身に着けている．

7・1　API 基盤を発展させる

　3 章ではデータ活用プロジェクトにおける API の有用性を説明したうえで，シンプルな key-value 型の API の実装例を紹介しました．一方で，key-value 型 API ではカバーできないユースケースも少なからずあることも紹介しました．

　key-value 型 API はシンプルでありながら，ある程度までのユースケースをカバーできるパワフルさも併せもつ手法でした．しかし，さらに複雑な仮説の検証が必要になったり，あるいは何らかのビジネス上の要求が出てくると，より高度な API が必要になってくることもあります．

　3 章で紹介した key-value 型 API ではカバーできない例を，おさらいのため再掲します．

① ありうる入力値について事前にすべてリストアップできない場合
- 例："ユーザー ID ×アイテム ID"のように，一つ一つは一定範囲の値だが組合わせ爆発によって総件数が莫大になってしまう入力値
- 例：自然言語文や画像などの非構造化データで表される入力値
② リアルタイム，あるいはそれに近い水準でログデータを反映させる必要がある場合
- 例：Web サイト回遊中のユーザーに対し，ページ遷移ごとに直前の閲覧ログを加味したレコメンド結果

　本章では上記のユースケースをカバーするレシピと，それに伴って習得するとよいトピックを紹介します．

7・1・1　入力値がリストアップできない場合のレシピ

　a. それでも key-value 型 API を使う　　まず，本当に入力値がリストアップできないほど膨大なのか改めて検討してください．検討はただ定性的に"すごく膨大になりそう"と考えるのではなく，定量的に，入力値のパターン数やデータ量がどの程度まで許容できるのかという上限値を明確にした

うえで，実装しようとしている API の想定数値と比較します．

　上限値は，採用する技術やインフラ構成などによって大きく変わります．一番わかりやすいデータベース一つとっても，ストレージが何 GB まで保持できるのか，安定して低いレイテンシーで値を取得できるのは何件程度までなのか，バルクで書き込む際のスループットはどの程度なのかなど多岐にわたります．また，データを書き込むバッチ処理のシステム負荷も制約になりえます．各種ドキュメントを確認のうえ，必要に応じて負荷試験をしてください．

　筆者の携わった事例では，データをデータベースに書き込む部分のスループットの制約から，一つの API 当たりのキー数が億以上のオーダーになる場合は key-value 型 API の使用が適さないと判断していました．

　たとえば EC サイトの検索結果画面で "ユーザーが入力した検索の絞り込み条件に応じてぴったりなアイテムをレコメンドしたい" といった要件があるとします．これを key-value 型 API で実現する場合 "絞り込み条件" が入力値となるわけですが "商品カテゴリ 100 ×取扱いブランド 100 ×色 10 ×サイズ 10 ×価格 10" くらいだと 1 千万パターンとなり，目安ラインを下回ります．

　b. 複数の key-value を組合わせる　　それでも事前のリストアップができないと判断した場合にとれるレシピの一つ目は，複数の key-value を組合わせることです．

　このレシピは key-value 型 API の発展形であり，長所のほとんどを引き継いでいます．純粋な key-value 型 API と比べると，リクエストごとに "どう組合わせるか" という演算処理が行われる分 "安定して低レイテンシーでレスポンスを返せる" という点はやや下がりますが，それでも処理内容が簡素であれば微々たる差に収まります．

　適用例をいくつか紹介します．

ⅰ）ランキング API においてユーザーが閲覧済みのアイテムを除外したい

　ランキングに加えて，ユーザーごとに閲覧済みアイテムの ID を集計しておき，ランキングの結果から閲覧済みアイテムを取り除きます（閲覧済みアイテムの更新をリアルタイム化したい場合，次節を参照してください）．この例で API リクエストごとに行われるのは "リストの突き合わせ" のみです．

ⅱ）ユーザー×アイテムごとにマッチ度スコアを返す計算をしたい

　機械学習の埋め込み（embedding）とよばれる手法を用いると，アイテムやユーザーの嗜好を数値の配列（これを "ベクトル" とよびます）として表現できることを利用します．アイテムごとにベクトル表現を返す key-value 型 API と，ユーザーごとに嗜好を表すベクトル表現を返す key-value 型 API を作成しておき，それらの類似スコアを計算します．この例で API リクエストごとに行われるのは "ベクトルごとの類似スコア計算" のみです．

ⅲ）ユーザーが興味をもちそうなカテゴリの人気アイテムを返したい

　ユーザーごとに興味をもちそうなカテゴリと，カテゴリごとに人気のアイテムを集計しておき，前者の結果をもとに後者の結果を取得します．この例で API リクエストごとに行われるのは "カテゴリの紐付け" のみです．

　このレシピの場合，論点になるのは "どこでどう組合わせるか" ということで，その選択肢は三つあります．一つ目は組合わせ元となる API を別個に用意しておいて，呼び出しクライアント側でそれらを呼び出して組合わせる方法です（図 7・1 a）．二つ目は，やはり組合わせ元となる API を用意したうえで，さらにそれを組合わせる機能をもった API を新たに用意し，クライアント側からはその新しい API のみを呼び出す方法です（図 7・1 b．以下，このような API を "集約 API" とよびます）．集約 API は，マイクロサービスアーキテクチャに詳しい方であれば "BFF（Backend For Frontend）" をイメージしてもらうとわかりやすいかと思います．三つ目は，組合わせ元のデータベーステーブルをそれぞれ用意し，API は一つだけで，そこから両方のテーブルにアクセスする方法です（図 7・1 c）．

　これらの方法のうち，図7・1aのクライアント側で組合わせ処理を行う方法は推奨できません．もしクライアント側で組合わせることにしてしまうと，ランキングなどをどう計算するかという関心事がクライアント側に漏れ出てしまい，ロジックを理解したり変更したりするのが難しくなってしまうからです（§3・2で変更容易性・疎結合性・高凝集性について扱ったのを思い出してください）．

　たとえば，上記にあげたユーザー×アイテムごとにマッチ度スコアを計算するために，アイテムごとのベクトル表現とユーザーごとの好みを表すベクトル表現を組合わせる例を考えてみましょう．この場合，もし組合わせをクライアント側で行う構成にすると，"ベクトル表現の類似度でマッチ度スコアを表現する" というロジックがAPIのクライアントとサーバーに分裂してしまうため，ロジック全体の見通しは悪く，またクライアント側担当者は数学的背景をよく理解しないまま数字の羅列を計算する処理を実装することになります．そして何より，別の計算方法や別のレシピを採用したいときに変更範囲が広くなり難易度が上がります．

　これに対しデータ活用チームの責務として類似度の計算までAPIで完結していれば，クライアント側は "とにかくこのAPIを呼べばマッチ度スコアが手に入る" というように自分の関心事に集中でき，データ活用チーム側にとっても変更容易性を高く保つことができます．

　図7・1bとcのどちらがよいかは一概にはいえません．cの方が実装はシンプルになりますが，一

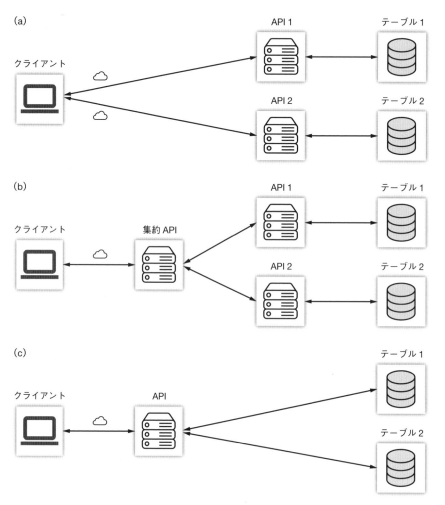

図7・1　複数の key-value を組合わせるときの三つの選択肢

つの key-value を複数の API から使う場合はテーブル管理が煩雑になることもあります．これに対し図7・1bの方法であれば，一つのテーブルにアクセスするのは一つの API だけに限定できるので，API 間の呼び出しをトラッキングすれば各 key-value がどこでどれだけ利用されているのか追跡しやすくなります（こういったトラッキングを分散トレーシングといい，§7・1・3で扱います）．

c. API 上で演算処理を行う　　key-value 型 API の組合わせとしても表現が難しい場合，最終的な手段として API アプリケーション上で複雑な演算処理を行うという手段もあります．

画像や自然言語文などの非構造化データを入力として受取り，それに対して特徴点抽出（画像）・形態素解析（自然言語文）を適用してからルールベースロジック（例: 特定の単語の組が含まれているかを判定）を適用したり，機械学習モデルを適用させたり（いわゆるオンライン推論とよばれるアー

● **コラム7・1　BFF と集約 API の比較** ●

　BFF（Backend For Frontend）とは，Web サービスのマイクロサービスアーキテクチャにおいて，フロントエンド（Web ブラウザで稼働するコードやモバイルアプリ）とバックエンドの間に入り，フロントエンドにとって使いやすいようバックエンド API を集約・整形などするものです．

　上記で紹介している集約 API も，"集約"という役割においては BFF と同じです．ただし2点異なることがあります．

　一つは，クライアントがフロントエンドとは限らないということです．むしろ3章で紹介した通り，バックエンドサーバー側から呼び出す例も多いです．

　もう一つは，集約するときの観点がクライアント側ではなくサーバー側の都合になるということです．たとえばサイトのトップページでランキングとパーソナライズされたレコメンドの両方を表示するとしましょう．このときランキングやレコメンドといった機能を提供するデータ活用チーム側の観点では，この二つは独立した機能なので，それらを一つに集約するような API は提供しません．これに対し BFF は，フロントエンド側の都合に合わせてこれらの情報も一つに集約します（図7・2）．

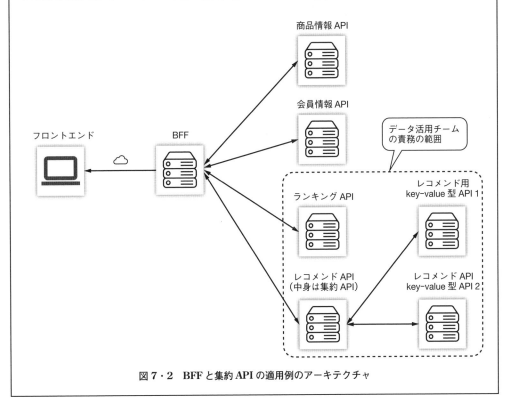

図7・2　BFF と集約 API の適用例のアーキテクチャ

キテクチャ）などのユースケースが当てはまります．ただし機械学習モデルを施策に取込む場合は運用における考慮事項が増えてしまうので，ご注意ください[1].

　一方，処理時間の観点から，API呼び出しのたびに大規模なデータを処理するような実装は避けるべきでしょう．たとえば膨大な閲覧ログからランキングを計算するなどは避けるべきです．

　ランキングのような大規模演算と機械学習のオンライン推論などがともに必要な場合，前者をkey-value型で事前に計算しておき，後者をAPI上で実施したうえで計算済みのkey-value型APIからランキング情報を呼び出す形がよいでしょう．

7・1・2　リアルタイムにデータを反映させたい場合のレシピ

a. key-value型APIをリアルタイムに更新する　　行動ログをできるだけリアルタイムに反映させたAPIを用意したい場合，とれる方式の一つ目がkey-value型APIのデータ更新をリアルタイム化するということです．この場合，APIクライアントやAPIサーバーの実装は従来のままとし，その背後で動くデータ更新処理を改修する形になります．

　更新方法は，さらに大きく二つに分けることができます．

　一つは従来のデータ更新バッチの実行頻度を極限まで高くするマイクロバッチ方式です．利用しているデータ処理基盤のスループットやワークフローエンジンの性能によりますが，筆者の経験では5分間隔程度までは問題なく稼働します．ランキングのリアルタイム化や急上昇するトレンドの補足などのユースケースであれば，この方式で十分ということもあるでしょう．後述するストリーミング処理方式に比べると，実装難易度は低い（既存のバッチがある場合，改修がほぼ不要）ですが，都度大規模演算が起こるためインフラコストがかかりがちな傾向にあります．

　もう一つは，ストリーミング処理エンジンを使うことです．ストリーミング処理エンジンとは§5・1・2bで紹介されているものです．従来のバッチシステムがデータを"定期的に処理"するものであるのに対し，"常に処理し続ける"ことを念頭においた処理システムです．具体的な製品としては，オープンソースのソフトウェアであればApache Flink，Kafka Streams，Spark Streamingなどがあげられます．パブリッククラウドをお使いであれば，GCP Cloud Dataflow，AWS Kinesis Data Analyticsなどのマネージドサービスが最適でしょう．

　この方式の最大の難点は，システム構築と処理実装の難易度です．3章や6章で紹介したデータ収集・蓄積のシステムや，5章の大部分で紹介されているワークフローエンジンを使わず，収集から処理までパイプラインの全体をストリーム処理に適したシステムを導入する必要があります．また"ストリーミング処理ならでは"の考え方やコードの書き方を習得して処理内容を実装する必要があります．とはいえ，クラウドであればマネージドサービスを採用すればシステム構築の手間は削減できますし，実装難易度についても，ストリーミング処理をSQLで扱えるソリューションが増えてきているなど将来的には下がっていくことが期待できます．

　一方で，最大の魅力はパイプラインレイテンシー（データの発生から処理を終えてAPI用データベースに反映されるまで）がおおむね数秒〜数十秒程度に抑えられる点です．このレベルであれば，一般的なWebサイトで回遊しているユーザーごとの傾向を捉えて適切なオファーをセッション中に出すには十分です．また，インフラコストがマイクロバッチほどかからないことが多いという利点もあります．

b. ログをデバイスに記録しリクエスト　　行動ログをできるだけリアルタイムに反映させたAPIを用意したい場合，とれる方式の二つ目が行動ログをユーザーのデバイス側に記録し，APIリクエスト時にそれを送信するという手法です．Webサイトであれば，cookieに保存するのが適切でしょう．

　従来のデータウェアハウスにあるデータを処理する形式や§7・1・2aのストリーミングパイプラ

---

1) 詳細は1章のコラム1・1（機械学習による"モデル"の困難）を参照してください．

インでデータをリアルタイム更新する形式と違って，ログデータがデータパイプラインを通過せずに直接APIに送られてくるので，基本的にデータ反映の遅延がありません．ただし，Webサイトの場合，複数タブを開いての回遊をどう分析するかには注意が必要です．また，複数デバイスでの行動ログの突合がしづらいという課題もあります．

なお，このパターンの場合，行動ログのとりうるパターン数は莫大なので（直近１件の履歴しか使わないという場合は別ですが），必然的に，入力値がリストアップできない場合（§7・1・1c）で紹介したような"API上で演算を行う"処理を採用することになるでしょう．

7・1・3　マイクロサービスのエコシステムを健全に保つ

さまざまなデータ施策を実施するのに伴い，APIの数は増えていきます．

また入力値がリストアップできない場合のレシピでも紹介したように，複数APIを組合わせて一つの機能を実現したくなることも出てきます．

このように複数の機能をそれぞれ別個のAPIとして管理するのは，マイクロサービスアーキテクチャ[2]にほかなりません．マイクロサービスにおいては多数のAPIを開発・運用していく必要があり，おざなりに開発を進めていると技術負債の蓄積に苦しめられることもあります．

本節では，そのような開発・運用を支援してマイクロサービスのAPIエコシステムを健全に保つための武器（考え方やツール）を紹介します．

なおデータ活用施策に限らない一般的なマイクロサービスについて学ぶには脚注3）などが参考になります．

a. APIの分割単位　マイクロサービスにおいてまず頭を悩ませるのが，どの単位でAPIを分割するかという点ではないでしょうか．

一般的なWebサービス全体をマイクロサービス化するという話であれば，ビジネス理解に基づくドメインモデリングを経て，境界づけられたコンテキストに沿って分割をするのがベストプラクティスといわれています．

しかし本書のスコープとなるデータ施策の範囲では，APIが提供する機能の多くはサービス全体の中で見ればUXや既存機能の付加的改善をするものにすぎません．たとえば，商品をおすすめする機能は提供できても，その商品を購入するための機能は提供できません．商品の需要を予測する機能は提供できても，実際に在庫を管理したり発注したりする機能は提供できません．つまり，データ活用チームが提供するAPIはそういった境界づけられたコンテキストと一対一に対応するというより，それらの主機能の各所に付加的に装着されるという立ち位置になります．

また前述の通り，最終的にサービスに提供される一つの機能のために，内部で複数のAPIを組合わせるプラクティスも存在します．

そのため，境界づけられたコンテキスト以上に細かい粒度で分割単位を考える必要があります．

また，データ施策特有の注意点がもう一つあります．それは，3章でも述べた通り"APIシステム"はサーバーだけでなくその背後で事前に行われる演算処理（データパイプライン上のワークフロー）を包含する概念だということです．これは，通常のサービスの機能は処理内容がすべてそのアプリケーションのコード上で表現されることがほとんどなのに対し，データ施策のサービスが提供する機能は事前にバッチなどで処理されたデータに依存することがほとんどだからです．たとえばランキングの演算や機械学習モデルの訓練などは，APIサーバーのアプリケーションコード上では実行されず，データパイプライン上のワークフローで実行されます．

以上をふまえたうえで，まず大前提として，APIはクライアントに提供する機能の単位で分割され

2）https://microservices.io/
3）https://www.oreilly.co.jp/books/9784873117607/

ているべきです．以前に出た例の繰返しになりますが，たとえば人気ランキングとユーザーごとに
パーソナライズされたレコメンドはそもそも機能として別ですから，異なる API として提供されて
いるのがよいでしょう．そのうえで，その背後にある（つまりデータ活用チーム内部で組合わせたり
する）ものについては，API サーバーのレイヤーでは最初から無理に分割することを考えなくてもよ
いというのが筆者の意見です．一方で，分割が必要になったときにすぐに分割ができるよう，さらに
背後のワークフローのレイヤーは分割しておく（もしくは分割しやすい実装にしておく）のがおすす
めです．

　たとえば"ユーザーごとに興味をもちそうなブランド"と"ブランドごとに人気のアイテム"を組
合わせて"ユーザーごとにおすすめのブランドとそのアイテム"を返す API を作る例を紹介しました．
このような事例でいつも複数 API の組合わせとして表現するのを推奨したいわけではありません．
むしろ，最初は一つの API としてまとめてしまうところから始める方がよいでしょう．具体的には
まず"ユーザーごとに興味をもちそうなブランド"のデータ作成と"ブランドごとに人気のアイテム"
のデータ作成はワークフローとして（あるいはワークフロー内のタスクとして）独立させることで将
来的な分割も見据えた設計にしつつ，それらを JOIN するワークフロー（あるいはタスク）から API
のデータ更新をすることで一つの key-value 型 API として提供します．

　そしてプロジェクトの進展に伴い一部だけ再利用したいというニーズが出てきたときに，API とし
て分割することを検討するのがよいでしょう．分割単位は固定されたものではなく，時の流れに伴っ
て進化的に変化させていくものだというのを忘れないようにしましょう．

　ワークフローはどの単位で分割するのがよいでしょうか．5 章で論じた通りワークフローエンジン
は依存関係の構築などができるため，すでに自然と細かい粒度で分割できていることも多いかもしれ
ません．ここでは，改めていくつか指標となるポイントについて紹介します．

i）疎結合性

　疎結合な分割の仕方とはシステムのパーツ同士の依存が少なく，一つのパーツを変更したとき，そ
れに伴って他のパーツの修正が必要ないか少なくて済むような分割の仕方です．たとえば"ユーザー
ごとに興味をもちそうなブランド"と"ブランドごとに人気のアイテム"は互いに依存関係なく独立
しているので，前者に何か修正を行うときに後者には手を加える必要がありません．これは疎結合で
あるといえる例です．

　一般的なシステム設計同様，疎結合性を高めることは重要なポイントになります．疎結合性が高い
と，変更容易性だけでなく再利用性（複数のプロジェクトで一つの集計済みデータを使い回すこと）
も高まり，開発の効率化につながります．

ii）凝集性は重要ではない

　高凝集な分割な仕方とは，関連する処理内容が同じ箇所にまとまるような分割の仕方です．

　一般的なシステム設計では変更容易性の観点から凝集性が高いことが重要視されます．これは一般
的なシステムで実装されるのはあくまでビジネスロジックに従った処理だからです．

　これに対し，ワークフローの分割単位としては高凝集性はそこまで重視されません．データ施策で
実装される処理内容はビジネス要件だけから決まるものではないので自由度が高く，それ自体が AB
テストなど試行錯誤の対象です．ユーザーにアイテムをレコメンドするというシンプルな例一つとっ
ても，アイテム–アイテム間の協調フィルタリングを使うのか，ユーザーごとに行動ログを使ってパー
ソナライズするのか，その具体的な手法や使う特徴量は何なのか，データはどの期間使うのかなどの
自由度があります．あるプロジェクトでは有効だった手法が別のプロジェクトでは振るわず採用され
ないということも多々あります．似たような処理をしていても，それらを同時に修正すべきとは限ら
ず，むしろ個別で改善サイクルを回していくことの方が多いのも事実です．なので，凝集性はそれほ
ど重視しなくてもよいでしょう（ただし明らかに頻出する処理はライブラリ化したり，データマート

化するなどして，コードベース上は凝集性を高める努力をするのは悪いことではありません）．

iii）実行タイミング

　凝集性の話の延長になりますが，全く同じ処理でも実行タイミングが異なれば当然ジョブとしても独立します．たとえば閲覧ログをもとにランキングを計算するとして，直近1週間のランキングを1日ごとに計算するワークフローと，直近24時間のランキングを1時間ごとに計算するワークフローは別になります（繰返しになりますが，コードベース上は高凝集になるよう共通化するのはよいことです）．

　b. OpenAPIによるインターフェース管理　APIについて管理すべき項目の一つに，それぞれがどのようにリクエストされレスポンスを返すのかという利用者向けのインターフェース情報があります．たとえばリクエストはGETメソッドで，カテゴリIDはクエリ文字列で指定し，レスポンスはこういうスキーマのJSONで，認証はAuthorizationヘッダーで行い…… などです．こういった情報は単なる文章の形で記述されることも多いですが，業界標準のフォーマットであるOpenAPI[4]（旧Swagger）で記述するのをおすすめします．

　まず，プログラミング言語やフレームワークによらず，共通のフォーマットで管理できるという利点があります．単なるスキーマ情報などの構造的情報だけでなく，説明文や具体的な値を含むリクエ

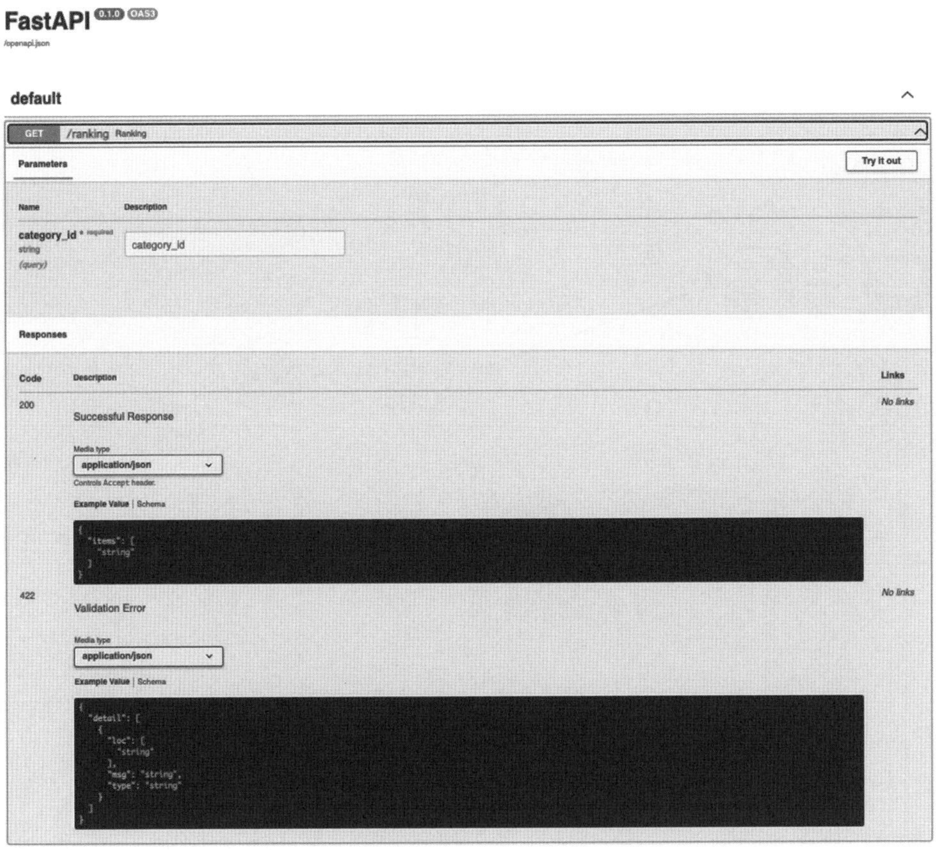

図7・3　3章で作成したAPIのSwagger UI

4) https://www.openapis.org/

スト例も記載できるため，利用者向けドキュメントに必要な情報の大部分をカバーできます．フォーマットは YAML（または JSON）で記載しますが，専用のビュアー・エディターがさまざまあり，サンプルリクエストを送りながら閲覧できるため扱いやすいです．

またマシンリーダブルなフォーマットなため，周辺のエコシステムが充実しているのも利点です．コードから OpenAPI の一部を自動生成したり，逆に OpenAPI 情報からコードの一部を自動生成したりできるため，より型安全な開発が可能になります．

本書のハンズオンで採用している Web フレームワークの FastAPI も，OpenAPI ドキュメントの自動生成やそれを Swagger UI（図 7・3）や Redoc[5] で表示する機能を備えています．API サーバーの /openapi.json パスから JSON 形式の OpenAPI ドキュメントに/docs パスから Swagger UI に/redoc パスから Redoc にアクセスできます．Swagger UI の"Try it out"というボタンからは，GUI 上でそのまま API にリクエストを発行することもできます．

ただし gRPC を採用している場合は，proto ファイル自体がこれらのインターフェース情報を示したドキュメントとして活躍してくれますので，あらためて OpenAPI などで記載する必要はないでしょう．

c. 分散トレーシング　　分散トレーシングとは，マイクロサービス上で複数システムにわたって行われる処理を包括的にトラッキングするためのモニタリング機構です．トラッキングする処理の単位を trace，その中での各ステップを span，span の親子関係を表現したものを span tree とよびます．trace の最初の span（すべての span の祖先となる）を root span とよび，これは trace と一対一で対応します（図 7・4）．

トラッキングを開始するのは最初のサーバーであることが一般的で，その場合はそのサーバーにお

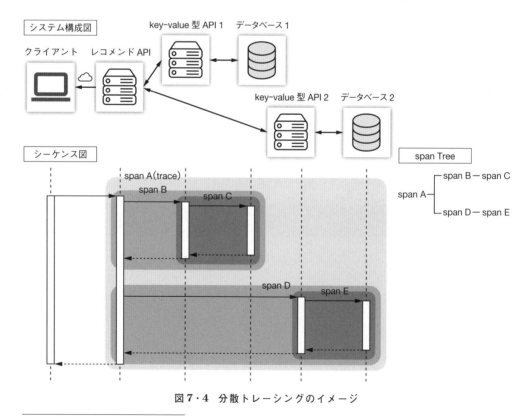

図 7・4　分散トレーシングのイメージ

5）いずれも OpenAPI の定義をもとに HTML 形式のドキュメントを自動生成するツール．Swagger UI. https://swagger.io/tools/swagger-ui/Redoc：https://redocly.com/redoc/

ける一つの HTTP リクエストを一つの trace として扱うのが自然です（そのサーバーから呼び出される別の API の視点では，複数の HTTP リクエストが一つの trace に紐づくこともあります）．もしフロントエンドクライアント側でトラッキングを開始する場合，一つのページビューを一つの trace に対応させることも可能です．

　仕組みとしては，システム間で traceparent や b3 などの HTTP ヘッダーを使って処理の情報（trace や span の ID など）を連携しつつ，各システムがその詳細をモニタリングシステムに出力します．そのためのツールや SDK が OpenTelemetry[6] というプロジェクトによって提供されています．また明示的に実装を行わなくても，後述するサービスメッシュに分散トレーシングのための仕組みが組込まれている場合もあります．ただしこの場合，HTTP リクエストの単位でしか span が作成されないため，それよりも細分化して処理を追うことや，データベース接続のように HTTP を使わない通信を記録することは難しくなります．

　トレーシングデータのエクスポート先としては，各種モニタリングツールが対応しています．もし，すでに Datadog[7] や Newrelic[8] といったモニタリングサービスを導入済みであればそれが最適でしょうし，そうでなければ AWS の X-Ray[9] や GCP の Cloud Trace[10] などのクラウドが提供するマネージドサービスが最適でしょう．自分たちでホストする必要がある場合，Jeager（イエーガーと発音します）[11] や Zipkin[12] といった OSS のソリューションもあります．

　　d．API ゲートウェイとサービスメッシュ　　マイクロサービスアーキテクチャを導入し API エコシステムが複雑化してくると，その管理に課題が出てくることもあるでしょう．そんなとき，**API ゲートウェイ**と**サービスメッシュ**というツールが課題解決に役に立つかもしれません．

　ただし，いずれも機能豊富なツールなので，本当に解決したい課題に対してオーバーパワーになりがちです．ゼロコストで導入・保守ができるわけではありませんので，本当に必要なのかどうか見きわめてから導入するようにしましょう．また，概念的にはインフラ構成によらず適用できるものですが，プロダクトによっては特定のインフラ構成（特に Kubernetes の利用）が前提となっているものもありますので，注意が必要です．

　ここでは導入要否の判断材料となるよう，大まかにどういった課題を解決しようとしているかを機能例を交えながら紹介します．なお具体的な機能は個々のプロダクトによって異なりますので，ドキュメントなどを参照してください．API ゲートウェイとサービスメッシュは，いずれも API にかかわる通信を扱うツールです．この両者はよく似ており，実際カバー範囲がかぶっているプロダクトも多いのですが，フォーカスが微妙に異なります．

　API ゲートウェイは，API の利用者と提供者の間でやりとりされる通信を扱い（これを "north-south 通信" とよぶこともあります），API 利用者側から見たインターフェースとして立ってくれます．具体的なプロダクトとしては，GCP API Gateway[13] や GCP Cloud Endpoints[14]，AWS API Gateway[15] などのマネージドサービス，Kong Gateway[16] などの OSS ソリューションがあげられます．API ゲートウェイの機能例は以下の通りです．

① 複数 API のエンドポイントの一元化
  - ただし BFF や集約 API のように集約は行わず，あくまでリクエストごとに適切なバックエンドにルーティングを行うのみ．
② インターフェース管理の支援

6）https://opentelemetry.io/
7）https://www.datadoghq.com/ja/
8）https://newrelic.com/jp
9）https://aws.amazon.com/jp/xray/
10）https://cloud.google.com/trace
11）https://www.jaegertracing.io/
12）https://zipkin.io/
13）https://cloud.google.com/api-gateway
14）https://cloud.google.com/endpoints
15）https://aws.amazon.com/jp/api-gateway/
16）https://konghq.com/kong

- APIゲートウェイはインターフェース管理を行うものではないが，前述したOpenAPIかgRPCでバックエンド情報を記述する前提のものが多いため，必然的に管理がなされる.

③ 各API呼び出しのロギング，レート制限
- APIのアクセスログを出力してくれるほか，呼び出しレートが想定よりもはるかに多い場合はリクエストをスロットリングしてくれる機能もある（一部のリクエストをバックエンドにルーティングせず429 Too many requestsなどのエラーを返すことで，バックエンドに送られるリクエスト数を抑制する）.

④ 認証やTLS終端などのセキュリティ

一方，サービスメッシュは，API提供者が内部でもつ多数のサービス間の通信を扱います（これを"east-west通信"とよぶこともあります）. 具体的なプロダクトとしては，GCP Traffic Director[17] やAWS App Mesh[18] などのマネージドサービス，Istio[19]・Linkerd[20]・Kuma[21]・Consul[22] などのOSSソリューションがあげられます. また，サービスメッシュの中で利用されるプロキシとしてはOSSであるEnvoy[23] が有名です. サービスメッシュの機能例は以下の通りです.

① サービスディスカバリと高度なルーティング
- 複数サービスを組合わせて1機能を提供している場合に，その一つだけABテストのパターンによって異なるサービスを振り分けたい，などの複雑なルーティングも可能.
- Blue–Greenデプロイやカナリーリリースなど個々のサービスのデプロイ・リリース手法の高度化も可能.

② サービストポロジー（サービス間の呼び出し依存関係）へのセキュリティポリシー適用および把握
- 把握に関しては分散トレーシングツールの担当だが，サービスメッシュが適切なヘッダー転送などをサポートしている必要がある.

③ リトライやサーキットブレイクなどエラーハンドリングの自動化

④ mTLSなどのセキュリティ

⑤ ロギングやメトリクスなどの可観測性（observability）

⑥ フォールトインジェクション（意図的な障害の注入）によるカオスエンジニアリングの実践

7・2　ハンズオンその1: 複数のkey-value型APIを組合わせる

3章では，カテゴリIDに対して売上ランキングを返すkey-value型APIを作成しました. 売上ランキング機能をもっと便利にするためにできることは他にないでしょうか？ このハンズオンでは，さらなる利便性向上のため，売上ランキングからユーザーの購入済みアイテムを除外するという仕様を追加します. つまり，売上ランキングがユーザーごとにパーソナライズされるというわけです.

図7・5に，ユーザーによって売上ランキングの中身が異なる例を描きました. Aさんは"ロングスカート"を買ったことがあり，Bさんは"チノパンツ"を買ったことがあるとしましょう. 図3・4では，これらがそれぞれ2位と4位でした. このハンズオンを終えると，Aさんにとっては"ロングスカート"が除外されて3位以降が繰り上がったランキングが，Bさんにとっては"チノパンツ"が除外されて5位以降が繰り上がったランキングが表示されるようになります.

---

17) https://cloud.google.com/traffic-director
18) https://aws.amazon.com/jp/app-mesh/
19) https://istio.io/
20) https://linkerd.io/
21) https://kuma.io/
22) https://www.consul.io/
23) https://www.envoyproxy.io/

図7・5　購入済みアイテムを除外した "売上ランキング" のイメージ

今回はランキングが API の形で提供されていることをふまえ,購入済みアイテムも同様に key-value 型 API として実装し,その二つを組合わせる集約 API を実装していきます(図7・6).

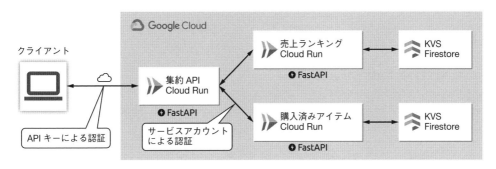

図7・6　集約 API を使った売上ランキング API のアーキテクチャ

7・2・1　key-value 型 API を作る (再訪)

まずは,集約 API から呼び出すもう一つの key-value 型 API である "購入済みアイテム API" を作成します.これは,ユーザー ID に対して,そのユーザーが過去に購入したことのあるアイテムの ID のリストを返すというものです.作り方は §3・3 で説明した通りなので割愛します.ソースコードを chapter7/handson1/kv_api/ に配置してありますので,適宜参照しながらビルドとデプロイまでを行ってください.また,データ更新用のスクリプトは chapter7/handson1/kv_job/ に配置してありますので必要に応じて実行してください(5章ハンズオンのような DAG 実装にもぜひチャレンジしてください).

3章で作った key-value 型 API と違い,本 API はフロントエンドではなく別の CloudRun から呼ばれる想定のため,CORS の設定を行わない代わりに,認証が必須となるよう設定してデプロイしている点に注意が必要です(--no-allow-unauthenticated).また,該当するデータがなかったときに 404 Not Found ではなく 200 OK で空のリストを返している点も異なります.

デプロイされた API に対するリクエストとレスポンスの例を示します.まず,普通にアクセスするとこのように 403 Forbidden エラーが返ってきてしまうと思います.これは,上記の通り認証なし

ではアクセスできないよう設定したためです（なお認証は Cloud Run が自動で行うため，エラー時
のレスポンスは HTML で変更できません）.

リクエスト：

```
$ curl -i --get \
    https://purchased-items-xxxxxxxxxx-an.a.run.app/purchased_items \
    --data-urlencode user_id=000007
```

レスポンス：

```
HTTP/2 403
date: Sun, 08 May 2022 17:22:21 GMT
content-type: text/html; charset=UTF-8
server: Google Frontend
content-length: 325
alt-svc: h3=":443"; ma=2592000,h3-29=":443"; ma=2592000,h3-Q050=":443";
ma=2592000,h3-Q046=":443"; ma=2592000,h3-Q043=":443";
ma=2592000,quic=":443"; ma=2592000; v="46,43"


<html><head>
<meta http-equiv="content-type" content="text/html;charset=utf-8">
<title>403 Forbidden</title>
</head>
<body text=#000000 bgcolor=#ffffff>
<h1>Error: Forbidden</h1>
<h2>Your client does not have permission to get URL <code>/purchased_
items?user_id=000007</code> from this server.</h2>
<h2></h2>
</body></html>
```

リクエストに認証情報を含めるには，適切な Authorization ヘッダーを付与する必要があります．
もしあなた自身にこの Cloud Run を呼び出す権限があれば，無事正常なレスポンスが得られるはず
です．もし正常に呼び出せない場合は，1 章の "スターターキットの準備" に戻り，アカウントなど
が適切に設定されているか確認してください.

リクエスト：

```
$ curl -i --get \
    -H "authorization: Bearer $(gcloud auth print-identity-token)" \
    https://purchased-items-xxxxxxxxxx-an.a.run.app/purchased_items \
    --data-urlencode user_id=000007
```

レスポンス：

```
HTTP/2 200
content-type: application/json
x-cloud-trace-context: xxxxxxxxxxxxxxxxxxxxxxxxxxxxxxxx;o=1
date: Sun, 08 May 2022 17:23:09 GMT
server: Google Frontend
```

```
content-length: 34
alt-svc: h3=":443"; ma=2592000,h3-29=":443"; ma=2592000,h3-Q050=":443";
ma=2592000,h3-Q046=":443"; ma=2592000,h3-Q043=":443";
ma=2592000,quic=":443"; ma=2592000; v="46,43"


{"item_ids":["003-207","013-016"]}
```

7・2・2　集約 API を実装する

準備が整ったので，実際に FastAPI で集約 API の実装を書いていきます．ソースコードは chapter7/handson1/agg_api/ に配置してあります．まずは API の主要部分として，二つの key-value 型 API を呼び出してその結果を集約して返す部分です．

```python
# ... 省略 ...

class RecommendResponse(BaseModel):
    item_ids: List[str]


@app.get("/recommend", response_model=RecommendResponse)
async def recommend(
    category_id: str, user_id: str, _: None = Depends(validate_api_key)
) -> RecommendResponse:
    # ランキング API と購入履歴 API を並列で呼ぶ
    call_ranking = create_task(
        client.get(API_URL_RANKING, params={"category_id": category_
id})
    )
    call_purchaseditems = create_task(
        client.get(
            API_URL_PURCHASEDITEMS, params={"user_id": user_id}, need_
auth=True
        )
    )
    status_ranking, body_ranking = await call_ranking
    status_purchaseditems, body_purchaseditems = await call_
purchaseditems

    # ランキング API がエラーのときはエラーを返す
    if status_ranking != HTTPStatus.OK:
        raise HTTPException(
            status_code=status_ranking, detail="ranking api error"
        )
    items_base = body_ranking["items"]

    # 購入履歴 API がエラーのときはランキングをそのまま返す
    if status_purchaseditems != HTTPStatus.OK:
        return RecommendResponse(item_ids=items_base)
    items_purchased = set(body_purchaseditems["item_ids"])
```

```
# items_base のうち, items_purchased に含まれないもののみ残す (元の順序は保つ)
items = [item for item in items_base if item not in items_purchased]
return RecommendResponse(item_ids=items)
```

二つのバックエンド API 間に依存関係はないので, API 呼び出しは**並行処理**(concurrent process-ing)しています. 具体的には, asyncio を用い, 一つ目の API 呼び出しが完了する前に二つ目の API 呼び出しも開始しています. これにより待ち時間が共通化され, 全体の処理時間の短縮につながります.

API を呼び出した後はそれを組合わせる処理です. まず今回, ランキングのデータが取得できないと意味をなさないので, その場合はエラーを返します. 一方, 購入履歴 API に関しては, 取得できないと本来やりたかったパーソナライズはできませんが, ランキング機能としては一定の意味をもつので, フォールバックとして素のランキングをそのまま返します. どちらもエラーなく取得できた場合は "ランキングから購入済みアイテムを除外する" という処理を施してレスポンスを返せば完了です.

上記のコードで説明されなかった要素が二つあります. 一つ目が関数の引数にある Depends (validate_api_key) で, もう一つが API 呼び出し処理の client.get(...) です.

まず, Depends(validate_api_key) の部分は, FastAPI の Depends の機能を用いてセキュリティ機構を宣言しています.

今回この API に追加したセキュリティ機構は, HTTP Authorization ヘッダーに Bearer トークンの形式で API キーを設定してもらい, その値を検証するというものです. そのコードが apikey.py です. 今回は簡単のため, 環境変数に正しい API キーを設定しておき, 単に入力値と比較を行っているだけです.

本番での利用にあたってはキーの取扱いに注意するほか, 比較対象のキーを passlib[24] などでハッシュ化して保存しておき, 有効期限を設けて定期的に新しいキーに入替え続けるなどのケアも怠らないようにしましょう. 3章で紹介した通り, キー単体ではなく接続元 IP アドレスとの組合わせで認証・認可を行うのも有効です. また常に一つのキーしか許可されないと利用箇所が増えたり, キーを入れ替えたくなったときに困るので, 複数のキーをサポートできるような実装になっているとなおよいです.

```
# ... 省略 ...

VALID_API_KEY = environ["VALID_API_KEY"]


def validate_api_key(
    cred: HTTPAuthorizationCredentials = Depends(HTTPBearer()),
) -> None:
    if compare_digest(cred.credentials, VALID_API_KEY):
        return
    raise HTTPException(
        status_code=HTTPStatus.UNAUTHORIZED, detail="invalid
credentials"
    )
```

続いては, API 呼び出し処理の client.get(...) を見ていきます. この呼び出しに使っている Client ク

---

24) https://passlib.readthedocs.io/en/stable/

ラスは下記のような実装になっています．

基本的には aiohttp ライブラリ[25] をラップしているだけですが，get メソッドは need_auth が True のときには認証情報をリクエストに付与しています．これは前節で作った API が認証を必須としているためです．なお認証情報の取得については GCP の詳細に深入りしすぎてしまうため，ここでは省略します．具体的な実装方法は GitHub 上のコードを参照してください．

```python
# ... 前略 ...

class CloudRunClient:
    def __init__(self) -> None:
        self.session = ClientSession(cookie_jar=DummyCookieJar())
        self.credentials, _ = google.auth.default()

    async def close(self) -> None:
        await self.session.close()
        # Wait 250 ms for the underlying SSL connections to close
        await sleep(0.250)

    async def get(
        self, url: str, params: Dict[str, str], need_auth: bool = False
    ) -> Tuple[int, Any]:
        if need_auth:
            authorization = prepare_authorization(self.credentials,
url)
            headers = {"authorization": authorization}
        else:
            headers = {}

        async with self.session.get(url, headers=headers, params=params)
as res:
            if res.status < 400:
                return res.status, await res.json()
            # エラー時はボディを使わないため None を返す
            return res.status, None
```

ではこのコードを実際に起動してみましょう．

次のコマンドを実行すると，API がローカル環境で起動します．二つの API URL はご自身の環境の適切な値を入力してください．VALID_API_KEY には，いったん dummy という仮の値を設定しています．

```
$ export API_URL_PURCHASEDITEMS=https://purchased-items-xxxxxxxxxx-an.
a.run.app/purchased_items
$ export API_URL_RANKING=https://category-ranking-xxxxxxxxxx-an.a.run.
app/ranking
$ export VALID_API_KEY=dummy
$ poetry run gunicorn chapter7.handson1.agg_api.main:app \
    --worker-class uvicorn.workers.UvicornWorker
```

25）https://docs.aiohttp.org/en/stable/client_quickstart.html

別タブを開いて次のコマンドを実行すると，起動中の API にリクエストが発行されます．Authori-
zation ヘッダーに API キーを設定することをお忘れなく．

```
$ curl -i --get \
    -H 'authorization: Bearer dummy' \
    http://localhost:8000/recommend \
    --data-urlencode category_id=DIY用品 \
    --data-urlencode user_id=000008
```

次のような結果が返ってくれば成功です．

```
HTTP/1.1 200 OK
date: Sat, 23 Apr 2022 01:25:37 GMT
server: uvicorn
content-length: 114
content-type: application/json

{"item_ids":["008-000","008-002","008-004","008-030","008-010","008-
034","008-017","008-005","008-065","008-406"]}
```

7・2・3 Cloud Run にデプロイする

今回は従来と異なり，Cloud Run に環境変数を設定する必要があります．特に VALID_API_KEY につ
いては秘匿性の高い情報なので，慎重に取扱う必要があります．今回は，この値を Secret
Manager[26] に登録し，そこから Cloud Run に読み込ませる方法をとります．

まずは Secret Manager を有効化します．

https://console.cloud.google.com/apis/library/secretmanager.googleapis.com

次に，API キーを生成して Secret Manager に登録します．

```
$ python -c \
    'import random; print("dataapikey_" + "".join(random.
choices("0123456789abcdef", k=64)), end="")' \
    | gcloud secrets create recommend-api-api-key --data-file=-
```

登録が済んだら，Cloud Run がそのシークレットにアクセスできるよう設定します．Cloud Run は
"Compute Engine デフォルトアカウント" とよばれるサービスアカウントで稼働するので，そのア
カウントにアクセス権を付与します．

```
$ SA="$(
    gcloud compute project-info describe --format='value(defaultService
Account)'
)"
$ gcloud secrets add-iam-policy-binding \
    recommend-api-api-key \
    --member="serviceAccount:$SA" \
    --role=roles/secretmanager.secretAccessor
```

---

26) https://cloud.google.com/secret-manager/

あとはこのシークレットを参照する形で Cloud Run へのデプロイをするだけです．環境変数を設定している箇所以外は3章と同様なのでここでは割愛します．なお，今回は認証機構は独自実装しており Cloud Run の機能は使わないため，allow-unauthenticated で構いません．具体的なコードは GitHub を参照してください．デプロイが完了したらその API にリクエストを行って，上記と同様のレスポンスが得られることを確認しましょう．

7・2・4　さらに高度な施策を行うためのヒント

ユーザーの中にはたとえば，レトルトカレーだけを買い続けている人や，あるキャラクターとのコラボレーション商品だけを買っている人もいるでしょう．こういったユーザーの欲求を売上ランキングだけで満たすことは難しいです．しかし，ここまでで登場した技術を使えば，そのようなニーズを満たす高度なデータ施策も実現可能です．

たとえば，各ユーザーに推薦したい商品のリストをバッチ処理で計算しておき，売上ランキングと同様の形式で表示することができます．また，各商品に対して類似商品のリストをバッチ処理で計算しておき，商品ページの下部に表示することができます．こういった推薦を実現するアルゴリズムの例としては，**協調フィルタリング**（collaborative filtering）や**コンテンツベースフィルタリング**（content-based filtering）があります．アルゴリズムの詳細については本書の範囲を越えるので取上げませんが，興味のある方は脚注 27），28）などを参照してください．また，アパレルブランドの H&M が 2022 年に開催した推薦アルゴリズムの精度を競うコンペティション[29] では，実務で役に立つ解法やテクニックが多数公開されています．こちらも興味のある方はご参照ください．

7・3　ハンズオンその2: オンライン推論 API を作る

ここまでは key-value 型 API だけを扱ってきましたが，§7・1でふれた通り，API 上で演算処理を行う〔**オンライン推論**（online inference）〕API を作成することもできます．本章の二つ目のハンズオンでは，サイト内検索のテキスト入力枠（図7・7を参照してください）に単語サジェスト機能の追加をオンライン推論 API によって実現します．なお，この節では機械学習（具体的には共起行列）を扱うため，機械学習の前提知識が必要になります．

ユーザー目線での機能は次のようなものです（図7・7）．男性向けの服を探している A さんは，"T シャツ　メンズ"と検索します（図中 ①）．次に，A さんが "ポロシャツ　メンズ" と検索しようとして "ポロシャツ" と入力すると，"メンズ" という単語がサジェストされます（図中 ②）．A さんはついでにコーヒーを購入しようと思い "コーヒー" と入力しますが，今度は "メンズ" とサジェストされません（図中 ③）．

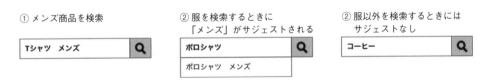

図7・7　K&R の検索サジェスト機能のイメージ

適切な検索クエリをサジェストすることはユーザーにとって高い利便性をもたらします．検索窓への入力は自由度が高いため，もしサジェスト機能がない場合，ユーザーは端的に "T シャツ" とだけ

27) https://www.kamishima.net/archive/recsysdoc.pdf
28) "推薦システム実践入門", 風間正弘ら著, オライリー・ジャパン（2022）.
29) https://www.kaggle.com/c/h-and-m-personalized-fashion-recommendations

入力することもあれば，"T シャツ"のように誤記したり，"ウィメンズの黒い半袖 T シャツ"のように修飾語句をつけて入力したりすることもあります．これらすべてに対して適切な検索結果が表示されるように検索システムを整備するのは難易度が高いので，代わりに検索クエリが適切なものになるように誘導する方が低コストで検索体験を高められます．上記の例でいうと，"ポロシャツ"という入力に対して共起しやすい"メンズ"をサジェストする部分に当たります．

また，サジェスト候補をパーソナライズするのは有効な施策であることが多いです．候補の数が膨大である一方，画面の大きさによって実際に表示できる数は 10 件程度に制限されます．したがって，ユーザーの情報をできる限り活用し，当該ユーザーが求めているであろう候補に絞り込んで表示するのが得策でしょう．上記の例でいうと，ユーザーがメンズ商品を検索しているときは"ポロシャツ"に対して"ウィメンズ"をサジェストしない部分に当たります．

実際のサービスでは，クエリもサジェスト候補も非常に種類が多くなるでしょうし，パーソナライズに多様な特徴量を使用することが可能です．こうなると，アルゴリズムの作り込みや低頻度なクエリに対するサジェストの精度などの細かい部分に気を配る必要が出てきます．しかし，ハンズオンでは"最も簡単なオンライン推論 API"の実装を紹介することを目指し，発展的な事項については読者への課題とします(検索システムについては脚注 30)などの書籍も参考にしてください)．したがって，以降においては，やや非現実的ではありますが，クエリとなる単語は"T シャツ"，"ポロシャツ"，"コーヒー"の 3 種類のみ，サジェスト候補は"メンズ"，"ウィメンズ"の 2 種類，利用する特徴量は"ユーザーの性別"のみとします．アーキテクチャも，図 7・8 の通りとてもシンプルなものです．

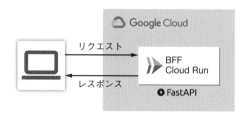

図 7・8　検索サジェスト機能のアーキテクチャ

7・3・1　なぜオンライン推論を採用するか

最初にこのハンズオンのコンセプトを説明します．オンライン推論では，key-value 型 API では実現できない，あるいは実現にコストがかかるような施策が実現可能になります．§7・1 で説明した"key-value 型 API がカバーしないケース"をもう一度確認してみましょう．

- ありうる入力値について事前にすべてリストアップできない場合
- リアルタイム，あるいはそれに近い水準でログデータを反映させる必要がある場合

例をあげるなら，次のような施策があります．

① ユーザー ID だけではない多数の特徴量（年齢，性別，購買履歴など）を使ったレコメンド
② リアルタイムに近い情報（直近の閲覧アイテム，直近の検索条件など）を利用したレコメンド
③ ユーザーの質問に対してリアルタイムで回答するチャットボット
④ ユーザーがアップロードした画像に類似する商品の表示

このハンズオンのポイントは二つあります．

一点は，ある単語をサジェストするのが適切かどうかを判別する精度を高くするには，機械学習モデルになるべく多くの有効な特徴量を追加する方が有利であることです．"メンズ"，"ウィメンズ"

---

30)"検索システム——実務者のための開発改善ガイドブック"，打田智子ら著，ラムダノート（2022）．

くらいのサジェスト候補ならクエリとなる単語だけから簡単に判別できますが，服のブランド名や本のタイトル（に含まれる単語）を最適な順番でサジェストしようと思うと，ユーザーの年齢や性別といったさまざまな情報が有効になってきます．使用する特徴量が増えてくると，組合わせ爆発が起きるのでオンライン推論の採用に利点があります．

　もう一点は，最初の検索でユーザーが"T シャツ　メンズ"と入力してから，2回目で"ポロシャツ"と検索するまで，最短で数秒程度しか時間がないことです．これをバッチ処理で実現するのには無理がありますが，オンライン推論なら簡単に実現できます．

7・3・2　アルゴリズムの設計

　このハンズオンでは，サジェスト候補として"メンズ"または"ウィメンズ"を出すかどうかを，クエリ単語との共起確率によって決定します．サジェスト候補となる単語と共起しやすい"T シャツ"や"ポロシャツ"に対してはサジェストを行い，"コーヒー"に対してはサジェストを行わないということです．そして，各ユーザーが今メンズ/ウィメンズどちらのコンテキストで商品を探しているのかを KVS で管理することにします．KVS としては，これまでにも何度か登場した Cloud Firestore を利用します．

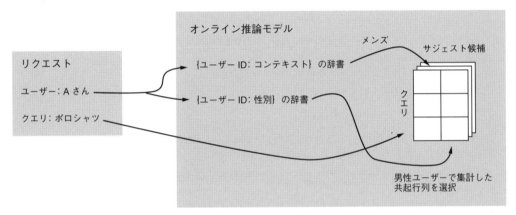

図 7・9　男性ユーザーの A さんが"T シャツ　メンズ"と検索した後に"ポロシャツ"を入力した場合において，このハンズオンで実装するアルゴリズムがどう動作するかを示しています．共起行列は性別ごとに集計されていますが，A さんは男性なので，このうち男性の共起行列を使用します．この中でクエリの"ポロシャツ"と現在の検索のコンテキストである"メンズ"の共起確率を見て，それが事前に定めた閾値を超えていれば，サジェスト候補"メンズ"を採用します．

　なお，この設計には唯一の答えがあるわけではなく，いくつかの自由度があります．サジェストを出すかどうかには機械学習モデルを採用することも可能ですし，コンテキストを管理する KVS を簡単に実装するならローカル上の変数としてもつという選択肢もあります（しかし，これだと Cloud Run のスケールイン時に消失してしまうので，重要な情報を保存するのには不適切です）．また，§7・1・1で紹介したように，集約 API やリアルタイムデータ更新を組合わせれば，オンライン推論をしなくても類似した機能が実現可能です．これらの設定は，適用先のサービス・機能の要件やコストなどの観点から適切なものを選定してください．

7・3・3　共起確率を集計する

　共起確率の集計はユーザーの性別ごとに，次の手順で行っています．

① 検索クエリをスペースで区切り，"入力単語のリスト"と"サジェストしたい単語のリスト"を作る．

② 二つのリストをクロス集計（pandas の crosstab 関数）して共起確率を計算する．

③ 計算結果を CSV ファイルに保存する.

```python
# ... 前略 ...

def _parse_queries(queries: List[str]) -> Tuple[List[str], List[str]]:
    """ クエリをパースして関心のある単語だけを取出す """
    qs_input, qs_suggest = [], []
    for query in queries:
        qs = query.split()
        if len(qs) == 0:
            continue
        elif len(qs) == 1:
            if qs[0] in WORDS_INPUT:
                qs_input.append(qs[0])
                qs_suggest.append("none")
        else:
            if qs[0] in WORDS_INPUT:
                qs_input.append(qs[0])
                if qs[1] in WORDS_SUGGEST:
                    qs_suggest.append(qs[1])
                else:
                    qs_suggest.append("none")
    return qs_input, qs_suggest


def create_cooccurrence(df: pd.DataFrame) -> pd.DataFrame:
    """ 文字列でアクセスできる共起行列を作成する """
    qs_input, qs_suggest = _parse_queries(df["query"].to_numpy().
tolist())
    df_cooccur = pd.DataFrame({"input": qs_input, "suggest": qs_
suggest})
    return pd.crosstab(
        df_cooccur["suggest"], df_cooccur["input"], normalize="columns"
    )


def main() -> None:
    df = pd.read_csv("data/queries.csv")
    genders = ["male", "female", "none"]
    for gender in genders:
        df_cooccur = create_cooccurrence(df.query(f"gender ==
'{gender}'"))
        df_cooccur.to_csv(
            f"chapter7/handson2/suggest_model/cooccurences/{gender}.csv"
        )


if __name__ == "__main__":
    main()
```

7・3・4　API の実装を書く

共起確率からサジェストを行うモデルの実装は chapter7/handson2/suggest_model/model.py にあります. 必要に応じてご参照ください. これを使うと, API の実装は次のように簡単に書けます.

```python
from fastapi import FastAPI
from pydantic import BaseModel

from chapter7.handson2.suggest_model.model import SuggestModel

app = FastAPI()
model = SuggestModel()


class SuggestResponse(BaseModel):
    suggest: str


@app.get("/suggest", response_model=SuggestResponse)
async def Suggest(user_id: str, query: str) -> SuggestResponse:
    suggest = model(user_id, query)
    return SuggestResponse(suggest=suggest)
```

次のコマンドを実行すると, API がローカル環境で起動します.

```
$ poetry run gunicorn chapter7.handson2.main:app \
    --worker-class uvicorn.workers.UvicornWorker
```

以下に, ローカル環境で起動中の API にリクエストを発行するコマンドを三つ示します. 順に実行して, 次のような結果が返ってくれば成功です.

```
# 初回のリクエストで, ユーザー 000000 はメンズ商品を検索しているとわかる
$ curl -i --get http://127.0.0.1:8000/suggest \
    --data-urlencode user_id=000000 \
    --data-urlencode query="T シャツ メンズ "
HTTP/1.1 200 OK
date: Sat, 23 Apr 2022 10:45:03 GMT
server: uvicorn
content-length: 14
content-type: application/json

{"suggest":""}

# 以降で服を検索しているときは「メンズ」のクエリをサジェストする
$ curl -i --get http://127.0.0.1:8000/suggest \
    --data-urlencode user_id=000000 \
    --data-urlencode query=" ポロシャツ "
HTTP/1.1 200 OK
date: Sat, 23 Apr 2022 10:45:48 GMT
server: uvicorn
```

```
content-length: 23
content-type: application/json

{"suggest":" メンズ "}

# 服以外を検索しているときにはサジェストを行わない
$ curl -i --get http://127.0.0.1:8000/suggest \
    --data-urlencode user_id=000000 \
    --data-urlencode query=" コーヒー "
HTTP/1.1 200 OK
date: Sat, 23 Apr 2022 10:46:14 GMT
server: uvicorn
content-length: 14
content-type: application/json

{"suggest":""}
```

7·3·5 Cloud Run にデプロイする

ビルドと Cloud Run へのデプロイの方法については §3·4·5 を参照してください. デプロイが完了すると, 上記リクエストの URL を https://<YOUR_API>/suggest に置き換えて実行したときに同じレスポンスが得られるはずです.

7·4 ま と め

本章では, まず, 今後データ施策を高度化させていくうえで必要な考え方や役に立つツールを紹介しました. 次に, 一つ目のハンズオンでは, 売上ランキングから購入済み商品を除外する API の作成を通して, 複数の key-value 型 API を集約 API で組合わせて機能を高度化させる方法を解説しました. 最後に二つ目のハンズオンでは, 検索サジェスト API の作成を通して, オンライン推論を利用したデータ施策の方法を解説しました.

索　　引

第1版 第1刷 2022年12月5日 発行

[実践] データ活用システム開発ガイド
10年使えるシステムへのスモールスタート

© 2022

編 集 者　徳　永　竣　亮
　　　　　本　田　志　温
　　　　　あ　ん　ち　べ

発 行 者　住　田　六　連

発　　行　株式会社 東京化学同人
東京都文京区千石3丁目36-7 (〒112-0011)
電話 03-3946-5311・FAX 03-3946-5317
URL: https://www.tkd-pbl.com/

印刷・製本　株式会社 木元省美堂

ISBN 978-4-8079-2039-6
Printed in Japan

ダイテル
Python プログラミング

Python 完全習得に必携の書

基礎からデータ分析・機械学習まで

P.Deitel，H.Deitel 著

史　蕭逸・米岡大輔・本田志温　訳

B5 判　576 ページ　定価 5280 円（本体 4800 円＋税）

世界的に評価の高いダイテルシリーズの Python 教科書の日本語版．記述はシンプルで明快．独習にも最適な一冊．

主要目次 コンピュータと Python への導入／Python プログラミング入門／制御文／関数／リストとタプル／辞書と set ／NumPy を用いた配列指向プログラミング／文字列：より詳しく／ファイルと例外／オブジェクト指向プログラミング／自然言語処理(NLP)／Twitter のデータマイニング／IBM Watson とコグニティブ・コンピューティング／機械学習：分類，回帰，クラスタリング／深層学習／ビッグデータ：Hadoop, Spark, NoSQL, IoT

Python・クラウドを用いた
実 践 A I 開 発

N.Gift 著／清水美樹・大澤文孝　訳

A5 判　288 ページ　定価 3300 円（本体 3000 円＋税）

無駄なコストや手間をかけずに実際的な AI を自社開発するには？必要な考え方とテクニックを指南！

主要目次 Ⅰ. 実践 AI への一歩（本書に必要な Python の基礎知識／AI と ML のツールチェイン／スパルタ式 AI のライフサイクル）　Ⅱ. クラウドを用いた AI（Google Cloud Platform を用いたクラウド AI 開発／Amazon Web Services を用いたクラウド AI 開発）　Ⅲ. ゼロからつくる実践 AI アプリケーション（NBA に及ぼすソーシャルメディアの影響を予測する／AWS でインテリジェントな Slack ボットを作成する／GitHub Organization からプロジェクト管理の品質を評価する／AWS の EC2 インスタンスを動的に最適化する／不動産データの解析／ユーザー生成コンテンツを扱う実用的 AI）

2022 年 12 月現在（定価は 10 % 税込）